COMPARATIV
Leipziger Beiträge zur Universalgeschichte und vergleichenden Gesellschaftsforschung

Herausgegeben im Auftrag der Karl-Lamprecht-Gesellschaft Leipzig e.V.
von Matthias Middell

Wissenschaftlicher Beirat:

Anatoli V. Ado †, Moskau • Lluis Roura Aulinas, Barcelona • Alberto Gil Novales, Madrid • Wolfgang Küttler, Berlin • Wojciech Kunicki, Wroclaw • Guy Lemarchand, Rouen • Hans-Jürgen Lüsebrink, Saarbrücken • Magnus Mörner, Göteborg • Horst Pietschmann, Hamburg • Ljudmila A. Pimenova, Moskau • Ernst Schulin, Freiburg • Edoardo Tortarolo, Turin • Michel Vovelle, Paris

Redaktion:

Gerald Diesener, Hartmut Elsenhans, Wolfgang Fach, Christian Fenner, Eckhardt Fuchs, Frank Geißler, Editha Kroß, Katharina Middell, Matthias Middell, Rolf Müller-Syring, Georg Vobruba, Michael Zeuske

Redaktionssekretä
Steffen Sammler

Anschrift der Redakt
Zentrum für Höhere St
Universität Leipzig
Augustusplatz 10/11 • 04109 Leipzig • Tel. (03 41) 9 73 02 30
Fax: (03 41) 97 300 99

Heftproduktion:
Verlagsbüro Pauselius, Leipzig

Bezugsbedingungen:
Die Zeitschrift erscheint sechsmal jährlich mit einem Umfang von ca. 160 Seiten. Einzelheftpreis 12,80 DM; Jahresabonnement 66,- DM; Ermäßigtes Abonnement 32,50 DM, Abonnement für Mitglieder der Karl-Lamprecht-Gesellschaft 45,- DM (im Mitgliedsbeitrag enthalten). Bestellungen über den Buchhandel oder an die Redaktion erbeten.

Wohnungsbau im internationalen Vergleich

Planung und gesellschaftliche Steuerung in den beiden deutschen Staaten und in Schweden 1945–1980

Herausgegeben von Hannes Siegrist und Bo Stråth

Leipziger Universitätsverlag 1996

Die Deutsche Bibliothek – CIP-Einheitsaufnahme

Comparativ: Leipziger Beiträge zur Universalgeschichte und vergleichenden Gesellschaftsforschung / hrsg. im Auftrag der Karl-Lamprecht-Gesellschaft Leipzig e. V. von Matthias Middell . – Leipzig: Leipziger Univ.-Verl.
Früher Schriftenreihe
Jg. 6, H. 3. Wohnungsbau im internationalen Vergleich. – 1996
Wohnungsbau im internationalen Vergleich/hrsg. von Hannes Siegrist und Bo Stråth. – Leipzig: Leipziger Univ.-Verl., 1996
(Comparativ; Jg. 6, H. 3)
ISBN 3-931922-14-6
NE: Siegrist, Hannes [Hrsg.]

Gedruckt mit Unterstützung der Deutschen Forschungsgemeinschaft

© Leipziger Universitätsverlag GmbH 1996
COMPARATIV
Leipziger Beiträge zur Universalgeschichte und
vergleichenden Gesellschaftsforschung
Heft 3 (1996)
Wohnungsbau im internationalen Vergleich
Herausgegeben von Hannes Siegrist und Bo Stråth
ISSN 0940-3566
ISBN 3-931922-14-6

Inhalt   Seite

Hannes Siegrist/Bo Stråth Wohnungsbau als Problem gesellschaftlicher Steuerung. BRD, DDR und Schweden in vergleichender Perspektive   7

Aufsätze

Axel Schildt „... für die breiten Schichten des Volkes". Zur Planung und Realisierung des „Sozialen Wohnungsbaus" in der Bundesrepublik Deutschland (1950–1960)   24

Mats Franzén Der Bau des Folkhems. Wohnungsbaupolitik in Schweden 1940–1980   49

Thomas Hoscislawski Die „Lösung der Wohnungsfrage als soziales Problem" – Etappen der Wohnungsbaupolitik in der DDR   68

Georg Wagner-Kyora Bürokratien und Bedarf. Der Bundesstaat, die Länderverwaltungen und die Gemeinden im bundesdeutschen Wohnungsbauförderungssystem 1950–1970   82

Rainer Weinert Ziele, Organisation und Konflikte des gemeinwirtschaftlichen Wohnungsbaus der Gewerkschaften nach 1945 im Kontext des öffentlichen Wohnungsbaus   100

Thord Strömberg Die Baumeister des Folkhems. Lokale Wohnungsbaupolitik in Schweden   127

Siegfried Grundmann   Der Einfluß der Standortwahl des
Wohnungsbaus auf die räumliche
Umverteilung der Bevölkerung in
der DDR 1971–1990   148

Verzeichnis der Autorinnen und Autoren   176

Hannes Siegrist/Bo Stråth

Wohnungsbau als Problem gesellschaftlicher Steuerung. BRD, DDR und Schweden in vergleichender Perspektive.

Das vorliegende Heft präsentiert die Beiträge von zwei interdisziplinären deutsch-schwedischen Workshops zum Thema „Soziale Auswirkungen von Bürokratie, Planung und gesellschaftlicher Steuerung. Das Beispiel des Wohnungsbaus in der Bundesrepublik Deutschland, der Deutschen Demokratischen Republik und Schweden 1945-1980". Die Workshops in Kungälv (15.-16.4.1994) und an der Arbeitsstelle für Vergleichende Gesellschaftsgeschichte der Freien Universität Berlin (15.-16.9.1995) wurden von den Herausgebern zusammen mit Jürgen Kocka (Freie Universität Berlin) und Rolf Torstendahl (Universität Uppsala) vorbereitet und von der Deutschen Forschungsgemeinschaft und dem Schwedischen Forschungsrat für Human- und Gesellschaftswissenschaften finanziert. Ihnen sei dafür gedankt. Die Herausgeber danken den Autoren dieses Bandes, die bereit waren, das ebenso spannende wie schwierige Vorhaben einer vergleichenden Geschichte der gesellschaftlichen Steuerung am Beispiel des Wohnungsbaus mitzutragen. Danken möchten wir auch Sebastian Conrad (Arbeitsstelle für Vergleichende Gesellschaftsgeschichte) für seine engagierte Mitarbeit bei der Vorbereitung und Durchführung der Tagungen.

Über den Wohnungs- und Städtebau existiert eine beachtliche wissenschaftliche Literatur für die einzelnen Länder.[1] Das Thema ist – unter verschiedensten Fragestellungen – mittlerweile so weit bearbeitet, daß man sich an eine international vergleichende Betrachtung heranwagen kann und sollte. Da Wohnen ein weites Feld ist, kommt man dabei nicht darum herum, sich auf ausgewählte Aspekte, Fragestellungen und Perspektiven zu konzentrieren.[2] Im Mittelpunkt soll hier die Frage nach den Voraussetzungen, Formen und Folgen *politisch-sozialer Steuerungsprozesse* im Bereich des Wohnens und der Wohnungsbaupolitik in drei Nachbargesellschaften stehen; in Gesellschaften, zwischen denen hinsichtlich der politischen und wirtschaftlichen Ordnung und Steuerungsprinzipien erhebliche Unterschiede bestanden, die aber vielfach von ähnlichen strukturellen und historischen Voraussetzungen ausgingen, über ausgeprägte bürokratische Traditionen verfügten und mit einem grundsätzlich gleichen Problem – der Lösung der Wohnungsfrage – konfrontiert waren. Im allgemeinen geht es um die gesellschaftsgeschichtliche Grundfrage nach der Interdependenz von Gesellschaft, Politik/Staat/Verwaltung, Markt/Wirtschaft und Kultur; im besonderen interessieren die Voraussetzungen, Formen und Folgen öffentlicher und staatlicher Praxis, wobei immer auch zu fragen ist, wie sich diese mit Konzeptionen von Bürgergesellschaft[3] und staatssozialistische Gesellschaft, Bürokratie und Planung, Wohlfahrtsstaat und moderne Konsumgesellschaft erklären lassen. Durch den internationalen Vergleich sollen Gemeinsamkeiten und Unterschiede zwischen den Gesellschaften herausgearbeitet, erklärt und diskutiert werden. Im folgenden möchten wir ausgewählte Ergebnisse unter Bezugnahme auf die abgedruckten Beiträge und die Literatur in vergleichender Perspektive skizzieren.

1. Gesellschaftliche Bedeutung des Wohnens

Wohnungs- und Wohnbaupolitik bezieht sich nicht nur auf das Bauen und Wohnen im engeren Sinne, sondern hängt mit Ordnungsvorstellungen, Gesellschafts- und Menschenbildern, Erinnerungen und Visionen, Fragen von Macht, Einfluß und Legitimation, sozialen Strukturen und Beziehungen sowie symbolischen und kulturellen Aspekten zusammen. Aus einer sozial-, politik- und kulturhistorischen Perspektive ist Steuerung des Wohnungsbaus und des Wohnens also mehr als die Beschaffung eines Daches über dem Kopf: sie betrifft die Lebens- und Entfaltungschancen von Individuen, die Gestaltung von sozialer, politischer und kultureller Praxis, die gesellschaftliche Integration und Desintegration in Familie, Nachbarschaft, Gemeinde, Land und Nation, die soziale Differenzierung und Entdifferenzierung und das Verhältnis von Öffentlichkeit und Privatheit.

Gleich nach dem Krieg war das Wohnen für viele Deutsche auf die Bedeutung einer elementaren menschlichen Notwendigkeit reduziert, alle anderen Bedeutungen, die sich mit dem Wohnen unter normalen Umständen verbinden, schienen daneben zu verblassen. In Schweden, das nicht direkt in das kriegerische und zerstörerische Geschehen verwickelt gewesen war, stellte sich die Lage weniger katastrophal dar, doch auch dort bestand – genauso wie in den meisten europäischen Ländern[4] – im Feld des Wohnens ein erhebliches quantitatives und qualitatives Defizit, weil in der Zwischenkriegs- und Kriegszeit viel zu wenig gebaut worden war und der Wohnungsstandard schlecht war. In allen Ländern hatte das Wohnungsproblem derartige Ausmaße angenommen, daß es nur noch durch politisches Handeln lösbar zu sein schien. Die Wohnungspolitik mußte dabei die vielfältigen mit dem Wohnen verbundenen kulturellen und sozialen Bedeutungen, wirtschaftlichen und politischen Bedingungen und individuellen und kollektiven Erfahrungen und Zukunftsvorstellungen erkennen und in Entscheidungen und Handlungsorientierungen umsetzen. Wohnen war ein knappes und begehrtes ökonomisches Gut mit vielfältigen sozialen und kulturellen Bedeutungen – und ein Politikum. Das zeigt sich an der schwedischen sozialdemokratischen Vision des „Folkhems" („Volksheim"), in der Vorstellungen von Menschenwürde, allgemeiner demokratischer Bürgerlichkeit, Modernität und Wohlfahrtsstaatlichkeit in spezifischer Weise verknüpft wurden. „Volksheim" meinte „Heimat für alle" und „Heim und Haus für jeden". Die gesellschaftspolitische Vision war untrennbar mit einer wohnungspolitischen verknüpft und enthielt, wie Mats Franzén ausführt, ein gewisses utopisches Moment. In Deutschland bildeten sich vergleichbare umfassende Visionen erst etwas später aus – ansatzweise wurden sie indessen schon bald nach dem Krieg in den Programmen der Parteien formuliert, die allerdings noch kaum Einfluß auf die Wohnungsbaupolitik hatten. In der ersten Nachkriegszeit, als in Deutschland ein beträchtlicher Teil des Wohnraums zerstört war, der Wohnungsmangel aufgrund des Zustroms von Evakuierten, Flüchtlingen und Vertriebenen katastrophale Ausmaße annahm und die sozialen und ideellen Grundlagen der Gesellschaft völlig erschüttert waren, fehlten die Voraussetzungen für solche eindeutigen 'großen Visionen' und schon gar für deren Realisierung. Bauen und Wohnen war ein Wert und Ding an sich.

Begriffe wie „Aufbaugesellschaft", „Aufbau" oder „Wiederaufbau" meinten – neben vielem anderem – ganz konkret das Bauen und die Wiederherstellung von Wohnraum und Städten. In den Westzonen war das gesellschaftspolitische Aufbauziel in den ersten Nachkriegsjahren in jeder Beziehung umstrittener und diffuser als in Schweden. Erst in den Gründerjahren der Bundesrepublik wurde der Zusammenhang von Gesellschaftsbau und Wohnungsbau schärfer formuliert. Zwar bestanden diesbezüglich erhebliche Spannungen zwischen den Visionen der Sozialdemokraten, die eher auf Mietwohnungsbau, staatliche Planung und gemeinnützige Wohnbaugesellschaften setzten, den christlichen Parteien, die eine nach dem Subsidiaritätsprinzip staatlich geförderte und auf den 'Mittelstand' ausgerichtete Eigenheimpolitik favorisierten, und den Freien Demokraten, die für den Primat des privaten Wohnungsbaus und die Steuerung durch die unsichtbare Hand des Marktes plädierten. Für diese Positionen fanden sich indessen auch Befürworter in den jeweils anderen Parteien. Es kam deshalb zu einem tragfähigen pragmatischen Kompromiß vor allem zwischen den Sozialdemokraten und den christlichen Volksparteien CDU und CSU.

Auf dem speziellen Feld des Wohnungsbaus bildete sich ein Allparteienkonsens oder eine „Kryptokoalition"[5] unter den wohnungsbau- und gesellschaftspolitischen Leitbegriffen „Wohnungsbau für die breiten Schichten des Volkes" und „nivellierte Mittelstandsgesellschaft". (Das zeigen die Beiträge von Axel Schildt und Georg Wagner-Kyora.) Diese Begriffe hatten, indem sie die Gesellschaft von der breiten Mitte her konzipierten und die oberen und unteren Ränder ausklammerten, deutlich weniger egalitäre Konnotationen als der schwedische Begriff des „Folkhems". In der Praxis unterschieden sich die schwedische und bundesdeutsche Wohnungsbaupolitik indessen nicht grundsätzlich.

Einen Anspruch auf eine radikale gesellschaftliche Alternative, die auch das Wohnen betraf, verfocht indessen die sowjetisch besetzte Zone bzw. die DDR. Beim anvisierten Umbau der Gesellschaft und dem sozialistischen Aufbau standen jedoch industrie- und herrschaftspolitische Ziele so sehr im Vordergrund, daß das Bauen von Häusern und Wohnungen immer eine nachgeordnete Zielsetzung blieb. Man beschränkte sich auf dringende Maßnahmen und symbolische Projekte und verließ sich anfänglich sogar stark auf den privaten Wohnungsbau. Der Zusammenhang von Gesellschafts- und Wohnbaupolitik wurde erst nach den Ereignissen von 1953 klarer erkannt und schärfer formuliert. Seitdem wuchs – in mehreren Schüben – das Bewußtsein von der Bedeutung des Wohnens für die wirtschaftliche Leistungsfähigkeit und die Akzeptanz der gesellschaftlichen, politischen und kulturellen Verhältnisse. Wohnungsbau und Gesellschaftsbau wurden programmatisch und praktisch immer stärker zusammengedacht, wie Thomas Hoscislawski und Siegfried Grundmann in ihren Beiträgen ausführen. Die 'Lösung der Wohnungsfrage' wurde als entscheidendes Problem der sozialistischen Gesellschaft definiert, bedeutete im einzelnen aber sehr Unterschiedliches und blieb industrie- und machtpolitischen Zielsetzungen untergeordnet.

2. Wohnungspolitik

„Wohnungspolitik" im engeren Sinne bezieht sich auf die wohnliche Unterbringung der Bevölkerung und die Gestaltung der Siedlungen und Städte. Sie besteht erstens aus der *Bestandspolitik*, die sich auf die Regelung des vorhandenen Wohnraums bezieht und sich in der Mietrechts- und Mietpreisrechtspolitik sowie der öffentlichen Wohnraumbewirtschaftung (Einweisung von Mietern, Vergabe von Wohnungen, Wohnungszwangswirtschaft usw.) niederschlägt; und zweitens aus der *Wohnungsbaupolitik*, d.h. wohnungsbaupolitischen Maßnahmen, die sich auf den Neubau richten (direkte und indirekte Förderung, Finanzierung, Planung,

Ausführung und Verwaltung, Festlegung der Zugangskriterien für Bewohner usw.).[6] Die vorliegenden Beiträge konzentrieren sich auf die Wohnungsbaupolitik, berücksichtigen aber auch die Bestandspolitik.

Hinsichtlich der *Bestandspolitik* bedeutete das Kriegsende in keiner der drei Gesellschaften eine Stunde Null. Ihre Instrumente, Organisation und Praxis (Kündigungsschutz, öffentliche Mietenkontrolle, Wohnraumbewirtschaftung bzw. -lenkung) waren seit dem Ersten Weltkrieg schrittweise entwickelt worden, insbesondere in Phasen geringer Wohnbauleistung, in denen der soziale und politische Problemdruck durch rechtliche und administrative Strategien und Mittel gemildert werden mußte.[7] Der historische Vergleich der Perioden, Länder und politischen, sozialen und wirtschaftlichen Systeme zeigt, daß manche dieser Instrumente und Mechanismen relativ systemindifferent waren. Bis um 1960 wurden sie in allen drei Gebieten resp. Staaten – wenn auch in unterschiedlicher Intensität und mit unterschiedlichen Absichten – angewendet. Während die Bundesrepublik und – etwas weniger – Schweden nach und nach stärker davon abgingen – wobei allerdings eine revidierte Mieter- und Wohnrechtsordnung weiterhin für soziale Verträglichkeit sorgen sollte –, integrierte die DDR diese Steuerungs- und Lenkungsinstrumente in die staatssozialistische Kommandowirtschaft. Dieser Unterschied erklärt sich zum einen durch allgemeine wirtschaftliche, politische und ideologische Faktoren, auf die in den einzelnen Beiträgen dieses Bandes wiederholt hingewiesen wird, zum anderen durch die Tatsache, daß Schweden und die Bundesrepublik frühzeitig eine dezidierte Neubaupolitik betrieben, so daß die Zwangsmaßnahmen weniger wichtig wurden. Während in der Bundesrepublik 1950-1960 jährlich 100 Wohnungen je 10.000 Einwohner fertiggestellt wurden und in Schweden 77, betrug der entsprechende Wert für die DDR nur 29.[8] Die DDR ging erst in den sechziger Jahren, und vor allem seit 1970 dazu über, massenhaft Neubauwohnungen zu errichten.

Auch hinsichtlich der *Wohnbaupolitik* gab es in keinem der drei Untersuchungsgebiete eine Stunde Null. Die staatliche *Wohnungsbauförderungspolitik* war in den Grundzügen schon im Krieg ausgearbeitet worden und wurde in den späten vierziger Jahren weiterentwickelt. Darauf weisen Mats Franzén und Axel Schildt, aber auch Rainer Weinert und Georg Wagner in ihren Beiträgen über Schweden respektive die Bundesrepublik hin. In der Bundesrepublik und in Schweden wirkte sich die staatliche Wohnbaupolitik in den fünfziger und sechziger Jahren sehr massiv aus, danach verdünnte und wandelte sie sich, sowohl hinsichtlich der Intentionen als auch der Funktionen. In einigen Beziehungen könnte man auch im Falle der DDR die vierziger Jahre als „formative Periode" (Franzén) der Wohnungsbaupolitik bezeichnen. Eine spezifische staatssozialistische Wohnungsbaupolitik wurde, wie Thomas Hoscislawski zeigt, jedoch erst zwischen 1953 und 1970 formuliert; ihre Breiten- und Tiefenwirkung entfaltete sie erst in den siebziger und achtziger Jahren. Aufgrund dieses Unterschieds in der Chronologie mußte der Untersuchungszeitraum für die DDR erweitert werden; der internationale Vergleich hat diese Phasenverschiebung angemessen zu berücksichtigen. Siegfried Grundmann konzentriert sich in seinem Beitrag über die DDR auf die Jahrzehnte nach 1970, während sich die Beiträge über die Bundesrepublik und Schweden stärker auf die fünfziger und sechziger Jahre richten und nur kurze Ausblicke auf die Folgezeit geben.

3. Nation, Systemkonkurrenz und Vergleich

Wohnen war schon im 19. Jh., verstärkt aber in den ersten Jahrzehnten des 20. Jhs. ein öffentliches Thema. Es wurde damals indessen vor allem unter gesundheits-, bevölkerungs-, fürsorge- und klassenpolitischen Gesichtspunkten diskutiert. Der Nationalstaat überließ das Feld in der Regel weitgehend den staatlichen Untereinheiten und Gemeinden sowie den Sozialreformern, Interessenverbänden und Gewerkschaften, die dafür spezifische wohnungspolitische Programme, Strategien, Instrumente und Praktiken entwickelten. Im Krieg intervenierte er allerdings stärker. Aufgrund der Folgen des Zweiten Weltkriegs stieg die Bedeutung von 'Gesellschaft' als 'nationale Schicksalsgemeinschaft'. Die Wohnbaufrage wurde nun vollends zu einer 'nationalen Frage', und die Wohnungspolitik richtete sich nicht nur an die klassischen 'fürsorgebedürftigen' Gruppen, sondern an weite Teile der Bevölkerung. Der Nationalstaat übernahm die Verantwortung und zog die Zuständigkeit für das Wohnen in einem Ausmaß an sich, wie es bisher in Friedenszeiten unüblich gewesen war. Bei der Errichtung neuer Verwaltungen hielt er sich in der Regel aber zurück; er versuchte, die vorhandenen Organisationen und Kapazitäten in seine Strategien einzubauen, indem er sie sich unterordnete. Bisweilen arrangierte er sich mit diesen in einer Weise, die ihnen beträchtliche Spielräume und eine gewisse Autonomie beließ.

Die Rolle des Nationalstaats wurde im Falle der beiden Deutschland sowohl relativiert als auch besonders scharf akzentuiert: Erstens intervenierten hier zunächst noch die Besatzungsmächte. Zweitens entstanden zwei Staaten, die sich zunehmend als verschiedene deutsche Nationen betrachteten und sich für die Kriegsfolgen in unterschiedlicher Weise zuständig erklärten bzw. verantwortlich fühlten. Drittens mußte (und wollte von einem gewissen Zeitpunkt an) die Bundesrepublik in besonders ausgeprägter Weise die Rolle eines Zufluchtsortes und 'Rettungsbootes der

Deutschen aus dem Osten' übernehmen, was gerade für die Wohnungs- und Städtebaupolitik beträchtliche Folgen hatte. Die Deutschen sahen sich in den Anfangsjahren gezwungen, die ordnungspolitischen und administrativen Vorgaben der jeweiligen Besatzungsmächte und und späteren Vormächte im Westen respektive Osten zu berücksichtigen und ihre Politik auf transnationale Erfordernisse abzustimmen. Dies galt indessen sehr viel stärker für die allgemeinen ordnungspolitischen Regeln und politisch-wirtschaftlichen Strategien als für das Wohnen und Bauen im speziellen. Weder kam es im westdeutschen Falle zu einer Amerikanisierung der Wohnungsbaupolitik, was eine völlige Liberalisierung und die Dominanz des Eigenheims bedeutet hätte, noch im ostdeutschen Falle zu einer Sowjetisierung, was mit einer Enteignung der privaten Hauseigentümer verbunden gewesen wäre.[9] Beiderorts gab es starke historische Kontinuitäten, und letzten Endes orientierte man sich hier wie in Schweden an 'modernen' Vorstellungen von gesellschaftlicher Integration, Wohnkultur, materiellem Wohlstand und sozialer Sicherheit. Die Beiträge, die sich in der Regel auf ein Land konzentrieren, aber aufgrund einer gemeinsamen Fragestellung und ausführlicher vergleichender Diskussionen verfaßt worden sind, machen deutlich, welche spezifische Bedeutung diese Leitbegriffe im besonderen Kontext der jeweiligen Gesellschaft und Geschichte bekamen.

Die ideologischen Debatten zeigen, daß der Systemwettkampf auch auf dem Feld der Wohnungsbaupolitik ausgetragen wurde. In Westdeutschland argumentierte man mit Blick auf den „Bolschewismus", daß besseres Wohnen und Eigenheim die sichersten Garantien für Freiheit und bürgerliche Gesellschaft, Fortschritt und allgemeinen Wohlstand seien. In Ostdeutschland lauteten die Standardformeln, daß die Behandlung der Wohnung als Ware und das kapitalistische Marktprinzip für das Wohnungselend der arbeitenden Klasse im Westen verantwortlich seien und daß es gelte, den imperialistischen Westen demnächst im Felde des Konsums und des Wohnens zu überholen, um die Überlegenheit des Sozialismus zu demonstrieren. Die Schweden schließlich strebten nach einem 'dritten Weg'.

Aufgrund der deutschen Teilung und der Systemkonkurrenz bildete sich eine spezifische deutsche Variante des Gesellschaftsvergleichs heraus, nämlich der Leistungsvergleich, der auch im Wohnungsbau Bedeutung erlangte. Die Wahrnehmung, das Denken und Handeln der Politiker und der Bevölkerung waren in besonderer Weise durch den vergleichenden Blick zum Westen respektive zum Osten hin geprägt. Hier wie im Falle der wissenschaftlichen systemvergleichenden Komparatistik galt das Hauptinteresse in erster Linie den Unterschieden, die man bevorzugt mit allgemeinen 'Systemunterschieden' erklärte.[10] Der Vergleich erfolgte in praktischer Absicht, war Teil der deutsch-deutschen Beziehungsgeschichte und ein zentrales Element des Abgrenzungsdiskurses zweier staatlich verfaßter Gesellschaften, die eine gemeinsame Geschichte hatten und die Möglichkeit einer gemeinsamen Zukunft nicht ausschließen konnten oder wollten.[11] Nach der Vereinigung drängt es sich auf, die wirklichen und vermeintlichen Unterschiede ebenso wie die Gemeinsamkeiten noch einmal zu erforschen und zu reflektieren;[12] nicht nur, weil das Feld des Wohnens und des Hauseigentums zu den umstrittensten Bereichen gehört, sondern auch, weil die Geschichtsbilder nach 1989/90 in Fluß geraten sind.

Deutsch-schwedische Vergleiche der Wohnungsbaupolitik wurden dagegen kaum je angestellt, weder von den Zeitgenossen noch in der wissenschaftlichen Literatur. Während es zur Arbeitsmarkt- und Sozialpolitik vergleichende Studien gibt,[13] die viele Ähnlichkeiten zwischen der Bundesrepublik und Schweden konstatieren, haben sich die Studien über den Wohnungsbau immer auf die Behandlung der einzelnen Länder konzentriert und dabei dem Eindruck von nationalen Sonderwegen Vorschub geleistet. Die Beiträge dieses Bandes zeigen jedoch, daß es gerade auch in der Wohnungsbaupolitik beträchtliche westdeutsch-schwedische und einige ostdeutsch-schwedische Gemeinsamkeiten gab.

4. Wohnungs- und Städtebau, soziale Integration und Individualisierung

Nach Mats Franzén verband die schwedische sozialdemokratisch-nationale Vision des „Folkhems" die Ideen von nationaler Heimat, sozial integrierender Nachbarschaft, universaler Menschenwürde und sozialer Demokratie mit den Wohnungs- und Siedlungskonzepten der 'internationalistischen' Moderne. Ähnliche Ideenbündel wurden seit den späten vierziger Jahren auch in den beiden Deutschland formuliert, doch zunächst – und unterschwellig noch länger – ging es hier beim Wohnungs- und Städtebau vor allem um die Wiederherstellung der „optischen Identität" Deutschlands.[14] Die nationale Identität konnte sich in unterschiedlichen Objekten symbolisch darstellen: in der alten „deutschen Stadt", worauf von Beyme hinweist, aber auch in jenen klassisch-repräsentativen Wohn- und Städtebauprojekten, mit denen sich die DDR in der stalinistischen Ära zu inszenieren suchte. Letztlich war in den beiden Deutschland angesichts der enormen Zerstörungen zunächst jeder wiederaufgebaute oder neuerrichtete Baukörper symbolisch von Bedeutung, egal ob es sich um traditionelle oder moderne Architektur, um Flickwerk oder um nach ästhetisch-architektonischen Kriterien Gebautes handelte.

Die Bedeutung von architektonisch-gesellschaftlichen Utopien war in den beiden deutschen Staaten geringer als in Schweden, wo der Konsens breiter und die politische Durchsetzungskraft der staatlichen Politik erheblich stärker war. Man sollte diesen Unterschied aber nicht überbetonen, denn sowohl in Schweden als auch in Westdeutschland und schließlich der DDR galten „modernes Bauen" und die „aufgelockerte und gegliederte Stadt" als Leitbilder. Architekten, Planer und Politiker versprachen sich davon funktionale Vorteile sowie eine soziale Verwurzelung und Gemeinschaftsbildung in den kleineren 'harmonischen' Einheiten der Nachbarschaft. Bald mußten sie aber feststellen, daß die Bewohner zwar die besser ausgestatteten, größeren, helleren und gesünderen Wohnungen annahmen, nicht aber die angestrebten sozialen und kulturellen Verhaltensweisen. Die Politiker und Experten realisierten, daß sich das soziokulturelle Verhalten von Individuen und die Vergemeinschaftung in großen Nachbarschaften und Siedlungen nur sehr beschränkt planen und steuern ließ, weil unvorhergesehene Faktoren ins Spiel kamen. In allen drei Gesellschaften konzentrierten sich die Menschen stärker als erwartet auf die Familie und die 'eigene' Wohnung; nach den Erfahrungen des beengten Wohnens und der Unbehaustheit bestand ein starkes Bedürfnis nach Privatsphäre. Die Modernisierung der Kommunikations- und Verkehrssysteme bot den einzelnen die Chance zu mehr Mobilität und zum Aufbau räumlich dezentralisierter Beziehungsnetze. Vielfach waren die Menschen aufgrund der räumlichen Trennung von Arbeit und Wohnen aber auch dazu gezwungen. In den westlichen Staaten förderte der in den späten fünfziger Jahren einsetzende Übergang zur Konsumgesellschaft die Individualisierung und Familienzentriertheit zusätzlich. In den beiden deutschen Staaten behinderte ein letztlich politisch begründetes Mißtrauen, das auf Erfahrungen im Nationalsozialismus oder in der sozialistischen Diktatur beruhte, die Entstehung nachbarschaftlicher Gemeinschaften. Soziale und kulturelle Fremdheit, Konkurrenz- und Statusdenken in den sozial etwas stärker durchmischten Neubauvierteln taten ein weiteres, daß das Motto „den richtigen Abstand halten" in allen drei Ländern das Zusammenleben stark prägen konnte.[15] In der DDR versandeten die Anfang der sechziger Jahre geführten Diskussionen über die sowjetischen Kommunekonzepte der zwanziger Jahre; die DDR-Bürger befanden sich auf dem Weg in die Privatheit und in die Nischengesellschaft.

In allen drei Gesellschaften zeigte es sich, daß weder der Staat noch die Experten und die anderen Träger der Wohnungsbaupolitik das soziale und kulturelle Wohnverhalten wirklich steuern konnten. Ihre Versuche, der sozialen Desintegration durch die Schaffung von Gemeinschaftseinrichtungen und Infrastrukturmaßnahmen entgegenzusteuern, waren oft nur halbherzig und hatten auch nur beschränkt Erfolg. Die DDR hielt am Anspruch, die Nachbarschaftsbeziehungen zu gestalten, aus politischen und ideologischen Gründen am längsten und hartnäckigsten fest. Selbst wenn ursprünglich Kontroll-, Erziehungs- und Motivierungsmotive dahinter standen, wurde das von den Bewohnern offensichtlich nicht immer nur negativ aufgenommen, da es aufgrund der schlechteren Versorgung, des Zwangs zur Zusammenarbeit und des Wunsches nach außerbetrieblicher Gemeinschaft auch gute Gründe dafür gab.[16] In der Bundesrepublik und in Schweden kam es – nach der Auflösung der später mitunter idealisierten Arbeiterviertel – vergleichsweise spät zu neuen Vergemeinschaftungen in Form von Quartier-, Stadtteil-, Bürger- und Mieterbewegungen, die mit einer neuen Politisierung einhergingen und funktional an die Seite oder Stelle der traditionellen lokalen Vereine und der Ortssektionen von Parteien und Gewerkschaften traten. In der um 1970 einsetzenden Periode, die gekennzeichnet war durch Suburbanisierung und den Bau von Trabantenstädten einerseits, Modernisierung der Innenstädte unter dem Schlagwort der verdichteten Stadt und neuen Urbanität andererseits, bekamen sie eine gewisse Bedeutung als neue Akteure im Feld der Wohn- und Städtebaupolitik. Ein Teil der Wohnungsbauexperten revidierte daraufhin ihre 'elitären' fachlichen und politischen Positionen und ging neue Koalitionen ein.

5. Mietergesellschaft versus Hauseigentümergesellschaft

Ein zentraler Streitpunkt der Wohnungspolitik war die Frage des Wohnungs- und Hauseigentums. Hier versuchte die Politik, die Weichen entweder für eine Mietergesellschaft oder eine Eigentümergesellschaft zu stellen. Charakteristisch ist diesbezüglich in allen drei Gesellschaften aber ein gewisses Schwanken. Paradox erscheint auf den ersten Blick, daß es ausgerechnet im sozialdemokratischen Schweden und in der staatssozialistischen DDR um 1960 mehr privates Wohnungs- und Hauseigentum gab als in der Bundesrepublik, wo doch die Eigenheimpolitik aus ordnungs- und gesellschaftspolitischen Gründen gerade von den christlichen und bürgerlichen Parteien energisch propagiert wurde und Teile der Sozialdemokratie dies ebenfalls wohlwollend billigten. Der Prozentsatz der Wohnungen im Privatbesitz am gesamten Wohnungsbestand betrug in Schweden im Jahr 1960 75 Prozent (1980: 60 Prozent) und in der Bundesrepublik 1968 35 Prozent, was zwar gegenüber den 25 Prozent von 1950 eine deutliche Steigerung bedeutete,[17] aber weit weniger war als in der DDR. In der DDR waren in den sechziger Jahren etwa die Hälfte aller Mietwohnungen privates Eigentum, und noch 1971 gehörten 62

Prozent aller Wohnungen privaten Eigentümern. Was beim Blick auf die Eigentumsstruktur als deutlicher Unterschied zwischen den beiden deutschen Staaten erscheint, erweist sich dann allerdings als Illusion, wenn man nach dem Verhältnis von Eigentum und Nutzung fragt: nur 23 Prozent aller Wohnungsnutzer in der DDR waren Eigentümer ihrer Wohnung oder ihres Hauses. Der Anteil der Mieter und (wenigen) Untermieter an der Gesamtzahl der Wohnungsnutzer betrug um 1970 in der DDR knapp 70 Prozent, in der Bundesrepublik 65 Prozent, d.h. die beiden deutschen Staaten waren sich diesbezüglich recht ähnlich.[18]

In der DDR war vor allem der Altwohnungsbestand Privateigentum. Der Anteil des privaten Wohnungsneubaus am gesamten jährlichen Wohnungsbauvolumen betrug seit den späten fünfziger Jahren regelmäßig weniger als zehn Prozent (meist fünf bis sechs Prozent), also deutlich weniger als in den Vergleichsländern. Die Rechte der vermietenden Privateigentümer waren erheblich beschnitten, so daß das damals als systemfremd geltende Prinzip politisch und sozial nicht so sehr ins Gewicht fiel. Durch ihre Wohnbaupolitik stellte die DDR schon in den frühen fünfziger Jahren die Weichen für eine *verstaatlichte* Mietergesellschaft, doch war der Weg dahin lang und schwierig, da die neuen Wohnungen erst gebaut werden mußten. Thomas Hoscislawski und Siegfried Grundmann schildern die Etappen und Probleme dieser Entwicklung. In Schweden waren die meisten Häuser oder Wohnungen Eigentum der Bewohner, in einzelnen Phasen zeigten sich aber immer auch deutliche Tendenzen zum Mietwohnungsbau.

6. Finanzierung

Nach dem Krieg bekam der Staat seine wichtige Rolle im Wohnungsbau nicht zuletzt deshalb, weil nur er imstande und willens war, die notwendige Finanzierung zu besorgen. Er konnte die enormen Kapitalmengen sammeln oder mobilisieren, einen wesentlichen Teil der Finanzierung durch politisch festgelegte Darlehenskonditionen begünstigen und so die Bauwilligen zu eigenen Leistungen motivieren. Im Grunde genommen verfuhren damals alle Staaten über weite Strecken ähnlich. Die Bundesrepublik stieg allerdings seit den sechziger Jahren vermehrt auf steuerbegünstigte freie Finanzierung um, während Schweden und die DDR an der staatlichen Subventionierung festhielten, dabei aber die Kontrolle verloren. In Schweden wurden bei schrumpfendem Wohnungsbau die Kosten immer höher, weil die größeren und aufwendig gebauten Wohnungen für die breiten Mittelschichten, die man als Wähler zu halten oder gewinnen versuchte, immer mehr Mittel erforderten. Im Falle der DDR resultierte die Überforderung des Staates daraus, daß die Kosten für die Wohnungen, die er aus sozialen und politischen Gründen der Bevölkerung zur Verfügung stellen wollte oder mußte, das Budget immer stärker beanspruchten und die politisch-wirtschaftliche Steuerung immer undurchsichtiger wurde.

7. Akteure, Interessen und Mechanismen

Ein ganz zentrales Anliegen des vorliegenden Bandes ist die Analyse der mit der Wohnungsbaupolitik und dem Wohnungsbau befaßten Instanzen und Träger. Als Akteure im Feld des Wohnbaus und der Wohnungsverwaltung fungierten die Länder, Bezirke und Kommunen sowie die privaten Baufirmen und Bauherren, (gemeinnützigen) Wohnbaugesellschaften sowie Bau- und Kreditgenossenschaften, Gewerkschaften, Parteien, Experten, Bürger und Wähler. In der DDR kamen zusätzlich die Arbeiterwohnungsbaugenossenschaften staatlicher Unternehmen und Verwaltungen hinzu, die nicht als Genossenschaften im schwedischen oder bundesdeutschen Sinne zu bezeichnen wären.

Soweit es sich um öffentlich geförderten „sozialen Wohnungsbau" handelte, bestimmte auch in den westlichen Ländern der Staat die Bedingungen und Formen sowie die Quantität und Qualität des Bauens, wobei er allerdings die Ausführung und Verwaltung an die untergeordneten Ebenen delegierte, die ihrerseits mit den privaten Firmen, kommunalen oder gemeinnützigen Wohnbaugesellschaften sowie Genossenschaften verkehrten. Axel Schildt, Georg Wagner-Kyora und Rainer Weinert zeigen dies anhand konkreter Beispiele und allgemeiner Tendenzen. Anders als in den zentralistischen Staaten Schweden und DDR spielten in der föderalistischen Bundesrepublik die Länder eine zentrale Rolle, worauf Georg Wagner-Kyora besonders hinweist. In Schweden waren die Bauausschüsse bzw. Aufsichts- und Planungsgremien auf Reichsebene die Schlüsselinstanzen. In der DDR bildete sich ein Dualismus der Partei- und Staatsinstanzen heraus.[19]

Umstritten ist sowohl für den bundesdeutschen als auch für den schwedischen Fall die Bedeutung der Kommunen. Waren sie mehr Ausführungsorgan, oder bestimmten sie letzlich vor Ort über die Ausgestaltung und soziale und politische Wirkung der Wohnungsbaupolitik? Die Städtevergleiche von Thord Strömberg für Schweden, der Artikel von Georg Wagner-Kyora sowie weitere Studien über die Bundesrepublik[20] zeigen, daß es sowohl das eine wie das andere gab, die Kommunen sich aber in jedem Fall an die allgemeinen Rahmenbedingungen halten mußten. Die von Thord Strömberg beschriebenen „urban regimes" gab es nicht nur in den schwedischen Städten, sondern auch in den westdeutschen; in abgewandelter Form vermutlich auch in der DDR.

In mehreren Beiträgen werden die Konflikte und Spannungen zwischen Kommunen, Genossenschaften und gemeinnützigen Wohnbaugesellschaften und Privaten beleuchtet. Rainer Weinert führt überzeugend aus, wie sich die großen westdeutschen Gemeinnützigen Wohnbaugesellschaften aus ihrer Abhängigkeit von den Gewerkschaften lösten, von den Vorteilen gegenüber den Privaten profitierten und schließlich eine weitgehende Autonomie erlangten. Ihre Rolle konnten sie aber nur solange spielen, wie es einen gesellschaftlichen Konsens über gemeinwirtschaftliche Konzepte gab.

8. Steuerbarkeit und politischer Markt

Die Frage, inwieweit moderne Gesellschaften steuerbar sind, wird in der Regel um so häufiger gestellt und intensiver diskutiert, je größer die Legitimations- und Legitimitätsprobleme sind. Steuerung bedeutet die Fähigkeit, Probleme zu erkennen, politische Ziele zu formulieren und zu realisieren. Da die einmal formulierten politischen Ziele immer auch mit anderen Zielen in Konflikt geraten, erfordert Steuerung die Fähigkeit, Kompromisse zu schließen. Die Bedingungen dafür waren in den fünfziger und sechziger Jahren, als das wirtschaftliche Wachstum ganz erheblich war und der zu verteilende Kuchen größer wurde, in den westlichen Industrieländern außerordentlich günstig. In der Bundesrepublik und in Schweden wurde der Wohnungsbau zu einem Motor der Volkswirtschaft; es entstanden Multiplikatoreffekte, und es kam zu einer sich wechselseitig verstärkenden Dynamik zwischen Massenkonsum und Massenproduktion. Die DDR dagegen legte den Schwerpunkt auf die Entwicklung der Industrie. Ein Massenkonsum im westlichen Sinn fehlte nicht zuletzt auch deshalb, weil der Wohnungsbau industrie- und herrschaftspolitischen Zielsetzungen untergeordnet wurde. In der sozialistischen „Aufbau- und Übergangsgesellschaft" stellte sich die Steuerungsproblematik in anderer Weise.

In den westlichen Ländern wurde die staatliche Intervention im Wohnungsmarkt als Instrument der Wählerwerbung auf einem sich wandelnden „politischen Markt"[21] eingesetzt; sie erhielt Funktionen in der Erzeugung politischer Legitimation. Man betrieb eine Wohlfahrtspolitik, die sich an den Standards der breiten Mittelschichten orientierte und die zunehmend durch die keynesianische Konzeption, wonach die Kaufkraft der Massen für das wirtschaftliche Wachstum erforderlich ist, begründet wurde. Indem sich die gesellschaftlichen Interessengruppierungen, die Wertvorstellungen, Stimmungen und Meinungen wandelten, insbesonre auch die Kultur des Wohnens eine gewisse Eigendynamik bekam, brökkelten die Fundamente des ursprünglichen Konsenses oder Kompromisses ab. Besonders deutlich zeigt sich dies in der Frage der Eigenheimpolitik, die sowohl in Westdeutschland als auch in Schweden seit den sechziger Jahren forciert wurde. Im Falle der DDR wird man die Wohnungspolitik weniger als in den beiden Vergleichsländern als Instrument der politischen Wählerwerbung betrachten können, trotzdem wirkte sie auch da als ein Schlüsselfaktor bei der Herstellung politischer Legitimation und der Herrschaftssicherung. Die Beiträge von Hoscislawski und Grundmann machen deutlich, daß die Herrschenden eine gewisse Sensibilität dafür entwickelten, zeigen aber auch, daß sie langfristig die Wohnungspolitik nicht wirklich zu einem Stabilisierungsfaktor machen konnten, weil die wirtschaftlichen und politischen Rahmenbedingungen dem entgegenstanden und sich die Vorstellungen der Bürger vom Wohnen ein Stück weit autonomisierten und die Ansprüche stiegen.

In Schweden und der Bundesrepublik glaubten bis in die siebziger Jahre viele, daß es möglich sei, die als vernünftig erkannten Zielsetzungen und Entscheidungen der Wohnungspolitik durch die Arbeit der Politiker, Verwaltungen und Experten der Bevölkerung zu vermitteln und zu realisieren. Die Verbandsdemokratie bzw. neokorporatistischen Strukturen und Prozesse boten dafür den geeigneten Rahmen. Diese Vision war so lange realistisch, als die Wirtschaft wuchs und die Politik immer mehr verteilen konnte. Ob die Steuerung stärker über den Markt oder über den Plan erfolgte, war dabei weniger entscheidend: Schweden setzte länger auf Plan und zentralistische Steuerung, die Bundesrepublik, sobald sich die Situation etwas entspannt hatte, eher auf den Markt. Es kam auf die politisch und wirtschaftlich richtige Mischung im jeweiligen Land an. Die DDR hat nach dieser Mischung letztlich vergeblich gesucht, da sie an utopisch-illusionären Vorstellungen von Steuerbarkeit festhielt und einen Plan- und Programmkult betrieb, der mit den realen Möglichkeiten konfligierte. Sie verschob, wie Grundmann argumentiert, das Wohnungsproblem nur von einem Ort zum nächsten.

Die Wohnungspolitik der Bundesrepublik und Schwedens war kurz- und mittelfristig vergleichsweise erfolgreich. In einer Wachstumswirtschaft ließen sich unterschiedliche Leitbilder realisieren. Steuerung bedeutete, den Gang der Dinge festzulegen und dann 'auf den Wellen zu reiten'. Man betrieb ein „economic management" und eine keynesianische Politik. In welche Richtung man die Politik akzentuierte, auf den Markt oder auf den Plan hin, hing von der politischen Kultur und den Machtverhältnissen auf dem „politischen Markt" ab, auf dem man Stimmen gewinnen wollte. Die Idealtypen Staat/Plan und Markt bestanden nie in reiner Form.

Die Regierungen regierten mit dem Wind des Zeitgeistes im Rücken und verstärkten diesen durch ihr Handeln. Der Unterschied zur DDR bestand darin, daß diese – von kurzen Zeiträumen abgesehen – weniger wirtschaftliches Wachstum hatte und keine konsistenten und überzeugenden Leitbilder und Mechanismen entwickeln konnte.

Grenzen der Steuerbarkeit wurden allerdings auch bei den beiden westlichen Gesellschaften sichtbar, insbesondere seit den siebziger Jahren. Schweden verfolgte eine massive und kostspielige Subventionspolitik, konnte dadurch aber die Mietsteigerungen nicht stoppen. Sowohl in der Bundesrepublik als auch in Schweden gerieten die auch optisch sichtbaren Resultate der Sozialen Wohnungsbaupolitik und des Expertenhandelns früher oder später in das Kreuzfeuer der Kritik; der Wohnungs- und Städtebau wurde als seelenlos, entfremdet und schäbig bezeichnet. Diese Kritik beruhte auf Erfahrungen und Enttäuschungen der Bewohner und Bürger, sie läßt sich aber auch als Ausdruck von Rivalitäten zwischen alten und neuen Expertengruppen begreifen. Die Kritik unterscheidet sich wenig von derjenigen, die seit der Vereinigung immer wieder über den DDR-Massenwohnungsbau geäußert wird, der in den siebziger und achtziger Jahren zwar quantitative und qualitative Fortschritte gemacht hatte, den westlichen Standards aber weiterhin hinterherhinkte.

Die Antwort auf die Frage nach der Steuerung und Steuerbarkeit könnte für die drei hier untersuchten Gesellschaften im Zeitraum von 1950 bis 1980 folgendermaßen zusammengefaßt werden: Wohnen war ein symbolisches Feld, in das nationale Ziele und Hoffnungen sowie sozialdemokratische, sozialistische und liberale Vorstellungen hineinprojiziert wurden. Gleichzeitig bildeten sich im Feld des Wohnens und in der Gesellschaft ständig und ungeplant neue Kulturen von Ungleichheit heraus, die die homogenisierenden Intentionen, Strategien und Praktiken der Wohnungsbaupolitik fragwürdig erscheinen ließen. Die Steuerung und Steuerbarkeit in der Wohnungspolitik unterlag ähnlichen Konjunkturen und Krisen wie die Entwicklung des Wohlfahrtsstaats insgesamt.

---

1 Für die Bundesrepublik sind in jüngster Zeit einige innovative historische Studien hinzugekommen, die von den Autoren noch eingearbeitet worden sind. Im Falle der DDR bestehen hinsichtlich der realen Wohnungsbaupolitik in der Zeit vor 1970 indessen noch gewisse Lücken und Forschungsdesiderate. Wir verzichten darauf, den Forschungsstand ausführlich auszubreiten, da dies in einigen der hier abgedruckten Beiträge getan wird und im übrigen für die Bundesrepublik auch in den neuesten Publikationen, etwa von Günther Schulz, Adelheid von Saldern und Karl Christian Führer, nachzulesen ist. Vgl. G. Schulz, Perspektiven europäischer Wohnungspolitik 1918-1960, in: ders. (Hrsg.), Wohnungspolitik im Sozialstaat. Deutsche und europäische

Lösungen 1918-1960, Düsseldorf 1993, S. 11-45; ders., Wiederaufbau in Deutschland. Die Wohnungsbaupolitik in den Westzonen und der Bundesrepublik von 1945 bis 1957, Düsseldorf 1994, S. 15-30; A. von Saldern, Häuserleben. Zur Geschichte des Arbeiterwohnens vom Kaiserreich bis heute, Bonn 1995; K. C. Führer, Mieter und Hausbesitzer, Staat und Wohnungsmarkt. Wohnungsmangel und Wohnungszwangswirtschaft in Deutschland 1914-1960, Stuttgart 1995.

2 Zur Problematik des historischen Gesellschaftsvergleichs siehe jetzt: H.-G. Haupt/J. Kocka (Hrsg.), Geschichte und Vergleich. Ansätze und Ergebnisse international vergleichender Geschichtsschreibung, Frankfurt a.M. 1996.

3 H. Siegrist, Ende der Bürgerlichkeit? Die Kategorien „Bürgertum" und „Bürgerlichkeit" in der westdeutschen Gesellschaft und Geschichtswissenschaft der Nachkriegsperiode, in: Geschichte und Gesellschaft 20 (1994), S. 549-583.

4 Schulz (Hrsg.), Wohnungspolitik (Anm. 1); ders., Perspektiven (Anm. 1).

5 Schulz, Wiederaufbau (Anm. 1), S. 324.

6 Ebenda, S. 19.

7 Führer, Mieter (Anm. 1), S. 18f.

8 Schulz, Perspektiven (Anm. 1), S. 13.

9 Ebenda, S. 26.

10 Vgl. H. W. Jenkis, Wohnungswirtschaft und Wohnungspolitik in beiden deutschen Staaten, Hamburg 1976; M. Melzer/W. Steinbeck, Wohnungsbau und Wohnungsversorgung in beiden deutschen Staaten. Ein Vergleich, Berlin 1983.

11 Zu Metaphern wie „Nation ohne Haus" u.ä. siehe zum Beispiel die deutsche Geschichte von Birke. A. M. Birke, Nation ohne Haus. Deutschland 1945-1961, Berlin 1989.

12 Interessante Ansätze bei K. von Beyme, Architektur und Städtebaupolitik in beiden deutschen Staaten, München 1987; von Saldern, Häuserleben (Anm. 1), bes. S. 323-326.

13 P. Baldwin, The Politics of Social Solidarity. Class Basis of the European Welfare State 1875-1975, Cambridge 1990; B. Strath, The Organisation of Labour-markets. Modernity, Culture and Governance in Germany, Sweden, Britain and Japan, London 1996.

14 von Beyme, Archtektur und Städtebaupolitik (Anm. 12), S. 13.

15 von Saldern, Häuserleben (Anm. 1), S. 293-300.

16 So jedenfalls argumentiert aufgrund der vorhandenen Literatur von Saldern, ebenda, S. 342.

17 1988 betrug dieser Anteil in der Bundesrepublik knapp 40 Prozent. Vgl. ebenda, S. 441.

18 Vgl. Jenkis, Wohnungswirtschaft (Anm. 10), S. 30f.; M. Hoffmann, Wohnungspolitik der DDR. Das Leistungs- und Interessenproblem, Düsseldorf 1972, S. 55; Melzer/Steinbeck, Wohnungsbau (Anm. 10), S. 130; Beitrag von Mats Franzén in diesem Band.

19 Vgl. Grundmann in diesem Band.

20 Aus politikwissenschaftlicher Perspektive werden vielfach die Besonderheiten und eine gewisse Autonomie kommunaler Politik betont: A. Evers/H.-G. Lange/H. Wollmann, Kommunale Politik, Basel 1983; H. Naßmacher (Hrsg.), Wohnen und kommunale Politik, München 1985; I. Behr/I. Mühlich-Klinger/U. Wullkopf, Kommunale Wohnungspolitik. Empirische Untersuchung in 15 Großstädten, Darmstadt 1982; R. Reschl, Kommunaler Handlungsspielraum und sozialer Wohnungsbau, Diss. Tübingen 1987. Dagegen argumentieren: S. Krätke, Kommunalisierter Wohnungsbau als

Infrastrukturmaßnahme, Frankfurt a.M. 1981; G. Wagner, Sozialstaat gegen Wohnungsnot. Wohnraumbewirtschaftung und Sozialer Wohnungsbau im Bund und in Nordrhein-Westfalen 1950-1970, Paderborn 1995.

21 Zum Begriff siehe B. Stråth, The Politics of Deindustrialisation, London 1987, Schlußkapitel.

Axel Schildt

„...für die breiten Schichten des Volkes"[1]
Zur Planung und Realisierung des „Sozialen Wohnungsbaus" in der Bundesrepublik Deutschland (1950 bis 1960)

Der mit staatlichen Mitteln geförderte Soziale Wohnungsbau gilt, neben der Reform des Rentensystems, zu Recht als eine der größten Leistungen des westdeutschen Wiederaufbaus nach dem Zweiten Weltkrieg. Er war das entscheidende Instrument zur Behebung der extremen Wohnungsnot in der Nachkriegszeit und das Herzstück einer Neubautätigkeit der Superlative. Mehr als fünf Millionen Wohnungen wurden in den fünfziger Jahren erstellt, ca. 60 Prozent davon, wenn auch mit abnehmender Tendenz, im Sozialen Wohnungsbau. Diese Zeitspanne, umgrenzt von zwei großen Gesetzeswerken, war die hohe Zeit des direkten sozialstaatlichen Engagements im Wohnungsbau, auf die bereits als eine historische Epoche zurückgeblickt werden kann.[2]

1. Die Lösung der „Behausungsfrage" als Kernaufgabe des Wiederaufbaus[3]

Die katastrophale Wohnungssituation der Nachkriegszeit, Ausgangssituation aller Überlegungen zu einem Sozialen Wohnungsbau, ist oft dargestellt worden, so daß hier die Nennung der wichtigsten Rahmendaten genügen soll.[4] Zunächst ist zu betonen, daß Wohnungsmangel nicht erst als Folge des Zweiten Weltkrieges sich einstellte. In der Phase der Hochurbanisierung zur Zeit des Kaiserreiches hatte es einerseits in vielen industriellen Zentren hoffnungslos überfüllte Mietwohnungen gegeben; die sozialen Begleitumstände, wie z.B. die Lockerung familiärer Bande durch das „Schlafgängerwesen", hatten zu ausführlichen öffentlichen Erörterungen der „Arbeiterwohnungsfrage" geführt;[5] andererseits registrierten zahlreiche Städte bis in den Ersten Weltkrieg hinein immerhin eine z.T. erhebliche Anzahl leerstehender Wohnungen (drei bis fünf Prozent waren nicht selten), weil die finanzielle Situation vieler Haushalte deren Anmietung nicht erlaubte.[6] Infolge des Ersten Weltkriegs, als kaum gebaut werden konnte – man rechnete mit dem Ausfall von ca. 800.000 Wohneinheiten –, schmolzen dann die Leerstandsreserven fast gänzlich ab. Die

Reichswohnungszählung 1927 ergab lediglich noch einen Leerstand von 0,2 Prozent aller Wohnungen. Nach eingehenden Berechnungen aufgrund dieser Zählung gab es im Deutschen Reich nahezu eine Million wohnungslose Haushalte, ein Sechstel aller Wohnungen war mit Untermietern belegt, und ca. 750.000 Wohnungen galten als „überfüllt" – nach dem aus der Zeit des Kaiserreichs übernommenen Maßstab, demzufolge eine Wohndichte von mehr als zwei Personen je Wohnraum gesundheits- und sozialpolitisch bedenklich sei. Folgt man den Angaben von verschiedener Seite im NS-Regime, eine amtliche Wohnungszählung wurde im „Dritten Reich" nicht veranstaltet, so hatte sich die Lage in den dreißiger gegenüber den zwanziger Jahren noch verschlechtert, vor allem durch die Weltwirtschaftskrise, in der wiederum kaum gebaut worden war, und durch zusätzliche Wohnungsnachfrage infolge der danach einsetzenden industriellen Konjunktur. Das Sicherheitshauptamt der SS legte in seinem Jahreslagebericht 1938 „unter Berücksichtigung von familienwürdigen Wohnungsverhältnissen" einen akuten Neubaubedarf von fünf Millionen Wohnungen im gesamten Reich zugrunde und betonte das drängende Interesse in der Bevölkerung an der Lösung dieses sozialen Problems.[7] Wenn diese Schätzung ein wenig zu hoch erscheint, so lag dies zum einen an den sozialpolitischen Kompetenz- und Cliquenkämpfen, ausgefochten vor allem zwischen den ministeriellen Behörden und der von Robert Ley geführten Deutschen Arbeitsfront; zum anderen war die Formel der „Familienwürdigkeit" angesichts der gerade von der SS propagierten rassistischen Bevölkerungspolitik eine dehnbare Formel. An der Tatsache des nach wie vor und verstärkt bestehenden Wohnungsmangels am Vorabend des Zweiten Weltkrieges allerdings gibt es keinen Zweifel.

Die Einstellung jeder nennenswerten zivilen Neubautätigkeit seit 1940, d.h. der Ausfall von ca. 300.000 zuvor jährlich erstellten Wohneinheiten, vergrößerte den Fehlbedarf beträchtlich.

In dieser bereits angespannten Wohnungssituation mußten sich die Zerstörungen durch den Bombenkrieg seit 1942 besonders katastrophal auswirken. Sie verringerten die Zahl der bewohnbaren Wohnungen auf dem Gebiet der späteren Bundesrepublik um ca. 20 Prozent. Vor allem die Städte – die z.T. einen Zerstörungsgrad von über 60 Prozent (u.a. Würzburg, Köln, Dortmund, Duisburg, Kassel, Wilhelmshaven) oder über 50 Prozent (u.a. Kiel, Hamburg, Bochum, Braunschweig, Bremen, Hannover, Düsseldorf, Essen) ihres Vorkriegswohnungsbestandes zu verzeichnen hatten – wurden Brennpunkte einer dramatischen Wohnungsnot. Aber auch in weniger zerstörten ländlichen Regionen gab es keine entspannte Wohnungssituation, wurden diese doch die Hauptaufnahmegebiete für die aus den früheren Ostgebieten des Reiches und aus der SBZ/DDR nach

Westdeutschland gelangten Menschen. Mehr als neun Millionen zählte dieser Personenkreis bis 1950; mithin waren zum Zeitpunkt der Gründung der Bundesrepublik ein Fünftel der Einwohner Neubürger von außerhalb ihrer Grenzen, ein Jahrzehnt später etwa ein Viertel.

Die Menschen mußten unter diesen Umständen nach 1945 so eng zusammenrücken, daß wohl nur proletarische Zustände in der Zeit der Hochindustrialisierung und -urbanisierung des späten 19. Jhs. adäquate Vergleichsmaßstäbe liefern würden.

Ende 1946 standen nach amtlichen Statistiken pro Person in der britischen Zone durchschnittlich ca. 6,2, in der amerikanischen 7,6 und in der französischen 9,4 qm zur Verfügung – Kinder bis 14 Jahre zählten in der Statistik nur als halbe Personen.[8]

Da in den ersten Nachkriegsjahren aus verschiedenen Gründen, vor allem fehlte es an Baufacharbeitern und Baumaterialien, kaum Wohnungen neu gebaut wurden – nach Schätzungen waren es bis zur Währungsreform weniger als 100.000 –, hatte sich die Wohnsituation auch um 1950 noch nicht entspannt. Standen auf dem Gebiet der Bundesrepublik 1939 ca. 10,6 Millionen Wohnungen für eine Wohnbevölkerung von 39,3 Millionen Menschen zur Verfügung, so waren es 1950 ca. 8,6 Millionen Wohneinheiten für ca. 48 Millionen Menschen bzw. 12,8 Millionen Haushalte. Jeweils drei Haushalte teilten sich zwei Wohnungen, es gab mindestens ebenso viele Untermieter- wie „Hauptmieter"-Haushalte. Nach verschiedenen Berechnungen, künftige Trends der Haushaltsgrößenentwicklung einbeziehend, summierte sich der Wohnungsfehlbestand auf vier bis sechs Millionen Einheiten.[9]

Je weiter andere existenzielle Nöte der Nachkriegszeit, vor allem die bis zum Frühjahr 1948 äußerst angespannte Ernährungslage, verblaßten und in den Hintergrund rückten, desto eindeutiger galt die Lösung der miserablen Wohnungssituation als gesellschaftliche Schlüsselfrage der Gegenwart. In einem Aufsatz zweier prominenter Städteplaner hieß es: „Die Wohnungsfrage steht im Mittelpunkt unserer Probleme, gleichgültig, von welcher Seite her wir sie betrachten. Sie ist ein technisches, wirtschaftspolitisches, sozialpolitisches, finanzielles, kulturelles, ethisches Problem. Die Wohnungsfrage stellt unter den Aufbauproblemen nicht nur volumenmäßig, sondern gewichtsmäßig den Hauptanteil dar. Von der Wohnung aus muß sich unser neues Gesellschaftsbild entfalten, von ihr aus wird die Gestaltung unseres Gemeinwesens maßgeblich beeinflußt werden. Kurzum: die Wohnung ist der Schlüssel zu unserer Zukunft."[10]

Für wie übergroß nicht nur der Bevölkerung allgemein, die mit den Trümmerwüsten der Städte visuell alltäglich konfrontiert war, sondern auch den Experten nach dem Krieg die Aufgabe des Wohnungsbaus erschien, läßt sich an den zeitlichen Prognosen ablesen. Es bedürfe des „Zeitraumes in der Größenordnung eines Menschenalters", „ehe wieder jedem Haushalt eine Wohnung etwa in dem Ausmaß von 1935 zur Verfügung stehen" werde, „vielleicht für die Zeit um 1980", mutmaßte kurz vor der Währungsreform ein Mitarbeiter der Fachzeitschrift „Bauen und Wohnen".[11] Erörtert wurde sogar, statt herkömmlicher Baumethoden zunächst behelfsmäßige Wohnhäuser „mit kürzerer Lebensdauer" zu errichten; interessanterweise begründete der prominente Wohnungswirtschaftler Friedrich Lütge dies mit der demographisch-sozialen Annahme, daß später einmal weniger, dafür aber „sittlich und kulturell höherstehende Menschen" Deutschland bevölkern würden, so daß etwa im Jahre 2000 der Wohnungsbestand von 1950 ausreichen würde.[12] Nach einer anderen Überlegung sollten Haustypen entworfen werden, die mit der wirtschaftlichen Besserung über einen langen Zeitraum hinweg ausgebaut und vervollkommnet werden könnten, bekanntgeworden als „das Haus auf Stottern" (Erich Dautert).

Angesichts dieser angenommenen Dimension des bevorstehenden Wohnungsbaus waren zwei Grundsätze von vornherein unumstritten. Zum einen war es klar, daß diese Aufgabe nur als öffentliche Aufgabe, unter bestimmender staatlicher Regie und Beteiligung, angegangen werden konnte. Hierzu wurden keine ordnungspolitischen, etwa marktradikalen, Alternativen vorgetragen. Zum anderen war es selbstverständlicher Konsens, daß das Kriterium der Wirtschaftlichkeit Vorrang gegenüber allen anderen, z.B. städtebaulichen Gesichtspunkten, haben sollte. Die intensiven und im Detail durchaus kontroversen Erörterungen der Experten in den ersten vier Nachkriegsjahren, als mehr diskutiert wurde denn gebaut werden konnte, bewegten sich auf der Basis dieser beiden konsensualen Grundsätze.[13] Im übrigen begann die lebhafte Debatte um die Ausgestaltung des künftigen Massenwohnungsbaus nicht erst nach dem Krieg und auch nicht erst, nachdem die Bomben fielen. Der „Führererlaß" „zur Vorbereitung des deutschen Wohnungsbaues nach dem Kriege" vom 15. November 1940, auf dem Gipfel der Macht des „Dritten Reiches", hatte bereits einige Eckpunkte genannt, die in Erörterungen der Fachzeitschriften „Der soziale Wohnungsbau" (1941/42; seit 1943: „Der Wohnungsbau in Deutschland") weiter konkretisiert worden waren. Im ersten Jahr nach dem (gewonnenen) Krieg sollten zunächst 300.000, danach für ein Jahrzehnt jeweils 600.000 Wohneinheiten jährlich erstellt werden. Sowohl Geschoßwohnungen zur Miete, Eigenheime mit Garten und Kleinsiedlungen mit Wirtschaftsteil und Landzulage sollten dabei berücksichtigt werden. Für die Baudurchführung und -verwaltung waren sowohl kommunale und gemeinnützige wie auch private Träger vorgesehen. Rationalisierung der Bauausführung und Normung der Grundrisse, Geschoßhöhen, Wandstärken usw. waren unabdingbare Voraussetzung für den Erfolg dieses gigantischen Wiederaufbauprogramms, bei dem staatliche Förderung in jedem Fall „tragbare Mieten" zu garantieren hatte. Die Dokumentation dieser weitgespannten Planungen des NS-Regimes haben in den letzten Jahren einige Diskussionen über die Frage des Kontinuitätszusammenhangs von „Hitlers Sozialem Wohnungsbau" und dem Sozialen Wohnungsbau der Bundesrepublik evoziert;[14] tatsächlich bildeten die Planungen für einen durchrationalisierten Wiederaufbau im Zweiten Weltkrieg, unter nationalsozialistischem Vorzeichen, technisch und organisatorisch eine wichtige Vorleistung für den Wiederaufbau unter veränderten politischen Rahmenbedingungen nach 1945. Und es waren im einen wie im anderen Falle – von wenigen Ausnahmen abgesehen – dieselben Experten, die möglichst rationelle Lösungen für das gleiche Problem, die katastrophale Wohnungsnot, suchten.[15] Zu Recht ist deshalb gegenüber sehr lange gepflegten Legenden von der „Stunde Null", die den Sozialen Wohnungsbau der Bundesrepublik als genuin neue Erfindung der Nachkriegszeit erscheinen ließen, die Kontinuität der Planungen von den vierziger in die fünfziger Jahre betont worden.

Bevor aber als schlichte Gegenthese Hitler zum Inspirator des späteren Wiederaufbaus geadelt wird, ist zunächst darauf hinzuweisen, daß auch die Planungen von 1940 in einer langen Traditionslinie standen. Das allgemeine Sozialleistungsversprechen einer Beseitigung der Wohnungsnot als ungedeckten Wechsel auf den Raubkrieg, ausgestellt zur Mobilisierung der „Volksgemeinschaft", erinnerte an die Kriegerheimstätten-Propaganda im Ersten Weltkrieg (und schon im deutsch-französischen Krieg 1870/71), als den siegreich erwarteten Soldaten bevorzugt Wohnraum versprochen worden war. Es ist bekannt, in wie starkem Maße das „November-Syndrom" in den Köpfen der braunen Elite herumspukte, die Angst, soziale Mißstimmung könne sich negativ auf die Heimatfront und die Soldaten im Felde auswirken.

Die realisierten Ansätze zu einem Wohnungsbau für breite Massen der Bevölkerung wiederum verweisen zurück auf die „Hauszinssteuer-Ära", die kurze Phase der relativen Stabilisierung der Republik von Weimar, als immerhin jährlich mehr gebaut wurde als in den Friedensjahren des „Dritten Reiches"[16]. Diese Ansätze „Sozialen Wohnungsbaus" waren von der Weltwirtschaftskrise abgebrochen und vom NS-Regime zunächst nicht wieder aufgenommen worden. Während in der Weimarer Republik (1924-1930) der Anteil des öffentlich finanzierten Wohnungsbaus durchschnittlich ca. 50 Prozent betragen hatte, ging er, Zeichen einer weitgehenden Reprivatisierung der Baufinanzierung, im „Dritten Reich" bis 1939 auf zehn Prozent zurück, und parallel dazu wurden zunächst eher Kleinsiedlungsprojekte gefördert, anstatt der Wohnungsnot mit einem effizienten Mietwohnungsbau beizukommen. Hinsichtlich des sozialstaatlichen Engagements im Wohnungsbau ist dem NS-Regime also eher ein retardierender denn modernisierender Charakter zuzumessen,[17] und die Kursänderung in Richtung eines Massenwohnungsbaus in den industriellen Zentren mit Beginn des Vierjahrplans und die Wiederaufbauplanungen 1940 standen im Zeichen der Kriegsnotwendigkeiten und lassen sich nicht auf primär sozialstaatliche Impulse zurückführen.

Auf der anderen Seite sollte der Hinweis auf Traditionen des Massenwohnungsbaus der Weimarer Zeit, auf denen die NS-Wiederaufbauplanungen seit 1940 basierten, nicht vorschnell beruhigen. Der Soziale Wohnungsbau der Bundesrepublik konnte eben nicht unmittelbar an die zwanziger Jahre und auch nicht allgemein an die Zwischenkriegszeit anknüpfen, sondern war auf die Planungen des NS-Regimes verwiesen, die die soziale Komponente volksbiologisch modifiziert bzw. deformiert hatten. Die sozialpolitische Rückseite des versprochenen „gesunden Wohnens" nach dem Krieg für die „Volksgemeinschaft" war ein gewaltiges Lagersystem für die „Gemeinschaftsfremden", und schon die Wohnungsproduktion selbst basierte auf der Einbindung des Baugewerbes in die entstehende nationalsozialistische Form der Sklavenwirtschaft, der rücksichtslosen Ausbeutung vor allem der Zwangsarbeiter aus dem Osten. Im besetzten Polen wiederum wurden unter dem Signum der „Germanisierung" die ersten großzügigen Konzepte für die gegliederte, aufgelockerte und gesunde „Stadtlandschaft" geplant.[18] Und diese Konzepte wurden geradezu stolz im beginnenden Wiederaufbau nach dem Zweiten Weltkrieg und ohne Reflektion ihrer Entstehungszusammenhänge erneut präsentiert. Hieß die Formel für die Siedlungsplanung 1940 „Die Ortsgruppe als Siedlungszelle", gemeint war die Schaffung städtebaulich und politisch identifizierbarer und kontrollierbarer Wohnviertel um das Zentrum des Gemeinschaftshauses als Sitz der NSDAP-Ortsgruppe, so wurde daraus in unproblematisch entnazifizierter Form und ohne Veränderung der sonstigen Struktur in den fünfziger Jahren die Nachbarschaftseinheit mit der Kirche und Volksschule als Mittelpunkt.[19]

Allerdings hatten nicht erst die erneute Niederlage, sondern bereits die riesige Zerstörung von Wohnraum durch den Bombenkrieg seit 1942 wichtige Grundlagen der skizzierten Nachkriegsplanung verändert; wenn man eine Zäsur für die Nachkriegsplanungen angeben will, so war dies nicht 1945, sondern der Zeitraum von 1942-1945.[20] Daß öffentliche Regie und strengste rationelle Typisierung und Normierung vonnöten sei, war unter den Experten vor und nach 1945 selbstverständlicher Konsens geblieben. Aber die großzügigen Pläne für einen totalitären Sozialstaat, in dem zur „Blutauffrischung" alle „Voraussetzungen für ein gesundes Leben kinderreicher Familien" geschaffen werden sollten, wie es der „Führererlaß" vorgesehen hatte, konnten nun angesichts der Wohnraumverluste und veränderten politischen Rahmenbedingungen nicht mehr verfolgt werden. Nach den Festlegungen im „Führererlaß" hatten noch 80 Prozent aller Wohnungen drei Schlafzimmer und eine Größe von 74 qm vorweisen, je zehn Prozent der Wohnungen einen Schlafraum mehr oder weniger haben sollen. Demgegenüber kristallisierte sich schon in einer breit angelegten Umfrage zur Mindestgröße, die die Fachzeitschrift „Der Baumeister" 1947 unter Experten durchführte – ca. 2.800 Antworten konnten ausgewertet werden –, eine Richtzahl von ca. 45 qm für eine vierköpfige Familie heraus, wobei meist kleine Schlaf- und Nebenräume und kombinierte Wohnschlafzimmer positiv, Wohnküchen hingegen negativ bewertet wurden.[21] Ohne daß dies nennenswert reflektiert worden wäre, bestimmten hinsichtlich der Wohnungsgrößen und -grundrisse also nicht mehr die Sozialutopien der NS-Zeit, sondern die Überlegungen über „Wohnungen für Minderbemittelte" den Diskussionshorizont,[22] wie sie schon vor der Weltwirtschaftskrise unter der Formel der „Wohnung für das Existenzminimum" (Thema des Internationalen Architekturkongresses CIAM 1929) erörtert worden waren. Spätere Klagen von Sozialhygienikern in den fünfziger Jahren, der Soziale Wohnungsbau sei bevölkerungspolitisch schädlich, weil er durch seine Wohnungsgrößen und -grundrisse die „Schrumpffamilie" mit nur zwei Kindern fördere, hatten hier ihren Ausgangspunkt und zeigten die Nachwirkungen bevölkerungsbiologischen Denkens.[23]

Mit den Erörterungen der Wohnungsmindestgrößen war zwar noch keine explizite Festlegung auf eine Wohnungsform getroffen worden, aber die Kriterien der Wirtschaftlichkeit räumten doch dem Mietwohnungsbau in mehrgeschossigen Gebäuden zunächst notwendigerweise Priorität ein. Ein Vergleich programmatischer Verlautbarungen zur Wohnungsfrage in den Westzonen[24] zeigt deutlich, daß zwar in allen Parteien bis hin zu den Kommunisten, die zur ersten Bundestagswahl 1949 eine Broschüre mit dem Titel „Trautes Heim – Glück allein" verteilten, durchaus der Eigenheimgedanke eine positive Resonanz besaß, aber gleichzeitig die Einsicht in die Notwendigkeiten eines Massenwohnungsbaus gegeben war, der unter staatlicher Regie vor allem Mietwohnungen würde fördern müssen.

Nach der Währungsreform 1948, während gesamtwirtschaftlich rasch zu Marktverhältnissen übergegangen wurde, hatte sich die Notwendigkeit für staatliches Engagement im Wohnungsbau noch gesteigert. Zwar standen jetzt wieder Baustoffe und Arbeitskräfte zur Verfügung, aber dafür trat nun eine weitgehende Verödung des Kapitalmarktes für den Wohnungsbausektor ein.[25] Übereinstimmend betonten Wohnungswirtschaftler, daß das Angebot an langfristigem Anlagekapital (durch Sparkassen und andere Kreditinstitute) viel zu gering sei; 1949 rechnete man mit einer privatwirtschaftlichen Deckung des Wohnungsbaus von 20 bis 25 Prozent. Ein Grund für die weitgehende Abwendung des privaten Kapitals vom Wohnungsbau (übrigens schon in der Zwischenkriegszeit) lag in den geringen (bzw. gegenüber anderen Anlagemöglichkeiten geringeren) Gewinnchancen. Die Folge dieses Mangels an langfristigem Anlagekapital, an Geldern zur Deckung erster und zweiter Hypotheken, mußte im privaten Wohnungsbau zu Mieten führen, die vom größten Teil der Bevölkerung nicht aufzubringen waren. Schon deshalb war ein Wiederaufschwung des Baugewerbes, einer Schlüsselbranche angesichts von zehn Prozent Arbeitslosigkeit 1950, und der Wohnungswirtschaft durch den freien Markt nicht allein zu bewerkstelligen. Aber auch allgemeine volkswirtschaftliche Gründe sprachen für ein umfassendes staatliches Engagement. Für eine hohe Akkumulationsrate bildete ein leistungsfähiges und billiges Arbeitskräftepotential eine unabdingbare Voraussetzung – eine Lohnkostendämpfung durch Mietpreissenkung aber ließ sich nur durch einen staatlich subventionierten Massenwohnungsbau erreichen. Deshalb gab es selbst von Seiten radikaler Marktprotagonisten keine prinzipiellen Einwände gegen einen umfangreichen staatlich subventionierten Sozialen Wohnungsbau.[26] Im Hintergrund standen zudem um 1950 manifeste Besorgnisse über die etwaige politische Radikalisierung von Flüchtlingen, Vertriebenen und anderen Bevölkerungsgruppen, die sich in besonders miserablen Wohnumständen befanden.[27]

2. Das Erste Wohnungsbaugesetz 1950 – Grundgesetz des „Sozialen Wohnungsbaus"

Aus dieser Situation heraus fiel der Beschluß über die Priorität des staatlich geförderten Sozialen Wohnungsbaus innerhalb des gesamten Wohnungsbaus im Deutschen Bundestag 1950 einmütig aus – selbst die fundamentaloppositionellen Kommunisten enthielten sich lediglich. Eine eingehende Untersuchung des Zustandekommens dieses Gesetzes[28] hat den schon von den zeitgenössischen Fachleuten kolportierten Eindruck bestätigt, daß die bürgerliche Koalition von CDU/CSU, FDP und Deutscher Partei (DP) in der eingangs skizzierten volkswirtschaftlichen und sozialpolitischen Situation konzeptionell der sozialdemokratischen Programmatik, wie sie als Antrag noch im Herbst 1949 in den Bundestag eingebracht wurde, prinzipiell nichts entgegenzusetzen hatte. Die sachlichen Notwendigkeiten führten, einmal abgesehen von den kräftigen Traditionssträngen sozialdemokratischer Wohnungsbau-Diskussion, zu dem allgemeinen und auch von SPD-Seite gern bestätigten Eindruck, daß das Erste Wohnungsbaugesetz eine sozialdemokratische Handschrift trage.[29] Tatsächlich handelte es sich um ein staatsplanerisches Element innerhalb der Marktwirtschaft, aber deshalb keineswegs um ein systemfremdes, sondern um ein für die Entfaltung der Marktwirtschaft unter den gegebenen historischen Bedingungen notwendiges Element. Zu einem marktfremden Faktor wäre der Soziale Wohnungsbau nur geworden, wenn auf Dauer und prinzipiell das staatliche Engagement festgeschrieben worden wäre. Und eben hierin unterschieden sich die gemeinsam das Erste Wohnungsbaugesetz befürwortenden Kräfte. Die Sozialdemokraten sahen es tatsächlich quasi mit Verfassungsrang ausgestattet, und dies nicht nur als abstrakte ordnungspolitische Option. Ihre Experten Julius Brecht und Erich Klabunde prognostizierten eine dauernde „Marktspaltung" in der westdeutschen Volkswirtschaft; da der kapitalistische Sektor des Wohnungswesens nicht weiter wachsen werde, komme es zu einer öffentlich-gemeinnützig geprägten Wohnungswirtschaft innerhalb einer (einstweilen) privatkapitalistischen Marktwirtschaft.[30] Demgegenüber betonte der gerade gewählte Bundeskanzler Konrad Adenauer in seiner ersten Regierungserklärung vor dem Bundestag am 20. September 1949, daß der Staat zwar den Wohnungsbau „energisch fördern", aber auch geeignete Maßnahmen treffen werde, „das Privatkapital für den Bau von Wohnungen wieder zu interessieren", weil ohne dieses „eine Lösung des Wohnungsproblems unmöglich" sei.[31] Ein Keim des politischen Widerspruchs lag also bereits in der Perspektive des Ersten Wohnungsbaugesetzes als vorübergehender Notmaßnahme oder aber als dauerhafter Einrichtung.

Für ihre Sichtweise einer schrittweisen Liberalisierung der Wohnungswirtschaft hatte die Regierungskoalition genügend Ansatzpunkte im Gesetzeswerk selbst. Eine wichtige Voraussetzung war negativ bereits dadurch gegeben, daß der Wohnungsbau nicht mit einem neuen Bau- und Bodenrecht kombiniert wurde.[32] Im Ersten Wohnungsbaugesetz war es die Dreiteilung der Wohnungswirtschaft, die Ansatzpunkte für einen Rückzug des Staates aus der direkten Subventionierung bot.[33] Neben dem Sozialen Wohnungsbau, der über öffentliche, unverzinsliche und langfristige Darlehen subventioniert werden sollte, war dies der sogenannte steuerbegünstigte Wohnungsbau, der über Gebührenbefreiungen und Grundsteuervergünstigungen gefördert wurde, wenn später nicht die Kostenmiete (Bewirtschaftungs- und Kapitalkosten einschließlich Eigenkapitalverzinsung) überschritten wurde, und der sogenannte freifinanzierte Wohnungsbau ohne alle Beschränkungen, der im übrigen wie die anderen Wohnungsbauformen auch durch allgemeine Steuervorteile (Bausparförderung, degressive Gebäudeabschreibung u.a.) unterstützt wurde. Zunächst aber war dem Sozialen Wohnungsbau die tragende und vordringliche Rolle zugedacht. Laut § 1 des Ersten Wohnungsbaugesetzes sollten innerhalb von sechs Jahren 1,8 Millionen Sozialwohnungen geschaffen werden, die nach Größe, Ausstattung und Miete „für die breiten Schichten des Volkes" geeignet zu sein hatten. Hinsichtlich der Eigentumsform wahrte das Gesetz zwar Neutralität – sowohl Eigenheime wie auch Mietwohnungen in Ein- und Mehrfamilienhäusern sollten förderungswürdig sein –, aber angesichts der knappen Mittel gab es zunächst ein klares Übergewicht des Mietwohnungsbaus; gerade in sozialdemokratisch dominierten Bundesländern – z.B. in Hessen – war eine andere Verwendung nach den geltenden Förderungsrichtlinien kaum möglich, und auch das von der CDU regierte Nordrhein-Westfalen förderte in erster Linie den Mietwohnungsbau. Allerdings zeichnete sich schon sehr rasch ein süddeutscher „Sonderweg" ab, da in Baden-Württemberg und in Bayern von Beginn an die Eigentumsbildung auch innerhalb des Sozialen Wohnungsbaus besonders gefördert wurde.[34]

Eines der wichtigsten Ziele des Sozialen Wohnungsbaus war die Herstellung einer für die „breiten Schichten" tragbaren Miete. Nach den Bestimmungen von 1950 durfte die Miethöhe 1 DM pro qm nicht überschreiten, in Ausnahmefällen des „gehobenen Sozialen Wohnungsbaus" – bei besonders attraktiven Wohnungen – waren es 1,10 DM.[35] Diese Festlegungen und die Ausstrahlung des Sozialwohnungsmarktes auf die anderen Teilwohnungsmärkte bewirkten, daß der Anteil der Wohnungsmieten an den Aufwendungen für die Lebenshaltung in den Arbeitnehmer-Haushalten von 1950 bis 1962 von elf auf unter zehn Prozent gesenkt werden konnte. Dies war weniger als vor dem Ersten Weltkrieg (1907: 16 Prozent) und weniger als in der Zwischenkriegszeit (1927: 13 Prozent; 1937: 15 Prozent) – ein nicht zu unterschätzender Beitrag für die Stabilität des Lohnniveaus im Wiederaufbau.[36]

Das Programm des Sozialen Wohnungsbaus in den erwähnten ehrgeizigen Dimensionen beruhte auf strikter Begrenzung der Wohnungsgrößen und einer Beschränkung auf ebenso streng normierte karge Ausstattungsstandards. Verschiedene Wettbewerbe, hohe Bekanntheit erlangte z.B. der in verschiedenen Städten mit Marshallplan-Geldern durchgeführte sogenannte ECA-Wettbewerb 1951, dienten dazu, die sparsamsten Wege des Bauens zu erkunden.[37] Nach den Bestimmungen des Ersten Wohnungsbaugesetzes sollte die Wohnfläche mindestens 32 qm betragen und durfte 65 qm nicht überschreiten. Ausnahmen gab es nach oben für größere Familien und, sehr wenig berücksichtigt, nach unten für Alleinstehende. Zur sogenannten Normalausstattung für Neubauten gehörten nach dem Ersten Wohnungsbaugesetz fließendes Wasser, Gas und/oder elektrische Energie, WC in oder an der Wohnung, separater Wasseranschluß außerhalb der Küche, Rauchrohranschluß in allen Zimmern abzüglich eines Zimmers sowie in der Küche, einfacher Anstrich in der Wohnung, Verputz, Einfachfenster, Steckdosen in Küche und Zimmern und Abstellmöglichkeiten für Haushaltsgegenstände. Fernwärme oder Zentralheizungen waren kaum schon üblich; fast 90 Prozent der Mieter mußten sich bis 1960 mit einer Ofenheizung in ihrer Neubauwohnung begnügen. Dafür aber gelang es schon Anfang der fünfziger Jahre, die Mehrzahl der Wohnungen mit einem Bad oder einem Duschbad auszustatten.[38]

Im Fortgang des Wiederaufbaus steigerte sich die Wohnfläche der Neubauwohnungen stetig – auch im Sozialen Wohnungsbau. Durchschnittlich hatten alle Neubauwohnungen 1953 eine Wohnfläche von 55 qm, 1960 waren es 70 qm; im Sozialen Wohnungsbau steigerte sich die durchschnittliche Wohnfläche in diesem Zeitraum von 53 auf 68 qm.[39]

Die zahlenmäßige Bilanz des Wohnungsbaus insgesamt und des Sozialen Wohnungsbaus im besonderen war eindrucksvoll, das ursprünglich anvisierte Ziel wurde weit übertroffen. Mehr als fünf Millionen Wohneinheiten wurden im ersten Jahrzehnt der Bundesrepublik errichtet, davon ca. 60 Prozent im Sozialen Wohnungsbau, allerdings mit abnehmendem Anteil. 1950 waren es noch mehr als zwei Drittel gewesen, 1960 erstmals weniger als die Hälfte und Anfang der siebziger Jahre ein Viertel.[40] Mehr als ein Drittel der vorhandenen Wohnungen waren mithin 1960 Neubauwohnungen, mehr als ein Drittel der Haushalte hatte zu diesem Zeitpunkt seit dem Einsetzen des Wohnungsbaus nach dem Kriege ein neues Heim gefunden[41], sehr oft als Flüchtlinge und Vertriebene ein „neues Heim in neuer Heimat".[42]

Mit dem Begriff der „breiten Schichten des Volkes" – Brecht und Klabunde strapazierten synonym die zeitgenössisch gängige Terminologie vom „kleinen Mann"[43] – hatte das Erste Wohnungsbaugesetz hinsichtlich des begünstigten Personenkreises eine grundsätzliche Entscheidung getroffen. Nicht die bedürftigsten Teile der Bevölkerung sollten zuerst in den Genuß einer Sozialwohnung kommen, sondern ein sehr großer Personenkreis war zum Bezug einer solchen Wohnung berechtigt; bis 1953 blieben nur diejenigen ausgeschlossen, deren Jahreseinkommen die Jahresarbeitsverdienstgrenze der Angestelltenversicherung überstieg, danach wurden die Bestimmungen etwas modifiziert.[44] Der Soziale Wohnungsbau war also primär keine Förderung „minderbemittelter" Teile der Bevölkerung, z.B. von Vertriebenen, Flüchtlingen, Rentnern oder „unvollständigen" Familien oder alleinstehenden Frauen[45], die noch lange im qualitativ schlechten Altbaubestand oder sogar in Notunterkünften verblieben, sondern die Förderung leistungsfähiger Teile der Arbeitnehmerschaft mit einer mittelständischen Komponente. Untersuchungen zur Sozialstruktur der Mieterschaft im Sozialen Wohnungsbau ergaben Mitte der fünfziger Jahre, daß diese etwas oberhalb des Bevölkerungsdurchschnitts angesiedelt war;[46] ähnlich wie bereits in den zwanziger Jahren hatten gutgestellte Facharbeiter-, Angestellten- und Beamtenhaushalte die neuerrichteten Mietwohnungen bezogen. Da zudem nur beim Einzug die Berechtigung zum Wohnen in der Sozialwohnung überprüft wurde, ergab sich mit steigenden Einkommen eine immer höhere „Fehlbelegungsquote". Nach verschiedenen Erhebungen ist davon auszugehen, daß die Fehlbelegung durch Haushalte, die nach ihrem Einzug die Obergrenze der Berechtigung überschritten, bereits seit den sechziger Jahren 25 bis 30 Prozent aller Sozialwohnungen betraf, obwohl die Berechtigungsgrenzen ständig nach oben korrigiert wurden.[47] Die damit verbundenen Ungerechtigkeiten gerieten von Anfang an zur wohnungspolitischen Munition aller Befürworter einer Liberalisierung des Wohnungssektors und eines raschen Rückzugs des Staates aus diesem Bereich. So argumentierten etwa die Maklerverbände und andere Lobbyisten schon in der ersten Hälfte der fünfziger Jahre, der Soziale Wohnungsbau habe eine Sache für die „Ärmsten der Armen" zu werden, während alle leistungsfähigen Haushalte als ihre Klientel anzusehen seien.[48]

Die Begünstigung des eher besser gestellten Teils der Arbeitnehmer durch den Sozialen Wohnungsbau ergab sich schon aus der Form der Finanzierung, der Organisation der Bauherrenschaft und den Richtlinien zur Belegung der Sozialwohnungen. Der Staat bzw. Bund, Länder. und Kommunen bauten (bis auf wenige Ausnahmen) nicht in eigener Regie, sondern bedienten sich privater und vor allem gemeinnütziger, zu einem bedeutenden Teil mit der gewerkschaftlichen und genossenschaftlichen Arbeiterbewegung verbundenen Bauunternehmen, die nach den einschlägigen gesetzlichen Bestimmungen nur geringe Gewinne – bis zu vier Prozent – machen durften.[49] Die Wohnungsämter in den Kommunen hatten nach den gesetzlichen Bestimmungen von 1950 dem verfügungsberechtigten Wohnungsbauunternehmen mehrere Bewerber vorzuschlagen, unter denen dieses auswählen durfte. Dabei wurde auch auf die Solvenz der Mieter geachtet. Schon dies war eine Auflockerung der sogenannten Wohnungszwangswirtschaft, wie sie nach dem Zweiten Weltkrieg nach alliierten Bestimmungen für den Altbaubestand herrschte. Außerdem aber konnten die Wohnungsunternehmen – je nach ihrem eigenen Kapitaleinsatz – einen Teil der Sozialwohnungen selbst vergeben; allerdings waren sie dabei an die gesetzlichen Bestimmungen über die Bezugsberechtigung gebunden. Und in diesem Fall war es erlaubt, die Wohnungen an Personen zu vergeben, die selbst oder durch einen Dritten – häufig handelte es sich dann um Kredite des Arbeitgebers – einen nach „Einkommen und Vermögen angemessenen Beitrag", in der Regel 20 Prozent des steuerpflichtigen Jahreseinkommens, beisteuerten.[50] Etwa ein Fünftel aller und ein Drittel aller städtischen Sozialwohnungen wurden in den fünfziger Jahren durch solche „verlorenen Baukostenzuschüsse" mitsubventioniert. Diese Einbeziehung privater Spareinlagen in die öffentliche Förderung steigerte zweifellos die Dynamik des Sozialen Wohnungsbaus, bevorzugte aber zunächst die besser gestellten Gruppen innerhalb des bezugsberechtigten Personenkreises.

Andererseits führte der Bezug von Sozialwohnungen auch zu einer Entspannung der allgemeinen Wohnsituation. Die Veränderung der Relation zwischen Untermieter-, Mieter- und Eigentümerhaushalten bietet dafür ein Indiz. 1950 waren noch 35 Prozent aller Wohnungsinhaber Untermieter gewesen, kaum weniger als die 40 Prozent „Hauptmieter", außerdem 25 Prozent Eigentümer (vor allem auf dem Lande). 1956 gab es bereits 51 Prozent Mieter- gegenüber nur noch 21 Prozent Untermieterhaushalten und 28 Prozent Eigentümerhaushalten, 1968 betrug das Verhältnis 60 Prozent Mieter- gegenüber fünf Prozent Untermieter- und 35 Prozent Eigentümerhaushalten.[51] Mit seiner Wohnungsbauleistung hielt (relativ zur Einwohnerzahl) Westdeutschland zusammen mit Schweden in Europa in den ersten beiden Nachkriegsjahrzehnten eine Spitzenstellung.[52] In einem Artikel des Nachrichtenmagazins „Der Spiegel" wurde bereits 1957 ein langsameres Tempo des Wohnungsbaus und unter der Überschrift „Der überflüssige Minister" ein Abbau der administrativen Bürokratie gefordert, weil das Wohnungsbaudefizit nur noch sehr gering sei.[53] Im historischen Längsschnitt wird allerdings deutlich, daß – vor allem wegen der anhaltenden Zuwanderung aus der DDR – erst in den sechziger Jahren der Stand der Wohnungsversorgung der Zwischenkriegszeit – gemessen an der Kennziffer Haushalte je Wohnung, Personen je Wohnung – wieder erreicht und übertroffen wurde. 1959 wurde immer noch mit einem Wohnungsdefizit von 1,5 Millionen Einheiten gerechnet.[54]

3. Liberalisierung des Wohnungsmarktes und Familienpolitik

Wie schon erwähnt, war der Soziale Wohnungsbau von der bürgerlichen Regierungskoalition von vornherein in der Perspektive seiner Abschaffung konzipiert worden. Je erfolgreicher der Wiederaufbau voranschritt, desto deutlicher wurde der Trend zur marktnahen Umgestaltung der Wohnungsbaupolitik. Schwer zu entwirren ist das Geflecht der vielfältigen Gründe und Motivationslagen, die zu dieser Entwicklung führten. Bei dem während der ersten beiden Kabinette Adenauers von Freidemokraten geleiteten Wohnungsbauministerium mag die Bemühung um eine Liberalisierung primär wirtschaftspolitisch motiviert gewesen sein.[55] Aber insgesamt beruhte die grundsätzliche ordnungspolitische Option, namentlich bei den Unionsparteien, auch auf allgemeinen gesellschaftspolitischen Erwägungen. In seiner Regierungserklärung nach dem Wahlsieg der CDU/CSU 1953 führte Konrad Adenauer aus: „Um ein gesundes Familienleben zu stärken und seine ideellen Werte unserer heranwachsenden Jugend zu geben, wird die Bundesregierung in den nächsten Jahren in erster Linie den Bau von Eigenheimen, Kleinsiedlungen und Eigentumswohnungen fördern."[56] Damit wurde die schon zu Beginn der fünfziger Jahre begonnene Eigenheim-Offensive endgültig zum Regierungsprogramm,[57] und spätestens seit diesem Zeitpunkt gab es einen engen Zusammenhang von Bestrebungen, zur Marktwirtschaft im Wohnungsbau überzugehen, und der Förderung von Wohnungseigentum aus sozial- und gesellschaftspolitischen Erwägungen, auch im Rahmen der gesetzlichen Bestimmungen zur Ausgestaltung des Sozialen Wohnungsbaus.

Es erfolgte zwar kein totaler Rückzug des Staates aus der direkten Wohnungsbaufinanzierung, aber sein Anteil an der Aufbringung der Finanzmittel für den Wohnungsbau wurde immer geringer. Betrug der Anteil öffentlicher Mittel 1950 noch 43,9 Prozent, so waren es 1960 nur noch 23,3 Prozent und 1970 noch 7,3 Prozent.[58]

Schon bei der Novellierung des Ersten Wohnungsbaugesetzes 1953 wurde, nach wie vor unter der Begrifflichkeit der „Wohnbedürfnisse der breiten Schichten des Volkes", eindeutig der Vorrang der Eigentumsförderung bei der öffentlichen Subventionierung von Sozialwohnungen festgelegt.[59] Der entscheidende Einschnitt aber war das Zweite Wohnungsbaugesetz von 1956, das den Klammerzusatz „Wohnungsbau- und Familienheimgesetz" erhielt. Hier wurde nach der Wiederholung der eingebürgerten Erklärung zu den „breiten Schichten des Volkes" die Gleichwertigkeit von im engen Sinne sozialpolitischer und darüber hinaus eigentums- und familienfördernder Zielstellung zum Programm erklärt. Im zweiten Abschnitt von § 1 hieß es:

„Die Förderung des Wohnungsbaues hat das Ziel, die Wohnungsnot, namentlich auch der Wohnungssuchenden mit geringem Einkommen, zu beseitigen und zugleich weite Kreise des Volkes durch Bildung von Einzeleigentum, besonders in der Form von Familienheimen, mit dem Grund und Boden zu verbinden. Sparwille und Tatkraft aller Schichten des Vol-

kes sollen hierzu angeregt werden. In ausreichendem Maße sind solche Wohnungen zu fördern, die die Entfaltung eines gesunden Familienlebens, namentlich für kinderreiche Familien, gewährleisten."[60]
Abgesehen von der familienideologischen Wunschvorstellung des Kinderreichtums, die der säkularen demographischen Entwicklung zur Zwei- und Ein-Kind-Familie widersprach, markierte diese Aufspaltung der Wohnungspolitik in Sozialpolitik für sozial Schwache und Vermögens- und Familienpolitik für den Mittelstand[61] eine moderne bürgerlich-liberale Konzeption der Regierungskoalition und vor allem der Kanzlerparteien CDU/CSU, die ein Jahr später, bei der Bundestagswahl 1957, mit der Erringung der absoluten Mehrheit ihren größten Triumph feiern konnten. Die Eigenheimförderung war ein zentraler Bestandteil der sozialwissenschaftlich geadelten Diskurse um die „nivellierte Mittelstandsgesellschaft" (Helmut Schelsky), in denen zeitgenössisch die soziale Verfaßtheit der Bundesrepublik zu erklären versucht wurde.[62] Es ist dabei nicht entscheidend gewesen, daß die implizierte Analyse einer Tendenz zur immer weiteren Angleichung der sozialen Unterschiede in der Bevölkerung mit der westdeutschen Klassenrealität nicht in Übereinstimmung zu bringen war. Wichtig war allein, daß es insgesamt aufwärts ging und daß durch die allgemeine Wohlstandssteigerung, den „Abschied von der Proletarität" (Josef Mooser), seit dem letzten Drittel der fünfziger Jahre nun mit großen Spar- und Arbeitsleistungen Wünsche und insbesondere Wohnungswünsche überhaupt in den Horizont der Möglichkeit für breite Teile der Bevölkerung traten. Dieser Umstand verschaffte der Vorstellung einer mittelständischen Gesellschaft auf einer neuen Stufe bequemer Sekurität ihre Plausibilität. Die Sparquote wuchs dreimal so rasch wie die Einkommen, und mit noch größerer Dynamik das Bausparen.[63] Verschiedene Wohnwunschuntersuchungen der Mitte der fünfziger Jahre ermittelten – bei aller methodischen Unzuverlässigkeit im einzelnen – unzweifelhaft das starke Bedürfnis zum Erwerb von Wohnungseigentum, verbunden mit dem Wunsch oder der Einsicht, aus den Zentren der Städte in die Nahverkehrsbereiche zu ziehen bzw. ziehen zu müssen, da billiges Bauland nur an der Peripherie der Ballungszentren vorhanden war.[64] Während 1955 nur ein Zehntel aller Angestellten- und Arbeiterhaushalte ein Eigenheim bewohnte, wollten über die Hälfte aus diesem Bevölkerungsteil künftig den Status eines Wohnungseigentümers erwerben – und erreichten dies laut Statistik im Laufe der siebziger Jahre.[65]

Die neue, aber eben schon seit dem Ersten Wohnungsbaugesetz als Perspektive intendierte Akzentsetzung der Wohnungspolitik seit der Mitte der fünfziger Jahre war insofern keine abgehobene Leitlinie der Regierung, sondern so weitgehend Ausdruck der wirtschaftlichen und gesellschaftlichen Dynamik des Wiederaufbaus, daß sie gar nicht als Politik erschien; man mag dies als eine Art „heimlichen Lehrplan" einer „Erziehung zum Kapitalismus"[66] betrachten, aber eben auf der Basis der Erfüllung von „Schüler"-Wünschen. An dieser Realität prallte die mitunter bissige Gesellschaftskritik ab, wie sie z.B. im „Spiegel" formuliert wurde. In einer Titelgeschichte wurde dort 1958 der Wohnungsbauminister des dritten Adenauer-Kabinetts, Paul Lücke, als „Eigenheim-Apostel" apostrophiert. Die „Vision eines weißgekalkten Eigenheims im Grünen", das „volkstümliche Idyll der Gartenlaube, um die fröhliche Kinder herumspringen", solle nach dem Willen der Regierung und ihres Wohnungsbauministers, so hieß es karikierend, erstaunliche staatspolitische Effekte freisetzen: „Der unstete, entwurzelte Mensch wird nach ihrer Meinung, sobald er am Gartenzaun des eigenen Heimes sein Pfeifchen schmaucht, immun gegen östliche Ideologien und Vermassungstendenzen, treusorgender Erzeuger zahlreichen und gesunden Nachwuchses, durch Blume und Pflanze wieder mit der Natur verbunden. Kurzum: die Erde hat ihn wieder."[67]

Die Fixierung intellektueller Kritik – bissige Kommentare prominenter Publizisten und Sozialwissenschaftler wären unschwer zu nennen – auf die ideologischen Beiklänge der Regierungspolitik übersah nicht nur die Erfahrungen der Menschen mit der extremen Wohnungsnot und Beengtheit in der Kriegs- und Nachkriegszeit, durch die der Erwerb einer eigenen Wohnung einen gesteigerten Stellenwert erhielt, sondern auch den Zusammenhang dieses Wunsches mit der Herausbildung eines neuen Lebensstils, der zentriert war um Mietwohnung, dies war noch eher die Realität, oder Eigenheim, dies war der Wunsch der Bevölkerungsmehrheit, im Grünen, praktisch mit moderner Haushaltstechnik (elektrische Küchengeräte, Kühlschrank, Staubsauger) und komfortabel mit Fernsehapparat ausgestattet, sowie einem Auto zur bequemen Fahrt zwischen Arbeitsstätte und Wohnort.[68]

Die wohnungspolitische Akzentverschiebung des Zweiten Wohnungsbaugesetzes fand ihren praktischen Ausdruck u.a. im Wechsel der Subventionstechniken. Nicht mehr staatliche zinslose bzw. zinsgünstige Darlehen sollten wie zuvor an die Stelle von Mitteln des Kapitalmarktes treten und damit die Kosten für Fremdkapital senken („Kapitalsubventionierung"), sondern bei der seither zur Regel werdenden „Ertragssubventionierung" sollten Kapitalmarktmittel wieder an die Stelle öffentlicher Darlehen treten, wobei sich die Kapitalkosten (Zins und Tilgung) nach den Bedingungen des Kapitalmarktes zu richten hatten und erst im nachhinein über öffentliche Zins- und Tilgungszuschüsse subventioniert wurden. Die Konsequenz dieses Wechsels der Subventionsmethode bestand in einem steilen Anstieg der Kapitalkosten. Allein im Zeitraum 1955 bis 1965 wuchsen die Herstellungskosten im Sozialen Wohnungsbau von 304 auf 752 DM je qm, und durch die gleichzeitig gestiegenen Wohnungsgrößen stiegen die Gesamtherstellungskosten einer Sozialwohnung im gleichen Zeitraum sogar von durchschnittlich 17.000 auf 58.000 DM.[69] Entsprechend stiegen insgesamt und besonders bei den jüngeren Förderungsjahrgängen im Sozialen Wohnungsbau auch die Mieten steil an, ergaben sich Ungerechtigkeiten für die späteren gegenüber den früheren Beziehern von Sozialwohnungen. Die gestiegenen Herstellungskosten wiederum verstärkten auf Seiten der verantwortlichen Politiker das Bestreben, sich noch weiter aus dem Sozialen Wohnungsbau zurückzuziehen.

Ausdruck dieser wohnungspolitischen Maxime war, vor dem Hintergrund der skizzierten generellen gesellschaftspolitischen Ziele, der heftig umstrittene, nach dem seinerzeitigen Bundeswohnungsbauminister benannte „Lücke-Plan", das „Gesetz über den Abbau der Wohnungszwangswirtschaft und über ein soziales Miet- und Wohnrecht" von 1960, auch „Abbaugesetz" genannt, in dem der Übergang des Wohnungssektors in die Marktwirtschaft endgültig geregelt werden sollte.[70] Neben einer Wiederholung der Formel von der „unmittelbaren Beziehung zu Haus und Boden" gab Konrad Adenauer in seiner Regierungserklärung 1961 als politisches Ziel an: „In dem Maße, in dem die Wohnungsnot beseitigt wird, soll der ganze Wohnungsbestand in die soziale Marktwirtschaft überführt werden."[71] Hierzu wurden im „Abbaugesetz" vor allem die Mietpreisbindungen für den Altwohnungsbestand gelockert; in einem zweistufigen Vorgehen wurde zunächst für alle Altbauwohnungen die Grundmiete um 15 Prozent erhöht, dann wurde die weitere Mietpreisfreigabe (ab 1963) an ein Defizit von weniger als drei Prozent auf dem jeweiligen örtlichen Wohnungsmarkt geknüpft („weiße Kreise"), ein Quell langjähriger Querelen. Aber auch im Sozialen Wohnungsbau wurden mit diesem Gesetz (in § 30) Möglichkeiten zur schrittweisen Erhöhung der Mieten eröffnet. Andererseits versprach man sich von einer, wenn auch reduzierten, Aufrechterhaltung der Sozialbindung im Sozialen Wohnungsbau eine preisdämpfende Wirkung auf die anderen Wohnungsteilmärkte.[72] Tatsächlich stiegen die Mieten in der Bundesrepublik seit Anfang der sechziger Jahre stärker als die Lebenshaltungskosten allgemein,[73] kam es zu einer regelrechten Preisexplosion, der schließlich (1965) mit einem Wohngeldsystem begegnet wurde. Mietern, die ihre Miete nicht bezahlen konnten, wurde ein staatlicher Mietzuschuß gewährt, der sich nach Einkommen, Haushaltsgröße und Miethöhe richtete. Damit erhielt die westdeutsche Wohnungspolitik neben der bisherigen objektbezogenen Wohnungsbauförderung eine „Subjekt"- bzw. individuelle Förderung. Diese bezog sich allerdings erklärtermaßen in erster Linie auf zeitweilig sozial benachteiligte Bevölkerungsgruppen, z.B. junge und kinderreiche Familien. Insgesamt ging die Regierung Mitte der sechziger Jahre davon aus, daß das Ziel des Zweiten Wohnungsbaugesetzes von 1956, „die Beseitigung der echten Wohnungsnot", erreicht sei.[74]

Diese Annahme war zwar falsch, da sie nicht die Veränderung der Haushaltsstrukturen und den Wandel von Wohnbedürfnissen einbezog. Das Ziel der Liberalisierung des Wohnungsmarktes, den freifinanzierten Wohnungsbau durch höhere Mieteinnahmen-Anreize zu fördern, konnte auf Dauer nicht erreicht werden, da die Rentabilität des Wohnungseigentums durch weiter steigende Baupreise, Zinssteigerungen und das Wachstum der Kosten für die Bewirtschaftung von Miethäusern z.T. aufgezehrt wurde. Nach der Gebäude- und Wohnungszählung 1968 ergab sich – zugrundegelegt die Formel 1 Haushalt = 1 Wohnung – erneut ein rechnerischer Fehlbedarf von ca. 2,4 Millionen Wohneinheiten.[75] Es erwies sich, nicht zum letzten Mal, daß die Annahme einer endgültigen Befriedigung der Wohnungsnachfrage eine irrige Vorstellung war.

Aber dennoch wird man die erste Hälfte der sechziger Jahre als den Zeitraum ausmachen können, in dem durch den erreichten Stand des Abbaus der Wohnungsnot, der wiederum die Voraussetzung für die zeitweilige Drosselung des Sozialen Wohnungsbaus und die Liberalisierung der Wohnungswirtschaft bildete, eine deutliche Akzentveränderung in der öffentlichen Diskussion zu beobachten war. Während 1961 bis 1970 die jahresdurchschnittliche Zahl der fertiggestellten Sozialwohnungen auf 209.000 gegenüber 295.000 im vorhergehenden Jahrzehnt zurückging und der Anteil der Sozialwohnungen am gesamten Wohnungsbau von 55 auf 37 Prozent, entstand zunehmend eine Atmosphäre der Kritik am Massenwohnungsbau der Wiederaufbaujahre, die den eingangs erwähnten Konsens einer Priorität ökonomischer vor allen anderen Gesichtspunkten einbezog. Die Schäbigkeit des Sozialen Wohnungsbaus wurde beklagt, und erstmals geriet auch das seit der Zwischenkriegszeit propagierte Leitbild der „gegliederten und aufgelockerten Stadt" in das Visier der Soziologen und Städteplaner.[76] Dieses Leitbild hatte die Wirtschaftlichkeitsberechnungen gestützt, nach denen die Siedlungsgebiete des Sozialen Wohnungsbaus in der Regel von zwei- bis dreistöckigen freistehenden Zeilen von Mietshäusern geprägt worden waren. Die durch die Eigenheimförderung noch forcierte Zersiedelung des Landes und Enturbanisierung der Städte zu Stadtlandschaften wurden zum Feindbild der kritischen Publizistik der sechziger Jahre, zu einiger Prominenz gelangt in der Klage Alexander Mitscherlichs über die „Unwirtlichkeit unserer Städte".[77] Diese Kritik legitimierte wiederum in der zweiten Hälfte der sechziger Jahre, unter dem städtebaulichen Signum der „Verdichtung", die Planung und Realisierung von Großwohnanlagen, die viele Wohnhochhäuser enthielten, mit z.T. großzügigen Grundrissen und moderner Ausstattung der Wohnungen, aber verkehrsmäßig oft ungünstig an der Peripherie der Städte gelegen und wohnumfeldmäßig infrastrukturell vernachlässigt. Diese Siedlungen wurden schon ein Jahrzehnt später als seelenlose Ghetto-Architektur öffentlich derart radikal stigmatisiert, daß darüber die Kritik am anfänglichen Massenwohnungsbau der fünfziger Jahre zurückging. An die Anfänge des Sozialen Wohnungsbaus kann heute als an eine außerordentliche Leistung des Wiederaufbaus erinnert werden, ohne dabei die Widersprüche zu ignorieren, die den gesellschaftlichen Konsens des Ersten Wohnungsbaugesetzes zu einem temporären Kompromiß machten, der mit der wirtschaftlichen Aufwärtsentwicklung in der Bundesrepublik zunehmend brüchiger wurde, bis um 1960 eine neue wohnungspolitische Phase einsetzte, die dem „Sozialen Wohnungsbau" seine vorherige Priorität nahm, ohne ihn gänzlich zu verabschieden. Die Einsicht, daß eine völlige Liberalisierung des Wohnungsmarktes, die leitende politische Zielprojektion am Ende der Ära Adenauer Anfang der sechziger Jahre, nicht bzw. nur unter Inkaufnahme großer sozialer Folgeprobleme einlösbar sein würde, ist seither weitgehend Konsens, auch wenn eine Neuauflage der Bauprogramme der Wiederaufbaujahre trotz nach wie vor bestehender Wohnungsknappheit weder wünschenswert noch realistisch wäre.

1   Diese Formulierung entstammt dem Ersten Wohnungsbaugesetz, in: Bundesgesetzblatt (BGBl.) 1950/I, S. 83.
2   L. Niethammer, Rückblicke auf den Sozialen Wohnungsbau, in: Sozialer Wohnungsbau im internationalen Vergleich, hrsg. von W. Prigge/W. Kaib, Frankfurt a.M. 1988, S. 288-310; vgl. L. Juckel u.a., Der Wohnungs- und Städtebau im Zeitspiegel der Jahre 1945-1985, in: Haus. Wohnung. Stadt. Beiträge zum Wohnungs- und Städtebau 1945-1985, hrsg. von L. Juckel im Auftrag der Neuen Heimat, Hamburg 1986, S. 66-121; M. Krummacher, Sozialer Wohnungsbau in der Bundesrepublik in den fünfziger und sechziger Jahren, in: Massenwohnung und Eigenheim. Wohnungsbau und Wohnen in der Großstadt seit dem Ersten Weltkrieg, hrsg. von A. Schildt/A. Sywottek, Frankfurt a.M./New York 1988, S. 440-460; zur langfristigen Einordnung skizzenartig A. Schildt, Vom Wiederaufbau zur „neuen Wohnungsnot". Entwicklungen und Probleme im Wohnungsbau seit 1945, in: Gegenwartskunde, 38 (1989), 4, S. 461-473; G. Schulz, Wohnungspolitik und soziale Sicherung nach 1945: das Ende der Arbeiterwohnungsfrage, in: Arbeiter im 20. Jahrhundert, hrsg. von K. Tenfelde, Stuttgart 1991, S. 483-506.
3   Diese Begrifflichkeit in der Schrift des prominenten konservativen Städteplaners Roland Rainer, Die Behausungsfrage, Wien 1947.

4   Zur Dimension der Zerstörungen vgl. K. von Beyme, Der Wiederaufbau. Architektur und Städtebaupolitik in beiden deutschen Staaten, München 1987, S. 25ff.; O. Groehler, Bombenkrieg gegen Deutschland, Berlin 1990, S. 262; H. G. Steinberg, Die Bevölkerungsentwicklung in Deutschland im Zweiten Weltkrieg mit einem Überblick über die Entwicklung 1945 bis 1990, Bonn 1991, S. 58; zur massenhaften Zuwanderung aus dem Osten vgl. detailliert S. Bethlehem, Heimatvertreibung, DDR-Flucht, Gastarbeiterzuwanderung. Wanderungsströme und Wanderungspolitik, Stuttgart 1982, S. 21ff.; zum Baugeschehen und der Wohnungsbaupolitik in der Nachkriegszeit bis zur Währungsreform vgl. G. Schulz, Wiederaufbau in Deutschland. Die Wohnungsbaupolitik in den Westzonen und der Bundesrepublik von 1945 bis 1957, Düsseldorf 1994, S. 134ff.

5   Vgl. jetzt als Zusammenfassung der bisherigen reichhaltigen Literatur A. von Saldern, Häuserleben. Zur Geschichte städtischen Arbeiterwohnens vom Kaiserreich bis heute, Bonn 1995, S. 40ff.

6   Vgl. (auch zum folgenden) K. C. Führer, Mieter, Hausbesitzer, Staat und Wohnungsmarkt. Wohnungsmangel und Wohnungszwangswirtschaft in Deutschland 1914-1960, Stuttgart 1995, S. 27ff.

7   Jahreslagebericht des Sicherheitshauptamtes 1938, in: Meldungen aus dem Reich 1938-1945. Die geheimen Lageberichte des Sicherheitsdienstes der SS, hrsg. und eingeleitet von H. Boberach, Herrsching 1984, Bd. 2, S. 214; dies stützte sich wiederum auf Berechnungen der Deutschen Arbeitsfront (DAF).

8   M. Balfour/J. Mair, Vier-Mächte-Kontrolle in Deutschland 1945-1946, Düsseldorf 1959, S. 176.

9   Zur amtlichen Berechnung des Wohnungsdefizits J. Fischer-Dieskau/H.-G. Pergande, Das Erste Wohnungsbaugesetz des Bundes. Kommentar, Oldenburg 1950, S. 13f.; O. Löbke, Die Subventionierung des Wohnungsbaues, insbesondere seit 1945 (Forschungsstelle für Siedlungs- und Wohnungswesen an der westfälischen Landes-Universität zu Münster i.W. e.V.), Münster 1951, S. 38ff. Nicht eingerechnet wurden in den Wohnungsfehlbestand die Bedürfnisse von Hunderttausenden von Einzelpersonen, nicht einbeberechnet wurde auch der Sanierungsbedarf sowie der auf Grund von Veränderungen von Wohngewohnheiten sich ergebende Bedarf. Vgl. die beiden Artikel von W. Fey, Wohnungsbedarf, objektiver, und L. Lowinski, Wohnungsbedarf, subjektiver, in: Handwörterbuch des Städtebaues, Wohnungs- und Siedlungswesens, hrsg. von H. Wandersleb, Stuttgart u.a. 1959, Bd. 3, S. 1701-1706; 1706-1708; W. Glatzer, Ziele, Standards und soziale Indikatoren für die Wohnungsversorgung, in: Lebensbedingungen in der Bundesrepublik Deutschland. Sozialer Wandel und Wohlfahrtsentwicklung, hrsg. von W. Zapf, Frankfurt a.M./New York 1977, S. 575-675 (hier S. 581ff.).

10 R. Hillebrecht/A. Dähn, Fundamente des Aufbaues (Schriftenreihe des Bundes Deutscher Architekten Hamburg, 4), Hamburg 1948, S. 98.

11 K. Gaede, Bauwirtschaftliche und bautechnische Gedanken zum Neuaufbau, in: Bauen und Wohnen, 3 (1948), 2/3, S. 59. Für den wirtschaftlichen Wiederaufbau insgesamt wurde eine etwas kürzere Zeitspanne angenommen. Vgl. als ein Beispiel die Denkschrift zu künftigen wirtschaftlichen Entwicklung Hamburgs. Im Auftrag des Senats der Hansestadt Hamburg erstattet von der Gutachterkommission unter Leitung von Prof. Dr. Karl Schiller, Hamburg o.J. (1947).

12 F. Lütge, Wohnungswirtschaft, Stuttgart ²1949 (Leipzig 1939), S. 487f.

13 Als Fallbeispiel für die verschiedenen wohnungswirtschaftlichen und städtebaulichen Aspekte dieser Diskussion vgl. A. Schildt, Die Grindelhochhäuser. Eine Sozial-

geschichte der ersten deutschen Wohnhochhausanlage. Hamburg-Grindelberg 1945-1956, Hamburg 1988, S. 73ff.
14 Vgl. die Dokumentation von T. Harlander/G. Fehl, Hitlers Sozialer Wohnungsbau 1940-1945. Wohnungspolitik, Baugestaltung und Siedlungsplanung, Hamburg 1986; (der „Führererlaß" dort auf S. 131f.).
15 Vgl. W. Durth, Deutsche Architekten. Biographische Verflechtungen 1900-1970, Braunschweig/Wiesbaden 1986, S. 195ff.
16 Vgl. M. Ruck, Der Wohnungsbau – Schnittpunkt von Sozial- und Wirtschaftspolitik. Probleme der öffentlichen Wohnungspolitik in der Hauszinssteuerära 1924/25-1930/31, in: Die Weimarer Republik als Wohlfahrtsstaat: Zum Verhältnis von Wirtschafts- und Sozialpolitik in der Industriegesellschaft, hrsg. von W. Abelshauser, Stuttgart 1987, S. 91-123; ders., Die öffentliche Wohnungsbaufinanzierung in der Weimarer Republik, in: Schildt/Sywottek (Hrsg.), Massenwohnung und Eigenheim (Anm. 2), S. 150-200.
17 Vgl. G. Könke, „Modernisierungsschub" oder relative Stagnation? Einige Anmerkungen zum Verhältnis von Nationalsozialismus und Moderne, in: Geschichte und Gesellschaft 20 (1994), S. 584-608 (hier S. 598ff.).
18 Hinzuweisen ist besonders auf die regelmäßige Erörterung in der Zeitschrift „Raumforschung und Raumordnung".
19 Vgl. E. Pahl-Weber, die „Ortsgruppe als Siedlungszelle", in: „...ein neues Hamburg entsteht..." Planen und Bauen von 1933-1945, hrsg. von M. Bose u.a., Hamburg 1986, S. 46-55.
20 Vgl. die Dokumentation von W. Durth/N. Gutschow, Träume in Trümmern. Planungen zum Wiederaufbau zerstörter Städte im Westen Deutschlands 1940-1950, Braunschweig 1988.
21 K. Erdmannsdorffer, Zum Problem der künftigen Kleinwohnung, in: Der Baumeister, 44 (1947), 4, S. 101-111.
22 Zum Gebrauch dieses Begriffs in der Zwischenkriegszeit D. Häring, Zur Geschichte und Wirkung staatlicher Interventionen im Wohnungssektor, Hamburg 1974, S. 63ff.
23 Als beispielhafte Stellungnahme des führenden Sozialhygienikers zu diesen Fragen vgl. H. Harmsen, Förderung der familiengerechten Wohnung und des Eigenheims im Rahmen des sozialen Wohnungsbaues, in: Städtehygiene, 5 (1954), 8, S. 193-195; zahlreiche einschlägige Artikel in: Medizin und Städtebau. Handbuch für gesundheitlichen Städtebau, hrsg. von E. Kühn/P. Vogler, München u.a. 1957.
24 Schulz, Wiederaufbau (Anm. 4), S. 69ff.
25 Vgl. detailliert J. Brecht, Währungsreform und Lastenausgleich in der Wohnungswirtschaft, Berlin/Buxtehude 1949, S. 259ff., 356ff.
26 Vgl. rückblickend L. Lowinski, Grundlagen, Zielsetzungen und Methoden der Wohnungspolitik in der sozialen Marktwirtschaft, Köln-Braunsfeld 1964, S. 38ff.; zum ökonomischen Hintergrund für die Staatstätigkeit im Wohnungsbau vgl. als komprimierten zeitgeschichtlichen Überblick O. Stadler, Handbuch der Wohnungsbauförderung und des sozialen Wohnungsbaus, München/Berlin 1955, S. 3ff.; allgemein H. Brede u.a., Ökonomische und politische Determinanten der Wohnungsversorgung, Frankfurt a.M. 1975, S. 50ff., 76ff.; W. Grüber, Sozialer Wohnungsbau in der Bundesrepublik. Der Wohnungssektor zwischen Sozialpolitik und Kapitalinteressen, Köln 1981, S. 32ff.
27 Zum Zusammenhang von sozialer Befriedung, beschäftigungspolitischem bzw. Produktivitätsaspekt und regionalstruktureller bzw. Raumordnungsperspektive für ei-

nen staatlich geförderten Massenwohnungsbau um 1950 vgl. M. Krummacher, Wohnungspolitik und Sozialstaatspostulat in der Bundesrepublik Deutschland. Eine politikwissenschaftliche Analyse des Anspruchs, der Maßnahmen und Wirkungen der staatlichen Wohnungspolitik in der BRD, Phil. Diss. Hannover 1978, S. 124ff.
28 Schulz, Wiederaufbau (Anm. 4), S. 211ff.
29 Vgl. J. Brecht, Kommentar zum Ersten Wohnungsbaugesetz, Hamburg 1951.
30 Ders./E. Klabunde, Wohnungswirtschaft in unserer Zeit, Hamburg 1950, S. 29ff. (Zitat: S. 40).
31 Zit. nach H. U. Behn, Die Regierungserklärungen der Bundesrepublik Deutschland, München/Wien 1971, S. 15.
32 Vgl. von Beyme, Wiederaufbau (Anm. 4), S. 132ff.; Schulz, Wiederaufbau (Anm. 4), S. 247ff.
33 Zum folgenden BGBl. 1950/I, S. 83-88.
34 Vgl. allgemein von Beyme, Wiederaufbau (Anm. 4), S. 257f.; zu Nordrhein-Westfalen die statistisch detaillierte Arbeit des Wohnungsbau-Experten R. Heseler, Der soziale Wohnungsbau in Nordrhein-Westfalen 1945-1977, Essen 1979; zu Bayern vgl. neuerdings die Salzburger Dissertation von W. Hasiweder, Geschichte der staatlichen Wohnbauförderung in Bayern. Von den Anfängen bis zur Gegenwart, Wien 1993, S. 199ff.; für die lokale Ebene vgl. die sehr detaillierte Studie von G. Wagner, Wohnraum für alle. Der soziale Wohnungsbau in Bielefeld 1950-1990, Bielefeld 1991.
35 Vgl. für Details Schildt, Die Grindelhochhäuser (Anm. 13), S. 108ff.
36 Häring, Zur Geschichte (Anm. 22), S. 36, 105, 108ff.
37 Vgl. U. Höhns, „Neuaufbau" als Hoffnung, „Wiederaufbau" als Festschreibung der Misere, in: Grauzonen. Farbwelten. Kunst und Zeitbilder 1945-1955, hrsg. von B. Schulz (Hrsg.), Berlin/Wien 1983, S. 85-104.
38 Vgl. H. Schönefeld, Die Küche im sozialen Wohnungsbau, in: Baurundschau, 41 (1951), S. 427-432; H. Stolper, Zu den Richtlinien für Küche und Bad im sozialen Wohnungsbau, in: Baumeister, 51 (1954), S. 725-728; M. Wagner, Küche und Bad in der Sozialwohnung, Diss. RWTH Aachen 1956; Glatzer, Ziele (Anm. 9), S. 631ff.
39 Zur realen Entwicklung vgl. Häring, Zur Geschichte (Anm. 22), S. 237ff.; Glatzer, Ziele (Anm. 9), S. 586ff.; zum gesetzlichen Rahmen für die Bestimmung der Wohnungsgröße im „Sozialen Wohnungsbau" vgl. BGBl. 1950/I, S. 85; BGBl. 1953/I, S. 1052f.; BGBl. 1956, S. 534f.
40 Häring, Zur Geschichte (Anm. 22), S. 231f.
41 R. Kornemann, Fehlsubventionierungen im öffentlich geförderten sozialen Wohnungsbau. Bilanz einer systemwidrigen Marktintervention, Bonn 1973, S. 64ff.
42 E. Holtmann, Neues Heim in neuer Heimat. Flüchtlingswohnungsbau und westdeutsche Aufbaukultur der beginnenden fünfziger Jahre, in: Schildt/Sywottek (Hrsg.), Massenwohnung und Eigenheim (Anm. 2), S. 360-381.
43 Brecht/Klabunde, Wohnungswirtschaft (Anm. 30), S. 60.
44 Zu den konkreten Bestimmungen des bezugsberechtigten Personenkreises vgl. BGBl. 1950/I, S. 85-87; BGBl. 1956/I, S. 530-532; Häring, Zur Geschichte (Anm. 22), S. 63ff.
45 Eine eingehende Bestandsaufnahme erst im Bericht des Arbeitskreises „Belange der Frau im Wohnungs- und Städtebau" beim Bundesministerium für Wohnungswesen und Städtebau. Die wohnliche Versorgung Alleinstehender unter besonderer Berücksichtigung der alleinstehenden Frauen, Hamburg 1971.
46 Die detaillierteste (lokale) zeitgenössische Untersuchung ist von W. Reichling, Die

im öffentlich geförderten sozialen Wohnungsbau errichteten Wohnungen und die soziale Schichtung der darin lebenden Haushalte, dargestellt am Beispiel Hamburgs für die Jahre 1949 bis 1956, WiSo. Diss. Hamburg 1960.
47 Kornemann, Fehlsubventionierungen (Anm. 41), S. 69ff., 114ff.
48 Vgl. z.B. Wohnraumbewirtschaftungsgesetz vom 31. März 1953. Mit sämtlichen hierzu für Hamburg ergangenen Fachlichen Weisungen des Amtes für Wohnungswesen. Zusammengestellt von H. Sielck, Hamburg 1953; M. Schneider, Wohnungsbau für Minderbemittelte. Bericht über eine Tagung der Volkswirtschaftlichen Arbeitsgemeinschaft für Bayern am 6. Dezember 1955, Berlin 1956.
49 Die komplizierte Materie der „Gemeinnützigkeit" im deutschen Wohnungsbau kann hier nicht entfaltet werden; grundlegende Bestimmungen, die auch in der Nachkriegszeit ihre Geltung behielten, finden sich im 1940 erlassenen Wohnungsgemeinnützigkeitsgesetz (RGBl. 1940, S. 438-442). Vgl. aus der reichhaltigen Fachliteratur E. Buchholz, Wohnungswirtschaftliche Investitionsdeterminanten. Eine theoretisch-empirische Analyse, Münster 1972, S. 260ff.; H. W. Jenkis, Ursprung und Entwicklung der gemeinnützigen Wohnungswirtschaft. Eine wirtschaftliche und sozialgeschichtliche Darstellung, Hamburg 1973.
50 Vgl. A. Kapherr, Die sozialpolitische Bedeutung des sozialen Wohnungsbaus, WiWi. Diss. Tübingen 1950; W. R. Bauer, Der Baukostenzuschuß – seine Entwicklung und rechtliche Auswirkung, jur. Diss. Köln 1953; H. Lippert, Mieterkostenbeitrag und Mieterschutz, jur. Diss. Mainz 1955; M. Joschmann/H.-G. Pergande, Baukostenzuschuß und Abstandszahlung, Köln 1958; M. Joschmann, Baukostenzuschuß, in: Handwörterbuch, hrsg. von Wandersleb, Bd. 1 (Anm. 9), S. 192-201.
51 Vgl. I. und U. Herlyn, Wohnverhältnisse in der Bundesrepublik, 2. Auflage, Frankfurt a.M./New York 1983, S. 66; Glatzer, Ziele (Anm. 9), S. 628.
52 Wohnungswirtschaft und Marktwirtschaft. Aufgaben der Wohnungsunternehmen. Gutachten des Ifo-Instituts für Wirtschaftsforschung, e.V., München, erstattet im Auftrage des Gesamtverbandes Gemeinnütziger Wohnungsbauunternehmen, e.V., Köln, Hamburg 1960, S.25 ff.; D. Münch, Maßnahmen und Ergebnisse staatlicher Wohnungspolitik in Europa (Bundesrepublik Deutschland, Großbritannien, Schweden, Belgien, Schweiz, Frankreich), Münster 1967, S. 216f. Vgl. auch die Fallstudien in: Wohnungspolitik im Sozialstaat. Deutsche und europäische Lösungen 1918-1960, hrsg. von G. Schulz, Düsseldorf 1993.
53 Wohnungsbau. Der überflüssige Minister, in: Der Spiegel Nr. 38/1957, S. 14-16.
54 Brecht/Klabunde, Wohnungswirtschaft (Anm. 30), S. 13; vgl. Die Wohnungsversorgung in der Bundesrepublik Anfang 1960, in: Wirtschaft und Statistik, N.F., 12 (1960), S. 423ff.; J. H. B. Heuer, Wohnungswirtschaft, in: Handwörterbuch der Sozialwissenschaften, hrsg. von Erwin von Beckerath u.a., Bd. 12, Stuttgart u.a. 1965, S. 810-823 (hier S. 811).
55 Vgl. Schulz, Wiederaufbau (Anm. 4), S. 175ff.
56 Zit. nach Behn, Regierungserklärungen (Anm. 31), S. 42f.
57 G. Schulz, Eigenheimpolitik und Eigenheimförderung im ersten Jahrzehnt nach dem Zweiten Weltkrieg, in: Schildt/Sywottek (Hrsg.), Massenwohnung und Eigenheim (Anm. 2), S. 409-440 (hier S. 416ff.).
58 Vgl. W. Kirner, Das Bauvolumen der Jahre 1950 bis 1960 in der Bundesrepublik und seine Finanzierung unter besonderer Berücksichtigung des Beitrages öffentlicher Stellen, Berlin 1961, S. 82ff.; Heuer, Wohnungswirtschaft (Anm. 54), S. 818; H. K. Schneider/R. Kornemann, Soziale Wohnungsmarktwirtschaft, Bonn 1977, S. 21f.; Häring,

Zur Geschichte (Anm. 22), S. 51ff.
59   Erstes Wohnungsbaugesetz (WoBauG) in der Fassung vom 25. August 1953, in: BGBl. 1953/I, S. 1052; vgl. auch K.-H. Tönsing, Ordnungsprobleme der Finanzierung im öffentlich geförderten sozialen Wohnungsbau, Frankfurt a.M. 1954, S. 29ff.; H. Diester, Der Eigentumsgedanke in der Wohnungswirtschaft und die neuesten Erfahrungen mit dem Wohnungseigentumsgesetz, Köln 1955, S. 16ff. Im „Kalten Krieg" konnte die Wohnungspolitik des anderen deutschen Staates zusätzlich als negativer Kontrast ausgemalt werden; vgl. etwa D. Faber, Die Wohnungswirtschaft in der sowjetischen Besatzungszone, hrsg. vom Bundesministerium für gesamtdeutsche Fragen, Bonn 1953.
60   Zweites Wohnungsbaugesetz (Wohnungsbau- und Familienheimgesetz) vom 27. Juni 1956, in: BGBl. 1956/I, S. 525. Zum Zustandekommen und den Grundlinien dieses Gesetzes vgl. Schulz, Wiederaufbau (Anm. 4), S. 288ff.
61   von Beyme, Wiederaufbau (Anm. 4), S. 270.
62   Hinsichtlich der wohnungspolitischen Seite sehr anschaulich E. Boettcher, Die Auswirkungen veränderter Sozialstruktur auf die Wohnungswirtschaft, Hamburg 1956, S. 20ff.; vgl. D. Kressner, Prinzipien der Zielbestimmung für die Wohnungsbaupolitik und die Voraussetzungen der Zielrealisierung, WiSo. Diss. FU Berlin 1963, S. 78ff.
63   Die Sparquote verdreifachte sich von 1950 bis 1960 auf ca. 9 Prozent, das Bausparen verzwölffachte sich im gleichen Zeitraum (R. Exo, Die Entwicklung der sozialen und ökonomischen Struktur der Ersparnisbildung in der Bundesrepublik Deutschland, Berlin 1967, S. 88).
64   Vgl. G. Trebuth, „So möchte ich wohnen!" Ergebnisse einer wohnungswirtschaftlichen Befragung der Bevölkerung in 11 deutschen Städten, hrsg. von der Neuen Heimat, Hamburg 1955; Wohnsituation und Wohnwünsche im Bundesgebiet, hrsg. von Deutsches Volksheimstättenwerk, in: Die Volksheimstätte, 7 (1955), 10, S. 3-13; E. Pfeil, Neue Untersuchungen über Wohnwünsche und Wohnbedarf in Berlin, West- und Mitteldeutschland sowie in Wien, in: Städtehygiene, 7 (1956), 11, S. 251-257. Vgl. D. Schmidt, Gesellschaftliche Bedingungen bei der Entwicklung der Wohnverhältnisse und Wohnwünsche in der Bundesrepublik Deutschland seit 1945, WiSo. Diss. Erlangen-Nürnberg 1978.
65   W. Glatzer, Wohnungsversorgung im Wohlfahrtsstaat, Frankfurt a.M./New York 1980, S. 261.
66   Vgl. dazu allgemein H. Häußermann/W. Siebel, Unpolitische Wohnungspolitik?, in: Leviathan, 9, 1981, S. 317-331 (Zitat: S. 327).
67   Eigenheime. Bürger im Grünen, in: Der Spiegel, Nr. 29/1958, S. 26-34 (Zitat: S. 26).
68   Vgl. W. Polster/K. Voy, Eigenheim und Automobil – Die Zentren der Lebensweise, in: Gesellschaftliche Transformationsprozesse und materielle Lebensweise. Beiträge zur Wirtschafts- und Gesellschaftsgeschichte der Bundesrepublik Deutschland (1949-1989), hrsg. von W. Polster u.a., Bd. 2, Marburg 1991, S. 263-320; A. Schildt, Freizeit, Konsum und Häuslichkeit in der „Wiederaufbau"-Gesellschaft. Zur Modernisierung von Lebensstilen in der Bundesrepublik Deutschland in den fünfziger Jahren, erscheint in: Konsumgeschichte als Gesellschaftsgeschichte, hrsg. von H. Kaelble/J. Kocka/H. Siegrist (1996).
69   Krummacher, Wohnungspolitik (Anm. 27), S. 613.
70   Gesetz über den Abbau der Wohnungszwangswirtschaft und über ein soziales Miet- und Wohnrecht vom 23. Juni 1960, in: BGBl. 1960/I, S. 389-426; Deutsche Politik 1960. Tätigkeitsbericht der Bundesregierung, hrsg. vom Presse- und Informationsamt der Bundesregierung, Bonn o.J., S. 394ff. Vgl. die Kommentare von W. Holtgrave,

Neues Miet- und Wohnrecht. Kommentar zum Gesetz über den Abbau der Wohnungszwangswirtschaft und über ein soziales Miet- und Wohnrecht, Berlin/Frankfurt a.M. 1960; H.-G. Pergande, Gesetz über den Abbau der Wohnungszwangswirtschaft und über ein soziales Miet- und Wohnrecht, Berlin/Frankfurt a.M. 1961; Krummacher, Wohnungspolitik (Anm. 27), S. 189ff.

71 Regierungserklärung vom 29.11.1961, in: Behn, Regierungserklärungen (Anm. 31), S. 83ff. (Zitat: S. 94).

72 Vgl. A. Flender, Der Gesetzentwurf zur Überführung der Wohnungswirtschaft in die Marktwirtschaft und die Wirtschaftlichkeit der gemeinnützigen Wohnungsunternehmen, in: Die Wohnungsbaufinanzierung in der sozialen Marktwirtschaft. Das Überleitungsgesetz und die Wirtschaftlichkeit der gemeinnützigen Wohnungsunternehmen. Vorträge und Jahresberichte des Verbandes rheinischer Wohnungsunternehmen e.V. Düsseldorf. Verbandstag 1959 in Trier, S. 35-53; ders., Das Gesetz über den Abbau der Wohnungszwangswirtschaft, in: Das soziale Mietrecht. Das Gesetz über den Abbau der Wohnungszwangswirtschaft. Vorträge und Jahresberichte des Verbandes rheinischer Wohnungsunternehmen e.V. Düsseldorf. Verbandstag 1960 in Essen, S. 29-41.

73 Häring, Zur Geschichte (Anm. 22), S. 37.

74 Begründung der Bundesregierung zum Entwurf eines Gesetzes zur verstärkten Eigentumsbildung im Wohnungsbau und zur Sicherung der Zweckbestimmung von Sozialwohnungen. Bundestagsdrucksache IV/2891, 4. Wahlperiode, S. 21.

75 Vgl. W. Tessin, Zum Entstehungskontext der Stadtteilsiedlungen in den sechziger Jahren, in: Schildt/Sywottek (Hrsg.), Massenwohnung und Eigenheim (Anm. 2), S. 494-512; vgl. für den folgenden Zeitraum R. Buchheit, Soziale Wohnungspolitik? Sozialstaat und Wohnungsversorgung in der Bundesrepublik, Darmstadt 1984.

76 Vgl. als skizzenartigen Überblick G. Köhler/B. Schäfers, Leitbilder der Stadtentwicklung in der Bundesrepublik Deutschland, in: Aus Politik und Zeitgeschichte (Beilage von „Das Parlament"), 1986, B 46-47, S. 29-39; von Beyme, Wiederaufbau (Anm. 4), S. 60ff. Eingehende Fallstudien in: Neue Städte aus Ruinen. Deutscher Städtebau der Nachkriegszeit, hrsg. von K. von Beyme u.a., München 1992.

77 A. Mitscherlich, Die Unwirtlichkeit unserer Städte. Anstiftung zum Unfrieden, Frankfurt a.M. 1965; vgl. H. Berndt, Der Verlust von Urbanität im Städtebau, in: Das Argument, 1967, 44, S. 263-286.

Mats Franzén

Der Bau des Folkhems.
Wohnungsbaupolitik in Schweden 1940–1980

Im Jahr 1940 ging der Wohnungsbau, der 1939 einen Höhepunkt erreicht hatte, stark zurück. Obwohl Schweden nicht am Krieg beteiligt war, beeinflußte dieser den Wohnungsbau. Dieser Entwicklung wollte man mit Hilfe einer Reihe staatlicher Eingriffe begegnen. Deren Erfolg zeigte sich daran, daß die Produktion bei Kriegsende das Niveau des Jahres 1939 nahezu wieder erreichte.[1] Die allgemeine schwedische Wohnungsbaupolitik der Nachkriegszeit begann also in den Jahren 1941/1942, nicht erst mit dem Reichstagsbeschluß von 1946,[2] auch nicht erst mit den Beschlüssen der folgenden Jahre, die die Politik eigentlich nur noch konsolidierten und kodifizierten. Im wesentlichen wurde das, was ursprünglich als Krisenprogramm gegolten hatte, in der späteren Wohnungsbau- und der Sozialpolitik festgeschrieben.[3]

Die folgende Darstellung konzentriert sich erstens auf die Analyse der „formativen Periode" in den frühen Kriegsjahren und zweitens auf die Voraussetzungen und Folgen des „Millionenprogramms" in den Jahren 1965-1974, womit das Ziel verfolgt wurde, in zehn Jahren eine Million neue Wohnungen zu bauen.

1. Das „formative Moment"

Die Untersuchung der „formativen Periode" oder „formativen Konstellation"[4] der frühen vierziger Jahre liefert den Schlüssel zum Verständnis der späteren schwedischen Wohnungsbaupolitik.[5] Das „formative Moment" war durch eine spezifische Kombination von vier Umständen gekennzeichnet: Erstens fehlte eine staatliche Wohnungsbaupolitik, so daß diejenigen, die eine dezidierte Wohnungsbaupolitik formulieren wollten, sich weniger an allgemeinen Vorgaben orientieren mußten.[6] Zweitens gab es einen nicht regulierten Markt, der nicht befriedigend funktionierte. Dies verstärkte – drittens – die Legitimität der neuen Politik. Viertens waren die Neuerer fähig, eine konsequente Wohnungsbaupolitik zu formulieren und die richtige Gelegenheit zu ergreifen, um ihr Programm zu realisieren.

Die Gelegenheit bot sich angesichts der Wohnungsnot zu Beginn des Krieges. Der Ausschuß für sozialen Wohnungsbau *(Bostadssociala utredning*, im folgenden Bauausschuß, abgekürzt BA genannt), lieferte die nötige Expertise. Der BA war 1932, im Jahr nach dem sozialdemokratischen Wahlsieg und dem Krisenabkommen mit dem *Bondeförbund* (Bauernverband und -partei), gebildet worden. Mitglieder des BA waren Gunnar Myrdal und Uno Åhrén, die durch eigene Initiativen u.a. im Wohnungsbauausschuß in Göteborg hervorgetreten waren.[7] Hinzu kamen Sven Wallander, der Leiter der in der Zwischenkriegszeit so erfolgreichen genossenschaftlichen Wohnungsbaugesellschaft HSB *(Hyresgästernas Sparkasse och Byggnadsförening)*, die 1923 gegründet worden war, sowie die Bauunternehmer Olle Enkvist, Bertil Nyström und Sigurd Westholm. Das Amt des Schriftführers übernahm der wohnungspolitisch engagierte Volkswirtschaftler Alf Johansson. In diesem Gremium war also sowohl praktische als auch theoretische Kompetenz vorhanden, wobei der Schwerpunkt auf Volkswirtschaft und Architektur lag. Gleichzeitig war auch politische Kompetenz vertreten; mehrere Mitglieder des BA hatten eine herausragende Stellung in der sozialdemokratischen Bewegung. Der Auftrag des Bauausschusses war zweifacher Art: Zunächst sollte er vergleichsweise unmittelbare Maßnahmen vorschlagen, was er in den dreißiger Jahren auch tat. Dann sollte er sich der Frage einer planmäßigen Wohnungsbaupolitik auf lange Sicht widmen. Damit begann er 1939.[8] Als die richtige Gelegenheit kam, nutzte er seine Chance.

Ein wichtiges Element der „formativen Konstellation" war das Fehlen einer wirklichen staatlichen Wohnungsbaupolitik.[9] Zwar waren Teile der vom BA vorgeschlagenen Maßnahmen schon im Krieg umgesetzt worden, wie z.B. besondere Darlehen für Häuser für kinderreiche Familien, die als „Myrdalbuden" bezeichnet wurden, sowie für Eigenheime in den ländlichen Gegenden und für Rentnerwohnungen.[10] Starke öffentliche Organe waren aber nicht geschaffen worden. Auf dem schwedischen Wohnungsbaumarkt existierten überdies mit Ausnahme des HSB keine starken Organisationen. Der HSB gehörte zum Interessenvertretungskomplex um die Sozialdemokratische Partei.[11] In prinzipiellen und praktischen Fragen der Gestaltung modernen Wohnens war er ein Pionier, der die Wohnungsbaupolitik der vierziger Jahre vorwegnahm.

Der schwedische Wohnungsbaumarkt war weitestgehend unreguliert, was sich auf die Wohnverhältnisse vermutlich noch ungünstiger auswirkte als in den meisten westeuropäischen Ländern, zumindest bis 1939.[12] Statistiken über die Struktur des Wohnungsbestandes in den größeren Orten zeigen, daß um 1940 17 Prozent der insgesamt 1.016.298 Wohnungen bloß aus einem Raum bestanden. Dabei handelte es sich um Zimmer ohne Kochgelegenheit oder um Küchen, in denen auch gewohnt wurde („Wohnküchen"). 60 Prozent aller Wohnungen waren Ein- oder Zweizimmerwohnungen mit Küche (32 respektive 28 Prozent). Drei Viertel aller Wohnungen waren also kleiner als eine Dreizimmerwohnung. In den Großstädten und im Norden des Landes war der Anteil kleinerer Wohnungen besonders hoch.[13]

Im allgemeinen waren die Wohnungen schlecht eingerichtet. In den größeren Orten (Stockholm ausgenommen[14]) hatten ein Fünftel der Wohnungen kein fließendes Wasser und keinen Abfluß für das Abwasser, jede zweite Wohnung hatte keine Zentralheizung, und in drei von fünf Wohnungen war kein Wasserklosett vorhanden.[15]

Nach der Norm des BA lagen beengte Wohnverhältnisse vor, wenn mehr als zwei Personen in einem Zimmer wohnten, die Küche nicht eingerechnet. Obwohl die Wohnverhältnisse etwas weniger beengt waren als um die Jahrhundertwende, traf dies 1939 noch auf 20,7 Prozent der Stockholmer Haushalte und auf 24,4 Prozent der Haushalte in den anderen größeren Orten zu. Beengt waren die Verhältnisse am häufigsten in den Wohnungen der Arbeiter sowie in kleineren Wohnungen im allgemeinen.[16] In Stockholm war die Situation besser, weil die Haushalte kleiner und die Kinderzahl geringer war; die Stockholmer hatten sich seit längerem den gegebenen Wohnverhältnissen besser angepaßt. Die Zahl der Untermieter war geringer als früher. Innerhalb der Arbeiterklasse hatte sich eine besondere Norm der Familienwohnung durchgesetzt: Man wohnte in einer Einzimmerwohnung, aber ohne Untermieter; der einzelne hatte zwar kein eigenes Zimmer, aber doch ein eigenes Bett.[17] Diese Wohnverhältnisse wurden in den dreißiger und vierziger Jahren nicht nur als ein wohnungspolitisches, sondern auch als ein bevölkerungspolitisches Problem betrachtet.[18]

Als der Krieg ausbrach, entstand eine politisch schwierige und unberechenbare Situation, die sich für die künftige Wohnungsbaupolitik als entscheidend erweisen sollte. Der Staat und die Koalitionsregierung waren sich der Situation auf dem Wohnungsmarkt bewußt und bereit einzugreifen, denn die Geschehnisse während des Ersten Weltkriegs sollten sich nicht wiederholen. Daß der Wohnungsbau zurückgehen würde, stand bereits im Dezember 1939 fest. Die Zahl der künftigen Haushaltsgründungen ließ sich indessen nur schwer schätzen. Der Bauausschuß, dem konkrete Zahlen fehlten, prognostizierte für die nahe Zukunft eine akute Wohnungsnot. Die Bauunternehmen, Kreditinstitute und viele Gemeinden beurteilten die Lage und Entwicklung indessen als günstiger.[19] Die Wohnungsreserve war noch relativ hoch (2,7 Prozent).[20]

Damals begann das, was man später als einen wohnungsbaupolitischen Lernprozeß interpretierte, in dem der BA eine wichtige Rolle spielte. Die Mitglieder des BA beteiligten sich in verschiedener Weise an Untersuchungen, die aufgrund der Krisensituation angeregt worden waren. 1942 schritt man zu einer allgemeinen Wohnungsbaupolitik.

Eine Maßnahme, die sich einfach und rasch umsetzen ließ, war die Mietpreisregulierung. Die Kontrolle der Mieten konnte indessen längerfristig nur dann Erfolg haben, wenn neue Wohnungen zu niedrigen Kosten und mit modernem Standard gebaut wurden. Investitionen der Bauindustrie wurden als wichtig erachtet, um die Arbeitslosigkeit zu begrenzen und die Wohnungsnot zu bekämpfen. Nach einigem Experimentieren mit staatlichen Finanzierungskonzepten fand man schließlich die geeigneten Instrumente für die Lösung der Wohnungsfrage in Form von Wohnungskrediten, staatlichen Garantien für das Zinsniveau der Hypotheken und Zusatzkredite. Im gemeinnützigen Wohnungsbau konnten bis zu 95 Prozent, im privaten bis zu 90 Prozent der Baukosten durch staatliche Darlehen finanziert werden. Die Kreditnehmer mußten sich strikt an die Anforderungen an die Qualität der Wohnungen halten, die Normen über Ausstattung und Raumeinteilung beachten und rationell bauen. Darüber wachte das Wohnungskreditinstitut. Diese Politik galt für alle, da sie, wie der Bauausschuß formulierte, „nicht nur auf gewisse Kategorien des Wohnungsbedarfs, sondern im Prinzip auf die ganze und in der Praxis auf größere Teile des Wohnungsbaus ausgerichtet war."[21]

Programm und Organisation

Bis 1942 waren die Instrumente und Methoden der Wohnungsbaupolitik im Kern ausgebildet. Dazu gehörten die Mietpreisregelung und staatliche Kredite für den Neubau in Verbindung mit Anforderungen an die Qualität und die Kosten. Diese Politik galt für alle Formen des Bauens.[22] Sie berücksichtigte den Wohnungsbedarf der gesamten Bevölkerung. Das bedeutete aber auch, daß es schwierig war, ohne staatliche Unterstützung zu bauen.[23]

Der vom Bauausschuß gleich direkt nach dem Krieg vorgelegte Entwurf zur künftigen Wohnungsbaupolitik berücksichtigte und systematisierte die bisherigen Erfahrungen und Methoden. Neu war der Vorschlag, kommunale, nicht gewinnorientierte Wohnungsbauunternehmen einzusetzen, die ihre modernen Mietwohnungen zur Verfügung zu stellen hatten. Die kommunalen Wohnungsbauunternehmen sollten Anleihen in der Höhe von bis zu 100 Prozent der Baukosten erhalten, Wohnungsgenossenschaften bis zu 95 Prozent und private Bauherren bis zu 85 Prozent. Von den gemeinnützigen Unternehmen wurde eine Rationalisierung, d.h. die Verbilligung sowohl des Wohnungsbaus als auch der Verwaltung durch Serienproduktion, erwartet.[24] Die privaten Interessen wurden auf diese

Weise aus der Verwaltung herausgehalten, spielten jedoch beim Bau von Wohnungen weiterhin eine wichtige Rolle. Neu war auch das Familienwohngeld, das Familien mit Kindern modernes Wohnen ohne beengte Verhältnisse ermöglichen sollte. Ein Anrecht auf Wohngeld hatte nur, wer in einer entsprechenden Wohnung lebte.[25] Hier zeigte sich das Bestreben, die Wohngewohnheiten zu verändern und das Ideal der „Einzimmerwohnung als Familienwohnung" zu verdrängen.

Wenngleich die neue Wohnungsbaupolitik klassenindifferent war, so war sie offensichtlich selektiv in ihrer Ausrichtung auf Heim und Familie.[26] Das Familienwohngeld kam in erster Linie den Arbeitern zugute.[27] Besonders die Sozialdemokraten betrachteten es als ein wichtiges Instrument der Bevölkerungspolitik.[28] Die Lösung des Wohnungsproblems für Alleinstehende sah man darin, daß kleinere Wohnungen des älteren Wohnungsbestandes Einzelpersonen angeboten wurden. Der Vorschlag des BA, die älteren Bauten durchgehend zu sanieren,[29] wurde jedoch nicht umgesetzt.[30]

Die neue Wohnungsbaupolitik bedurfte einer besonderen Organisation. Die Bedeutung dieser Organisation für die Politik war zweifellos ganz erheblich, doch ist diese Frage bis heute eine Art blinder Fleck in der schwedischen Forschung.[31] Die neue Organisation wurde geschaffen, um die politischen Vorstellungen in die Tat umzusetzen. Die Umwandlung der „Wohnungsbaukreditanstalt" in den „Wohnungsbauaufsichtsrat" im Jahre 1948 war ein wichtiger Schritt zur Stabilisierung der neuen Wohnungsbaupolitik. Mit Hilfe der Wohnungsbauausschüsse der Verwaltungsbezirke und in Zusammenarbeit mit den Gemeinden sollte die Politik umgesetzt werden. Die Wohnungsbauausschüsse der Verwaltungsbezirke waren in zweifacher Hinsicht von Bedeutung: Sie trugen dazu bei, daß der Staat die lokalen Bedürfnisse und Probleme erkennen und berücksichtigen konnte, und sie steigerten die Flexibilität der Politik. Weil die Wohnungsfrage letztlich vor Ort gelöst werden mußte, war der Kontakt mit den Gemeinden von größter Bedeutung.

Die Organisation verschärfte einerseits die Überwachung, förderte andererseits aber auch das gegenseitige Verständnis und die Zusammenarbeit. Der Wohnungsbauaufsichtsrat war keine Bürokratie im Weberschen Sinne, sondern vielmehr eine handlungsfähige und sensible Agentur, die Eigeninitiative entfalten konnte, um Politik zu realisieren. In dieser Organisation wurden Fachwissen, vielseitige Kompetenz und der Wille zur Umsetzung der Politik gebündelt. Der erste Generaldirektor des Wohnungsbauaufsichtsrates war Alf Johansson, der Schriftführer des BA. Die Zusammenarbeit mit den Kommunen wurde zu einem entscheidenden Faktor für die Konkretisierung und Realisierung der Politik. Aufgrund der lokalen Besonderheiten und der Einstellung der kommunalen Entscheidungsträger zur sozialen Wohnungsbaupolitik kam es trotzdem zu erheblichen Unterschieden, worauf hier nicht näher eingegangen werden soll.[32]

Die Ziele, die für die Wohnungsbaupolitik gesteckt wurden, mögen, von heute aus betrachtet, bescheiden erscheinen. Wenn man indessen die damaligen Wohnverhältnisse berücksichtigt, fällt das Urteil günstiger aus. Das Ziel war, den Wohnungsmangel – d.h. das Wohnen in beengten Wohnverhältnissen – bis zum Jahr 1960 zu beseitigen und gleichzeitig den Wohnstandard zu erhöhen. Die Miete für eine Zweizimmerwohnung sollte nicht mehr als zwanzig Prozent eines Industriearbeiterlohns betragen.[33] Da die soziale Wohnungsbaupolitik indessen gleichzeitig mit wirtschafts- und konjunkturpolitischen Zielstellungen verbunden wurde, bestand die Gefahr, daß es zu Zielkonflikten kam.

Die gesellschaftspolitische Vision: Das moderne Folkhem

So bescheiden die Ziele der Wohnungsbaupolitik zunächst erscheinen mochten, so wichtig waren sie für die Gesellschaftspolitik, denn das Wohnen bekam einen zentralen Stellenwert in der schwedischen Vision des Folkhems. Die Idee des Folkhems war ursprünglich um 1900 von konservativen Kräften formuliert worden, die mit dem Motto „Schweden als ein Heim des Volkes" den Klassenkampfparolen der Arbeiterbewegung eine programmatische Alternative entgegenstellen wollten. Die Sozialdemokraten, die 1928 den im Zeichen des Klassenkampfes geführten Wahlkampf verloren hatten, übernahmen um 1930 die Idee und gaben ihr eine andere Bedeutung. Mit Hilfe der Vision des Folkhems kamen sie 1932 wieder an die Macht.[34] Die Folkhemspolitik wurde in der Folge zu einem wichtigen Bestandteil des Krisenabkommens mit den Bauern bzw. dem *Bondeförbund*. Das Folkhem wurde vor allem in den dreißiger und vierziger Jahren mit Hilfe diverser sozialpolitischer Maßnahmen ausgebaut.[35] Es war gleichzeitig immer auch eine Vision, nämlich das Versprechen und die Hoffnung auf eine Gesellschaft, „die keine Privilegierten und keine Benachteiligten, keine Hätschelkinder und keine Stiefkinder kannte",[36] d.h. eine von breiten Bevölkerungsschichten getragene „bürgerliche Gesellschaft".[37]

Diese moderne, demokratisch-egalitäre Folkhemsvision wurde in den vierziger Jahren mit Vorstellungen einer zunächst elitären, modernistischen Architektur und Stadtplanung kombiniert. Während der Modernismus in Deutschland in der Krise der dreißiger Jahre und später von den Nationalsozialisten zum Sündenbock gemacht wurde,[38] wurde er in Schweden als ein Mittel und eine Vision betrachtet, womit sich die Krise bewältigen und die Zukunft gestalten ließ. Dies war auch die Botschaft der „Stockholmer Ausstellung" von 1930.[39] Der 'internationale' Funktionalismus war ein Konzept, das den Bau und die Bereitstellung von modernen und billigen Wohnungen für das Volk versprach,[40] die Phantasie beflügelte und das Interesse der Wohnungsbaupolitiker auf sich zog. Die Kombination von Folkhem und Funktionalismus prägte die in den vierziger und fünfziger Jahren gebauten Wohngebiete, die eine Mischung von modernistischem Folkhem und einem nationalen, sanfteren Funktionalismus in Form der Nachbarschaftseinheit darstellten. Dieses Planungsideal nahm während des Krieges im Kreis von (meist sozialdemokratischen) Experten sowie des Bauausschusses Form an.[41] Es ging nicht nur darum, Wohnungen zu bauen, sondern diese auch mit entsprechenden Dienstleistungseinrichtungen zu versehen, nämlich mit Schulen und Kindergärten, Spielplätzen und Versammlungslokalen, Geschäften und – nach und nach – Parkplätzen. Hier sollte die Familie ihr gutes privates und öffentliches Zuhause erhalten. Durch den Bau des Folkhem sollten die Ziele der Bevölkerungspolitik und der Demokratie in spezifischer Weise verknüpft werden.[42]

In den vierziger Jahren begann man besonders in den größeren und mittelgroßen Städten, Nachbarschaftseinheiten zu bauen.[43] Diese Wohngebiete wurden zu den sichtbaren Monumenten des Folkhems, das sie bis heute symbolisch verkörpern. Häufig wurden sie, und zwar nicht nur in sozialdemokratisch regierten Gemeinden, als Beweis dafür gebaut, daß die neue Ordnung besser war als die alte.

2. Vor dem Millionenprogramm. Die Situation zu Beginn der sechziger Jahre

Die Möglichkeiten für die geschilderte Art der Wohnungsplanung wurden mit der neuen Wohnungspolitik, die sowohl den Wohnungsbau in größeren Gebieten förderte als auch den Gemeinden mehr Einfluß einräumte, deutlich besser. Aber das reicht kaum aus, um die hohe Bedeutung, die diese Form des Wohnungsbaus bekam, zu erklären. Paradoxerweise wurde diese Form auch nie in einem staatlichen Regelwerk kodifiziert. Wichtig war, daß die Form des Wohnungsbaus unter den Architekten zum Common sense wurde – und daß diese nicht nur in der Gestaltung der Wohnungen, sondern auch in der übergreifenden Planung und der staatlichen Organisation des Wohnungsbaus eine starke Stellung erhielten. Zwei weitere Aspekte müssen dieser Erklärung hinzugefügt werden. Da ist zum einen die starke wirtschaftliche Expansion der schwedischen Wirtschaft direkt nach dem Krieg zu nennen, die für einen besseren Zugang zu den nötigen Ressourcen sorgte; zum anderen die Tatsache, daß der Wohnungsbau in dieser Form durch eine Reihe staatlicher Maßnahmen gefördert wurde. Nicht zu unterschätzen ist ferner die neue Bauverordnung von 1947, die den Einfluß der Kommunen stärkte und Bestimmungen über die Bereitstellung von Dienstleistungen für die Wohngebiete (Geschäfte, Versammlungsräume, Spielplätze und Schulen) enthielt.[44]

Die Zielrichtung der Politik wurde dadurch gestärkt, daß die Mitglieder der staatlichen Ausschüsse, die die Entwicklungen beobachteten und bewerteten, aus demselben Kreis stammten wie die Mitglieder des Bauausschusses; Åhrén beteiligte sich an nahezu allen Enqueten. Überdies standen die Ergebnisse und Zielsetzungen dieser Arbeiten im Einklang mit dem Nachkriegsprogramm der Arbeiterbewegung.[45] Daß die Politik so konsequent war und die verschiedenen Beschlüsse sich nicht widersprachen, sondern aufeinander aufbauten, kann also zum Teil dadurch erklärt werden, daß sie von einem kleinen Personenkreis und in relativ kurzer Zeit nach Kriegsende formuliert wurden. Positiv wirkte sich ferner aus, daß die Politik nicht mit starken Kapitalinteressen in Konflikt geriet – wenngleich sie bei den Konservativen und Liberalen bisweilen auf erheblichen Widerstand stieß.[46] Sie war zwar gegen die privaten Immobilienbesitzer gerichtet, doch diese waren in der Regel keine bedeutende politische Kraft. Für die privaten Bauunternehmen schuf die Wohnungsbaupolitik einen wichtigen und relativ stabilen Arbeitsmarkt.

Bis zur Mitte der sechziger Jahre blieb die soziale Wohnungsbaupolitik relativ stabil. Kleine Mieterhöhungen waren innerhalb des Rahmens der Mietpreisregulierung möglich, und die Bausubventionen wurden langfristig gesenkt.[47] In den fünfzehn Jahren seit Kriegsende wurden eine Million Wohnungen gebaut. 1960 waren 39 Prozent aller Wohnungen nicht älter als zwanzig Jahre.[48]

Direkte Vergleiche zwischen den Jahren 1939 und 1960 lassen sich nur schwer ziehen, besser möglich sind Vergleiche zwischen 1945, als erstmals eine nationale Erhebung durchgeführt wurde, und 1960. Dabei sollten wir allerdings nicht vergessen, daß ein großer Teil der Wohnungen schon während des Krieges gebaut worden war, womit der Bestand modernisiert und der Anteil kleinerer Wohnungen reduziert worden war. 1945 war der Wohnungsbesitz noch stark durch das Privateigentum geprägt; während des Krieges wurden viele Wohnungen in der Regie von Genossenschaften und Privaten gebaut.[49]

Tabelle 1 zeigt die Veränderungen nach Größe und Zusammensetzung des Wohnungsbestandes zwischen 1945 und 1960. Der Nettozuwachs an

Wohnungen betrug wegen des Abrisses älterer, häufig heruntergekommener Häuser, in erster Linie jedoch aufgrund der Urbanisierungstendenz (Wohnungen auf dem Land wurden verlassen, viele wurden jedoch als Wochenend- oder Sommerhäuser benutzt) weniger als eine Million.[50] Der Anteil der Zweizimmerwohnungen blieb nahezu konstant, derjenige der Kleinstwohnungen sank, während der Anteil der größeren deutlich stieg. Im Wohnungsbau der vierziger Jahre dominierte die Zweizimmerwohnung, in der zweiten Hälfte der fünfziger Jahre dagegen die Dreizimmerwohnung. Dabei war der Prozentsatz der Wohnungen, die nicht über staatliche Anleihen finanziert wurden gering und wies eine abnehmende Tendenz auf. Bloß fünf Prozent wurden während der zweiten Hälfte der fünfziger Jahre rein privat finanziert.[51] Der Anteil der modernen Wohnungen am gesamten Bestand nahm deutlich zu, aber auch in den sechziger Jahren gab es, besonders auf dem Land, zahlreiche ältere, schlecht ausgestattete Wohnungen. Drei von zehn Wohnungen hatten beispielsweise kein eigenes WC, ein Zehntel hatte kein fließendes Wasser und keine Abwasserentsorgung. Andererseits verfügten drei Viertel der Wohnungen über Zentralheizung; Bad oder Dusche gab es in ungefähr jeder zweiten Wohnung.[52]

Tabelle 1: Wohnungsbestand in Schweden nach Größenklassen und Siedlungstypen 1945–1980 (in Prozent)[53]

	Absolut	Zimmer					
	(in 1000)	1	1	2	3	4	5
Insgesamt							
1945	2102	12	26	31	16	8	7
1960	2675	9	18	32	23	11	8
1980	3670	6	9	23	25	18	19
Größere Orte							
1945	1357	15	28	30	14	6	6
1960	1999	11	19	31	22	10	6
1980	3130	6	10	24	25	17	18
Ländliche Gebiete							
1945	745	7	20	32	20	11	10
1960	676	2	13	32	27	15	9
1980	539	2	4	15	25	26	28

Die meisten Wohnungen waren in privatem Besitz. Nur fünf Prozent waren 1945 in öffentlichem Besitz und weitere acht Prozent Eigentum gemeinnütziger Stifungen. Der Anteil der letzteren nahm nach 1945 deutlich zu, und der genossenschaftliche Anteil verdoppelte sich auf mehr als elf Prozent. 75 Prozent der Wohnungen waren auch 1960 noch in privatem Besitz. Selbst wenn man die Einfamilienhäuser aus der Berechnung ausschließt, zeigt es sich, daß 58 Prozent der Wohnungen Privateigentum waren.[54]

Die Belegungsdichte nahm nach dem Krieg deutlich ab, aber es gab auch 1960 noch Schweden, die in beengten Wohnungsverhältnissen (im Sinne der Norm des BA) lebten. Dies war bei acht Prozent aller Haushalte bzw. 13 Prozent aller Wohnenden der Fall. In beengten Wohnverhältnissen lebten 1960 mehr Familien mit einem Kind als Familien mit zwei Kindern.[55] Das heißt, daß viele in einer Einzimmerwohnung wohnten, wenn sie ihr erstes Kind bekamen. Dann versuchten sie jedoch, in eine größere Wohnung umzuziehen. Die Vermittlungsstellen bevorzugten bei der Vergabe von Wohnungen Familien mit Kindern. Das quasi-normative Muster, daß Arbeiterfamilien bloß eine Einzimmerwohnung hatten, war nicht mehr gültig. Gleichzeitig nahm die Zahl der Untermieter ab. Auch wenn es immer noch ungewöhnlich war, daß junge Menschen und Unverheiratete eine eigene Wohnung hatten, so wissen wir doch, daß die Zahl der Haushaltsgründungen zunahm. 1960 bestanden zwei Drittel aller Haushalte aus verheirateten Paaren, von denen gut die Hälfte Kinder hatten.[56]

Der neuen Wohnungspolitik war es auf diese Weise gelungen, die Qualität des Wohnens in mancherlei Hinsicht zu verbessern.[57] In quantitativer Beziehung war das Programm des Bauausschusses indessen noch nicht realisiert. Auch 1960 wohnten viele noch in beengten Wohnverhältnissen. Dieses Defizit war dadurch begründet, daß der Wohnungsbau als ein wichtiges konjunkturpolitisches Mittel betrachtet wurde; in den Jahren der wirtschaftlichen Expansion um 1950 wurde der Wohnungsbau gebremst, um die Inflationstendenzen zu dämpfen.[58]

Das Millionenprogramm

Anfang der sechziger Jahre verschärfte sich die Lage auf dem Wohnungsmarkt. Die Wartelisten bei den kommunalen Wohnungsämtern wurden länger. Besonders in den Großstädten und den expandierenden Regionen zeigte es sich, daß der Bedarf stieg, da der Zug in die Stadt stärker war als erwartet. Überdies war es nicht gelungen, den Wohnungsbau in angemessener Weise über das ganze Land zu verteilen. Nun wurde die Wohnungsfrage immer mehr zum Gegenstand der öffentlichen Diskussion. In einer Gesellschaft, in der die Konsumansprüche und der Wohlstand stiegen und sich die Auffassung verbreitete, daß der Wohlfahrtsstaat keine vorübergehende Erscheinung sei, nahmen auch die Ansprüche an das Wohnen zu.

Die politische Antwort auf die veränderte Situation war das sogenannte Millionenprogramm, das übrigens erst im nachhinein diese Bezeichnung erhielt. Das Ziel war, zehn Jahre lang (1965-1974) jährlich 100.000 Wohnungen zu bauen.[59] Gleichzeitig sollten die Qualitätsstandards erhöht werden; die Untersuchung, die dem Programm zugrundelag, hatte den Titel „Verbesserter Wohnstandard". Die Norm für „beengte Wohnverhältnisse" wurde angehoben: Als „beengt" galt nun schon, wenn zwei Personen auf ein Zimmer entfielen, Küche und Wohnzimmer nicht eingerechnet. Gemäß der alten Norm lebten fünf Prozent der Haushalte in beengten Wohnverhältnissen, gemäß der neuen waren es 25 Prozent.[60] Vor allem wollte man größere Wohnungen bauen und die künftige Nachfrage befriedigen. Vorstellbar war nun auch eine Steigerung des Einfamilienhausanteils am gesamten Wohnungsbestand. Die Bedeutung der Bebauungsdichte wurde neu bestimmt, da man genügend Raum für die Einrichtung von Dienstleistungen schaffen wollte. Schließlich sollte der Wohnungsbau mehr als früher in die expandierenden Regionen, besonders nach Stockholm, verlagert werden.[61]

Um diese zum größten Teil quantitativen Ziele zu erreichen, wurden sowohl neue politische Mittel eingesetzt, als auch ältere und erprobte verstärkt angewendet. Die Kontinuität zur Politik der vierziger Jahre war wichtig und wurde auch immer wieder betont. Man hatte in der Nachkriegszeit viele Erfahrungen gesammelt. Für die erfolgreiche Realisierung der „Maßnahmen zur Förderung der Planungs- und Bautätigkeit", womit man in einem Land mit rund acht Millionen Einwohnern im Lauf von zehn Jahren eine Million Wohnungen bauen wollte, bedurfte es jetzt einer einschneidenden Rationalisierung des Wohnungsbaus.[62] Die Rationalisierung wurde als Schlüssel zum „Millionenprogramm" betrachtet, und sie wurde es dann auch.[63]

Im Vergleich zu früher ließ man nun leichter und rascher Mieterhöhungen zu, besonders in älteren Häusern. Auf längere Sicht wollte man die Mietpreisregulierung abschaffen und Vergleichsmieten einführen, die mit den Vertretern der Mieter und mit Rücksicht auf das Gemeinwohl ausgehandelt und festgelegt wurden. Außerdem versuchte man ein neues Finanzierungssystem einzuführen, nämlich den paritätischen Kredit. Dieses komplizierte System diente dazu, die Kapitalkosten zeitlich anders zu verteilen und die neugebauten Wohnungen zu entlasten. Nach einigen Jahren stellte man indessen das Scheitern dieses Modells fest und man kehrte zu den traditionellen Formen zurück.[64]

Das „Millionenprogramm" verlangte eine maximale Kraftanstrengung, um Erfolg zu haben; dessen waren sich die Politiker bewußt. Die Zusammenarbeit zwischen kommunalem Planungsapparat, staatlicher Wohnungsbehörde, Bauherren und Bauunternehmern mußte reibungslos funktionieren. Man konnte jedoch auf den Erfahrungen der letzten Jahrzehnte aufbauen. In der Kette Staat-Kommune-Bauherr-Bauunternehmen gewannen die Bauunternehmen größere Bedeutung. Sie waren es, die letzten Endes den Wohnungsbau rationalisieren sollten. Die gesamte Organisation mußte ihnen das erleichtern. Dazu gehörte, daß sie die Gestaltung der Wohnungen und Häuser nicht bis ins Detail vorbestimmte und große Bauvorhaben begünstigte. Die Wohnungsbauunternehmer strebten danach, die Aufträge als Generalunternehmer zu übernehmen. Seit 1966 wurden Versuche unterstützt, den Wohnungsbau verstärkt zu rationalisieren, wofür spezifische Bedingungen galten: maximal 10.000 Wohnungen pro Jahr; mindestens 1.000 Wohnungen pro Projekt, strenge Variationsbeschränkung, Ausschreibung für Generalunternehmer, geringer Arbeitskräftebedarf.[65] Das „Millionenprogramm" verfolgte ein quantitatives Ziel.

Ergebnisse des Millionenprogramms

Über das „Millionenprogramm" ist vieles gesagt worden. Am bemerkenswertesten ist jedoch, daß es geglückt ist. Die konkreten Ergebnisse können wie folgt zusammengefaßt werden: Während eines Zeitraums von zehn Jahren wurden eine Million Wohnungen gebaut, unabhängig vom Konjunkturzyklus. Abgesehen von einem kleineren Einbruch im Jahre 1966, in der Einleitungsphase des Programms, stieg der Wohnungsbau stetig bis zum Rekordniveau von 110.000 gebauten Wohnungen im Jahre 1970, d.h. 14 Wohnungen pro 1.000 Einwohner. Darauf ging die Intensität etwas zurück, deutlich jedoch erst in der zweiten Hälfte der siebziger Jahre.[66] Das „Millionenprogramm" bildete den Höhepunkt der Wohnungsbaupolitik zwischen 1940 und 1980.

Das Programm glückte auch in anderer Hinsicht: kurz nach dem Rekordjahr 1970 war zum erstenmal nach sehr langer Zeit ein Überschuß an Neubauwohnungen vorhanden.[67] Zwar gab es weiterhin „beengte Wohnverhältnisse" (gemäß der neuen Norm), aber deutlich weniger als je zuvor. Nur noch jeder zwölfte Haushalt von Familien mit Kindern und vier Prozent aller Haushalte lebten in „beengten Wohnverhältnissen".[68] Das waren im Vergleich zu 1965, als ein Viertel aller Haushalte davon betroffen gewesen war, Ausnahmeerscheinungen. Die hohe Belegungsdichte war nicht mehr länger auf den Mangel an größeren Wohnungen zurückzuführen, sondern war ein Verteilungsproblem. Der Abschluß des „Millionenprogramms" im Jahre 1974 bedeutete, daß sich die Wohnstandards in mancher Hinsicht verbessert hatten. Am besten läßt sich das zeigen, wenn wir den Zeitraum von 1960 bis 1980 betrachten. Was hat die soziale Wohnungsbaupolitik in dieser Periode geleistet? Sehr viel, müßte die Antwort lauten, denn mehr als 90 Prozent aller Wohnungen wurden mit staatlichen Anleihen finanziert.[69] Der Wohnungsbestand entwickelte sich in dieselbe Richtung wie früher (Tabelle 1). Der Anteil der Wohnungen in den größeren Orten nahm zu, während der Anteil auf dem Land, nunmehr auch als „dünn besiedelte Gebiete" (*glesbygd*) bezeichnet, weiter abnahm, was mit der stetigen und kräftigen Urbanisierung bis Anfang der siebziger Jahre zusammenhing. Der Nettozuwachs an Wohnungen betrug rund eine Million; ungefähr 1,7 Millionen Wohnungen wurden neu gebaut, 700.000 Wohnungen wurden infolge Wegzugs breiter Bevölkerungsschichten verlassen oder abgerissen. Besonders in den sechziger Jahren wurde relativ viel alter Wohnraum zerstört.[70]

Der Anteil der größeren Wohnungen nahm zu. Während der Anteil der Zweizimmerwohnungen und kleinerer Wohnungen von 59 Prozent auf 38 Prozent fiel, stieg der Anteil der Vierzimmerwohnungen oder größerer Wohnungen von 19 Prozent auf 37 Prozent. Größtenteils wurden jetzt Wohnungen mit mehr als drei Zimmern gebaut. Fast alle Wohnungen (93 Prozent) hatten einen modernen Standard und waren mit Badezimmer ausgestattet. Die Tatsache, daß 1980 lediglich jede fünfte Wohnung aus der Vorkriegszeit stammte, in den Städten der entsprechende Anteil noch niedriger war, kann als Indikator für die Modernität der Wohnungen und die gesellschaftliche Bedeutung der schwedischen Wohnungsbaupolitik dienen.[71] Ältere billigere Wohnungen waren nach dem „Millionenprogramm" endgültig Mangelware.

Der Anteil des Privateigentums am Wohnungsbestand nahm von 75 Prozent im Jahr 1960 auf 60 Prozent im Jahr 1980 ab. Der Anteil der gemeinnützigen Organisationen dagegen stieg von acht auf 19 Prozent. Der Anteil der Eigentumswohnungen (*bostadsrätt*) nahm etwas weniger stark zu (von elf auf 16 Prozent). Wenn wir lediglich die Mehrfamilienhäuser in Betracht ziehen, wird deutlich, daß das private Wohnungseigentum an Bedeutung verlor, indem der entsprechende Anteil von 58 Prozent auf 33 Prozent sank. Das Privateigentum an Miethäusern war weiterhin häufig bei älteren Häusern, die vor dem Krieg gebaut worden waren.[72] Von nahezu 3,7 Millionen Wohnungen waren gut 1,6 Millionen Einfamilienhäuser.[73] Von 8,1 Millionen Menschen wohnten nun 4,6 Millionen in Einfamilienhäusern,[74] davon machten Familien mit Kindern die große Mehrheit aus.[75]

Mit dem „Millionenprogramm" wurden die wohnungspolitischen Ziele in quantitativer Hinsicht erfüllt. Die Wohnungsbaupolitik war nun jedoch, sehr schnell und unerwartet, auf mehreren Ebenen mit entscheidenden qualitativen Problemen konfrontiert. Die Erfüllung einer Vision und langgehegter Wünsche führte nicht nur zu Zufriedenheit, sondern auch zu Kritik und neuen Ansprüchen.

3. Ausblick: Krise und Wirkungen des „Millionenprogramms"

Genauso schnell wie unerwartet, nicht zuletzt für die Verantwortlichen der sozialen Wohnungsbaupolitik, wurde das „Millionenprogramm" in Frage gestellt. Daß die Wende so schnell kam, hing mit der Koinzidenz mehrerer Ereignisse auf dem Höhepunkt des „Millionenprogramms" um 1970 zusammen, die den Eindruck entstehen ließ, daß man an einem Wendepunkt und am Ende der sozialen Wohnungsbaupolitik stehe. Einerseits bestand zum erstenmal seit dem Beginn der Wohnungsbaupolitik ein Überschuß an Wohnungen und war der lange Wirtschaftsboom der Nachkriegszeit gestoppt. Andererseits gerieten die Wohngebiete des „Millionenprogramms" in einer Stadt nach der anderen ins Kreuzfeuer der Kritiker, die sich schon 1968 anläßlich der Einweihung des Zentrums in Skärholmen in Stockholm erstmals in aller Deutlichkeit äußerten. Die Kritik war vielseitig, lief jedoch darauf hinaus, daß diese Gebiete durch ihre Größe und Eintönigkeit die Menschen einsam und passiv machen würden.[76] Mit der Krise des „Millionenprogramms" wurde die ganze soziale Wohnungsbaupolitik in Frage gestellt.

Die Wende in der sozialen Wohnungsbaupolitik bedeutete, daß in dem Moment, in dem das Wohnungsproblem der Arbeiterklasse gelöst war – die Wohnungsnot und die Wohnungsenge waren beseitigt – die Wohnungsfrage der Mittelklasse, die die Wohnung als Mittel zur sozialen und kulturellen Abgrenzung betrachtete, ins Zentrum rückte. Über Nacht stand die soziale Wohnungsbaupolitik vor neuen Anforderungen.

Eine Veränderung der sozialen Wohnungsbaupolitik war bereits zu Beginn der siebziger Jahre spürbar. Während der Bau von Eigentumswohnungen und Einfamilienhäusern absolut und relativ anstieg, ging der Wohnungsbau insgesamt von Jahr zu Jahr zurück.[77] Diese Verschiebung in der Ausrichtung des Wohnungsbaus war kaum beabsichtigt, auch wenn die große Nachfrage nach einem eigenen Zuhause seit dem Beschluß über das „Millionenprogramm" bekannt war.[78] Nachdem in den sechziger Jahren die kleinen Leute auf dem Land wegrationalisiert worden waren, wurden die Mittelklassen zu einer wichtigen Basis für die Sozialdemokratie.⁷⁹ Die Politik mußte auf die veränderten Gegebenheiten reagieren. Zum großen Teil vollzog sich der Wechsel mit Hilfe von vorhandenen wohnungspolitischen Mitteln. Der Anteil der mit staatlichen Anleihen gebauten Wohnungen nahm zunächst leicht ab, um dann seit 1975 wieder zuzunehmen.⁸⁰ Die soziale Wohnungsbaupolitik blieb eigentümlicherweise einigermaßen intakt, sie wurde jedoch stärker auf die Nachfrage der Mittelklassen ausgerichtet. Diese zog dann aber, als der Wohnungsmangel behoben war, in größerem Umfang aus den Wohngebieten des „Millionenprogrammes", die während der siebziger Jahre immer häufiger mit sozialen Problemen in Verbindung gebracht wurden, weg. In kürzester Zeit wurden die Neubaugebiete mit ihren modernen Wohnungen zur schlechtesten Adresse der Stadt. Die klassenmäßige Segregation des Wohnens, die seit der Einführung der sozialen Wohnungsbaupolitik abgenommen hatte, nahm nun wieder zu.⁸¹

Die Umsetzung des „Millionenprogramms" versetzte gleichzeitig dem Folkhemsgedanken, der Vision einer Gesellschaft ohne Hätschelkinder und Benachteiligte, den Todesstoß. Zum gleichen Zeitpunkt, als die Wohnungsprobleme der Arbeiterklasse gelöst worden waren, setzte die Wohnsegregation ein. Die typischen Wohngebiete der vierziger und fünfziger Jahre hatten mit ihrem 'nationalen Funktionalismus' den Fortschritt und die Würde des Menschen symbolisiert; die häufig 'brutale' Architektur des „Millionenprogramms" dagegen galt nun als Ausdruck des Gegenteils, als Ort der sozial Benachteiligten. Sowohl das Erwünschte als auch das Unerwünschte verkörperte sich symbolisch in Häusern und Wohngebieten.⁸²

Das „Millionenprogramm" hatte weder die Organisation noch die Mittel der sozialen Wohnungsbaupolitik verändert. Die soziale Wohnungsbaupolitik bestand auch fort, nachdem es beendet war. Der staatliche Untersuchungsausschuß konnte aber über die Probleme, insbesondere die Segregation und die schlechte Umgebung, nicht hinwegsehen. Deshalb wurden neue Ziele für die soziale Wohnungsbaupolitik formuliert: Die Struktur der Haushalte in den Wohngebieten sollte richtig gemischt werden, die Bewohner sollten ein Mitbestimmungsrecht bekommen und ein besseres Wohnmilieu war anzustreben.⁸³

Trotzdem verloren die Wohnungsbaupolitiker die Kontrolle über die Entwicklung. Obwohl der Wohnungsbau während der siebziger Jahre zurückging, kosteten die Subventionen den Staat aus verschiedenen Gründen immer mehr Geld. Die in erster Linie für die Mittelklassen gebauten Wohnungen wurden immer größer und aufwendiger. Als die Mieten zu steigen begannen, nahmen die Kosten für das Wohngeld drastisch zu. Infolge des herrschenden Steuersystems und der starken Inflation nahmen die Steuerabzüge für das Wohnen rasch zu.[84] Nicht die soziale Wohnungsbaupolitik bestimmte die weitere Entwicklung, sondern die Nachfrage der Mittelklassen. Die Segregation nahm nach 1974 weiter zu. Dies war teilweise eine Folge des Beschlusses, die Preise für Wohnungen mit Dauerwohnrecht freizugeben, was rasch dazu führte, daß die Bevölkerung der Innenstädte sich bevorzugt aus den gehobenen Gesellschaftsschichten rekrutierte. Die Preisregulierung war 1942 zusammen mit der Mietpreisregelung eingeführt worden, und sie wurde jetzt zusammen mit letzterer abgeschafft.[85] Dies führte zu unvorhersehbaren Ergebnissen, als das Steuersystem der Inflation angepaßt wurde, denn auf einmal war es von Vorteil, die Wohnung zu besitzen.[86] Trotzdem bestand die soziale Wohnungsbaupolitik im Prinzip bis Ende der achtziger Jahre fort.[87]

Ausdruck der Stärke der sozialen Wohnungsbaupolitik, wie sie sich während der Kriegsjahre herausgebildet hatte, waren sowohl die Beständigkeit der Organisation als auch der konsequente Gebrauch der Mittel. Der Wohnungsbauaufsichtsrat bestand bis 1988, die starke Dominanz staatlicher Anleihen im sozialen Wohnungsbau noch einige Jahre länger. Doch man hatte bereits in dem Moment die Kontrolle verloren, als die Wohnungsbaupolitik programmatisch und praktisch am stärksten zu sein schien, nämlich auf dem Höhepunkt des „Millionenprogramms".

(Aus dem Schwedischen übersetzt von Silke Neunsinger. Bearbeitet von Hannes Siegrist.)

1   Slutbetänkande avgivet av bostadssociala utredningen. Del 1, SOU 1945: 63, Diagramm 2.
2   Dies die normale Datierung; vgl. etwa G. Esping-Andersen, Politics against markets. The socialdemocratic road to power. Princeton NJ 1985, S. 180f.; M. Niva, Bostad, politik och marknad. En jämförande studie av bostadspolitiken i efterkrigstidens Sverige och Finland, Stockholm 1989, S. 150, 152. Eine ähnliche Interpretation vertritt T. Strömberg, Wohnungsbaupolitik in Schweden 1914-1990, in: G. Schulz (Hrsg.), Wohnungsbaupolitik im Sozialstaat, Düsseldorf 1993, S. 319f.
3   S. E. Olsson, Social policy and welfare state in Sweden, Arkiv, Lund 1990, 111. Olsson (vgl. ebenda, S. 116, 139f.) und Esping-Andersen gehören zu den wenigen sozialpolitisch interessierten Forschern, die ebenfalls die Wohnungsbaupolitik behandeln. Dazu: M. Harloe, The People's Home? Social rented housing in Europe & America, Oxford 1995, S. 11f., 535; G. Schulz, Perspektiven europäischer Wohnungsbaupolitik 1918 bis 1960, in: Wohnungsbaupolitik im Sozialstaat (Anm. 2), S. 32.
4   Der Begriff „formatives Moment", der hier mit „formative Periode" oder „formative Konstellation" übersetzt wird, stammt von B. Rothstein, Den korporativa staten, Stockholm 1992. Rothstein geht nicht auf die Wohnungsbaupolitik ein.
5   Strömberg behauptet dasselbe. In den meisten westeuropäischen Ländern wurde die generelle Wohnungsbaupolitik früher als in Schweden durch eine residuale ersetzt.
6   Über die Kontinuität als Normalfall vgl. Harloe, The People's Home? (Anm. 3), S. 76;

Schulz, Wohnungsbaupolitik im Sozialstaat (Anm. 2), S. 15f.
7   E. Rudberg, Uno Åhrén en förgångsman inom 1900-talets arkitektur och samhällsplanering, Stockholm 1981, S. 79f.
8   SOU 1945: 63, S. 3ff.
9   Am Ende des Ersten Weltkrieges war eine beträchtliche Wohnungsnot entstanden, die auch in Schweden zu einer Reihe staatlicher und kommunaler Krisenlösungen geführt hatte; dies waren jedoch Notlösungen von unregelmäßiger und vorübergehender Art. Zu Beginn der zwanziger Jahre verschwanden sie ganz. Niva, Bostad, politik och marknad (Anm. 2), S. 72ff.; Strömberg, S. 149ff.; SOU 1945: 63, S. 25-42.
10 SOU 1945: 63, S. 79ff., 97-109, 125ff.
11 G. Olofsson, Mellan klass och stat, Lund 1979; L. Gustafsson, HSB under femtio år, Stockholm 1974.
12 Jedoch nicht in Finnland; vgl. Niva, Bostad, politik och marknad (Anm. 2), S. 108f. (bezieht sich jedoch auf die Situation 1945-50).
13 SOU 1945:63, Tabelle 4.
14 Angaben für 1939 fehlen für Stockholm, die Wohnungen waren dort etwas neuer und moderner.
15 SOU 1945: 63, S. 275.
16 SOU 1945: 63, S. 283-8.
17 Vgl. A. und G. Myrdal, Kris i befolkningsfrågan, Stockholm 1935, S. 149ff.; B. Åkerman, Familjen som växte ur sitt hem, Stockholm 1941, S. 29ff.
18 Siehe A. und G. Myrdal, Kris i befolkningsfrågan (Anm. 17), insbes. S. 148-175; A.-K. Hatje, Befolkningsfrågan och välfärden, Stockholm 1974, S. 9.
19 SOU 1945: 63, S. 175f.
20 Slutbetänkande avgivet av den bostadssociala utredningen. Del II, SOU 1947: 26, S. 171.
21 SOU 1945: 63, S. 173-4, 182-200.
22 Vgl. den Unterschied mass housing/residual housing bei Harloe, The People's Home? (Anm. 3), S. 70ff. Die schwedische Politik war doch breiter konzipiert als die gewöhnliche mass housing-Produktion (häufig als sozialer Wohnungsbau bezeichnet); vgl. H. Häußermann und W. Siebel, Das Ende des goldenen Zeitalters im Sozialen Wohnungsbau, in: J. Bärsch/J. Brech (Hrsg.), Das Ende der Normalität im Wohnungs- und Städtebau?, Frankfurt a.M./Darmstadt 1993, S. 11f.
23 Vgl. Niva, Bostad, politik och marknad (Anm. 2), S. 152, einschließlich Diagramm 14.
24 Strömberg, S. 311f., SOU 1945: 63, S. 525ff.
25 Hatje, Befolkningsfrågan (Anm. 18), S. 218, SOU 1945: 63, S. 398f., 563ff.
26 T. Soidre-Brink, Det goda boendet – vision och illusion, in: S. E. Olsson/G. Therborn (Hrsg.), Vi möter verklighet, Stockholm 1991, S. 99f.
27 Hier handelte der Reichstag entgegen dem Beschluß des BA. Niva, Bostad, politik och marknad (Anm. 2), S. 152, Anm. 3.
28 SOU 1945: 63, z.B. S. 349, Soidre-Brink, Det goda boendet (Anm. 26), S. 92ff. 97ff.
29 SOU 1947: 26.
30 Gävle und Göteborg waren die wichtigsten Ausnahmen.
31 Es fehlen Untersuchungen zur Praxis der Organisation. Siehe jedoch Niva, Bostad, politik och marknad (Anm. 2), S. 178ff., wie die Organisation formal gedacht war, einschließlich SOU 1947: 26, Avdelning II, besonders S. 348ff., 410ff. für die Art der Aufgaben.

32 Siehe T. Strömbergs Beitrag in diesem Band.
33 SOU 1945: 63, S. 366ff., 399ff., 413ff., 434ff.
34 B. Schüllerqvist, Från kosackval till kohandel. SAP:s väg till makten (1928-33), Stockholm 1992.
35 Esping-Andersen, Politics against markets (Anm. 2), S. 86ff., einschließlich ders. „Jämlikhet, effektivitet och makt. Socialdemokratisk välfärdspolitik", in: Misgeld/ Molin/Åmark (Hrsg.), Socialdemokratins samhälle, Stockholm 1989, S. 226ff.
36 P. A. Hansson, Från Fram till Folkhemmet, hrsg. von A. L. Berkling, Solna 1982, S. 227.
37 Die „bürgerliche Gesellschaft" wurde somit von den breiten Bevölkerungsschichten, nicht von einem exklusiven „Bürgertum", getragen. Vgl. H. Siegrist, Ende der Bürgerlichkeit? Die Kategorien „Bürgertum" und „Bürgerlichkeit" in der westdeutschen Gesellschaft und Geschichtswissenschaft der Nachkriegsperiode, in: Geschichte und Gesellschaft, 20 (1994) 4, S. 553f.
38 D. J. K. Peukert, Die Weimarer Republik. Krisenjahre der Klassischen Moderne, Frankfurt a.M. 1987.
39 Über die Stockholmer Ausstellung 1930, P. Råberg, Funktionalistiskt genombrott, Stockholm 1970.
40 So kann auch Die Wohnung für das Existenzminimum (hrsg. v. Internationalen Kongreß für neues Bauen und städtisches Hochbauamt in Frankfurt am Main 1930) verstanden werden.
41 M. Franzén/E. Sandstedt, Grannskap och stadsplanering, Stockholm 1981, Kap. 2.
42 Dies war eine widersprüchliche aber durchaus zeittypische Kombination. Vgl. A.-S. Ohlander, „det osynliga barnet"?, in: Misgeld/Molin/Åmark, Socialdemokratins samhälle (Anm. 35), S. 179ff.
43 Franzén/Sandstedt, Grannskap (Anm. 41), Kap. 7.
44 Ebenda, Kap. 9.
45 Rudberg, Uno Åhrén en förgångsman (Anm. 7), S. 187-196. Arbetarrörelsens efterkrigsprogram, Stockholm 1946, S. 95f.
46 A.-K. Hatje, Bostadspolitikens förändrade villkor, Tekniska högskolan, Stockholm 1978, S. 114.
47 Ebenda, S. 44-52; K. Boberg u.a., Bostad och kapital, Stockholm 1974, S. 83.
48 SOS. Bostadsräkningen den 1. november 1960, III. Redogörelse för bostadsräkningens resultat, Tab. 3.6.
49 1945 fand die erste landesweite Wohnungszählung statt. SOS, Bostäder och hushåll 1945.
50 Die Zahl abgerissener Häuser 1945-1960 wird auf 40 000 geschätzt, diese Zahl muß mit dem totalen Rückgang von über 300.000 verglichen werden. B. Johansson/L. Borgnäs, Bostäder och Boendeförhållanden i Sverige 1945-1960, Stockholm 1968, S. 71.
51 Vgl. Niva, Bostad, politik och marknad (Anm. 2), S. 111f.
52 Bostadsräkningen 1960, III, Tab. 5.1.
53 Quelle und Kommentar: SOS. Bostadsräkningen 1960, III, Tabelle 4,6: FoB 1980, IV, Tabelle 1. Die Statistik erfaßt zwei verschiedene Typen von Einzimmerwohnungen.
54 Niva, Bostad, politik och marknad (Anm. 2), Tabelle 9.
55 Bostadsräkningen 1960, III, S. 68ff.
56 Ebenda, S. 54ff.
57 Beispiele für den Wohnungsbau bis 1960 gibt E. Rudberg, Wohnungsbaupolitik und

Erfolgsjahre der Sozialdemokratie, in: Aufbruch und Krise des Funktionalismus. Bauen und Wohnen in Schweden 1930-1980, Stockholm 1976, S. 110-127.
58 B. Sandelin/B. Södersten, Bostadsekonomi och bostadspolitik under efterkrigstiden, in: B. Södersten (Hrsg.), Svensk ekonomi, Stockholm 1982, S. 218.
59 Soidre-Brink, Det goda boendet (Anm. 26), S. 102.
60 Niva, Bostad, politik och marknad (Anm. 2), Tabelle 7.
61 SOU 1965: 32, S. 504f., 491ff., 497, 263ff.
62 Proposition 100/1967, S. 186ff. Solidarisk bostadspolitik, SOU 1974: 17, S. 35.
63 Franzén/Sandstedt, Grannskap (Anm. 41), S. 250ff.
64 Proposition 100/1967, S. 186ff. Solidarisk bostadspolitik, SOU 1974: 17, S. 35.
65 Siehe Proposition 100/1967, 208, samt der für das Millionenprogramm wichtigen Begleituntersuchung byggandets industrialisering, SOU 1971: 52, S. 17ff., 87.
66 Niva, Bostad, politik och marknad (Anm. 2), Diagramm 4 u. 5.
67 A.-L. Hallberg, Lokala bostadsmarknader med och utan tomma lägenheter, Byggforskiningen, Stockholm 1975.
68 SOS, FoB 1980, Del V Hushåll, Tabelle 13.
69 Niva, Bostad, politik och marknad (Anm. 2), Diagramm 14.
70 SOS. Bostadsbyggandet 1961, Tab. 27; SOS. Bostadsbyggandet 1974, Del 2. Nybyggnad och rivning, Tab.II.3.
71 SOS. FoB 1980. Del IV Lägenheter, Tabelle 2.
72 Niva, Bostad, politik och marknad (Anm. 2), S. 139 u. Tabelle 9.
73 SOS. FoB 1980. Del IV Lägenheter, Tabelle 2.
74 SOS. FoB 1980. Del V Hushåll, Tabelle 13.
75 SOS. FoB 1980. Del V Hushåll, Tabelle.
76 Franzén/Sandstedt, Grannskap (Anm. 41), Kap. 1; B. O. H. Johansson, 50 Jahre danach, in: Aufbruch und Krise des Funktionalismus (Anm. 57).
77 Soidre-Brink, Det goda boendet (Anm. 26), Abb. 1.
78 Ebenda, S. 97.
79 Vgl. Esping-Andersen, Politics against Markets (Anm. 2), S. 102-113.
80 Niva, Bostad, politik och marknad (Anm. 2), Tab. 13.
81 B. Danermark, Boendesegregationens utveckling i Sverige under efterkrigstiden, Stockholm 1984.
82 Als Beispiel, siehe P.-M. Ristlilammi, Rosengård och den svarta poesin: en studie av modern annorlundahet, Stockholm/Stehag 1994.
83 Solidarisk bostadspolitik. SOU 1974: 17, S. 69ff.
84 Olsson, Social policy (Anm. 3), S. 139f.
85 Niva, Bostad, politik och marknad (Anm. 2), S. 27ff.
86 Vgl. L. Lundqvist/I. Elander/B. Danemark, Housing policy in Sweden. Still a success story?, in: International Journal of Urban and Regional Research 14 (1990), besonders S. 446ff., 452f., 455ff., 461ff.
87 Siehe Harloe, The People's Home? (Anm. 3), S. 539ff.

Thomas Hoscislawski

Die „Lösung der Wohnungsfrage als soziales Problem" – Etappen der Wohnungsbaupolitik in der DDR

Wie ein Blick in die Verfassungstexte zeigt, genoß das Wohnen als Grundbedingung der menschlichen Existenz in der DDR von Anfang an Verfassungsrang. Sowohl die Verfassung von 1949 als auch die von 1968 und die umfassende Novellierung von 1974 sicherten den Bürgern das Recht auf Wohnraum zu.[1] Mit der Gewährung dieses Grundrechts wurde der Wohnung bewußt ein Warencharakter abgesprochen; sie war kein beliebiges Konsumgut, dessen Produktion und Verteilung Marktgesetzen überlassen werden konnte, sondern eine zum Zweck der Bedürfnisbefriedigung im Rahmen der Volkswirtschaftsplanung zur Verfügung gestellte Leistung des sozialistischen Staates.[2] Wie bereits in dem 1946 beschlossenen Wohnungsprogramm der KPD skizziert, waren Mietpreisbindung auf niedrigstem Niveau und Wohnraumlenkung konstitutive Elemente des Wohnungswesens in der DDR.[3] Die Versorgung mit Wohnraum erfolgte primär nicht entsprechend der Zahlungsfähigkeit der Wohnungssuchenden, sondern nach den in den Wohnraumlenkungsverordnungen festgelegten und von den Wohnraumlenkungsorganen durchgesetzten Verteilungskriterien.[4]

1. Ausgangssituation (1945/46)

Die Ausgangssituation der Jahre 1945 und 1946 war durch die Folgen des Zweiten Weltkriegs bestimmt und somit durch ein außerordentlich hohes Defizit an bewohnbaren Wohnungen gekennzeichnet.[5] Neben einem aus der Vorkriegszeit übernommenen Fehlbestand war dieses darauf zurückzuführen, daß der Wohnungsbau während des Krieges zum Erliegen gekommen war und Teile des Wohnungsbestandes durch Kriegseinwirkungen ganz oder teilweise zerstört worden waren. Belastend auf die Wohnraumversorgung wirkte sich auch die Erhöhung der Wohnbevölkerung durch die Zuwanderung aus den Vertreibungsgebieten aus. Bedingt durch diese Faktoren war 1946 in der Sowjetischen Besatzungszone von einem Fehlbestand in Höhe von 1,3 Millionen Wohnungen auszugehen.

2. Wohnungsbau unter dem Dogma stalinistischer Investitions- und Architekturpolitik (1946–1953)

In den ersten Jahren nach Kriegsende stand neben der Enttrümmerung die Instandsetzung kriegsbeschädigter Wohnungen im Vordergrund der Wohnungsbaupolitik; durch diese Maßnahmen konnte mit dem geringstmöglichen Aufwand ein Maximum an bewohnbarem Wohnraum geschaffen werden. Auf die Überwindung der Kriegsfolgen in der Sowjetzone wirkte sich belastend aus, daß nicht nur die unmittelbaren Kriegsschäden zu beseitigen waren; der Wiederaufbau einer funktionierenden Volkswirtschaft litt unter umfangreichen Demontagemaßnahmen und Reparationsleistungen aus der laufenden Produktion.[6] Der langsam in Gang kommende Wohnungsneubau stand wie die gesamte Konsumgüterproduktion im Schatten einer Investitionspolitik, die sich auf den Ausbau der Grundstoff- und Schwerindustrie mit dem Anlagen- und Schwermaschinenbau konzentrierte. Aus diesem Grunde existierte für die Wohnungswirtschaft auch keine langfristige Perspektivplanung.[7] Die Wohnungsbauziffer blieb bis 1953 unter der Marke von 30.000 jährlich fertiggestellten Neubauwohnungen. Dabei dominierte der staatliche Wohnungsbau, der ungefähr zwei Drittel des Wohnungsbauvolumens umfaßte.

Die Absage an die Wohnung als Renditeobjekt bedeutete jedoch nicht die Ablehnung des privaten Wohnungsbaus schlechthin. Die DDR-Verfassung von 1949 gewährleistete in Art. 22 das sozialen Pflichten verbundene Privateigentum. Dies bedeutete insbesondere, daß das Eigentum an Konsumtionsmitteln, die dem persönlichen Gebrauch dienten, und damit auch der Eigenheimbau, gestattet waren. Der private Wohnungsbau war in dieser Phase im Zusammenhang mit den Bemühungen zur Eingliederung von zwei Bevölkerungsgruppen in die Gesellschaft der Sowjetzone bzw. DDR von Bedeutung. Dies betraf die Umsiedler aus den Vertreibungsgebieten, die vorwiegend aus agrarisch geprägten Regionen stammten, und im Rahmen des Neubauern-Programms günstige Kredite zum Bau landwirtschaftlicher Wohn- und Wirtschaftsgebäude erhielten,[8] sowie die politisch loyalen Angehörigen der alten intellektuellen Oberschicht, die ebenfalls Vorzugskredite für den Eigenheimbau bekamen.[9]

Neben der auf die Schwer- und Grundstoffindustrie fixierten Investitionspolitik hemmte in der ersten Hälfte der fünfziger Jahre ein weiteres stalinistisches Dogma die Entwicklung des Wohnungsbaus. Die mit der Verschärfung des Kalten Krieges einhergehende verstärkte Stalinisierung der DDR führte wie in anderen Bereichen der Kunst auch in der Architektur zur Forderung nach einer dem sozialistischen Realismus verpflichteten, an den nationalen Traditionen orientierten Baukunst. Der stalinistischen Auffassung von der kulturellen Überlegenheit des Sozialismus folgend hatte die Architektur im Systemwettbewerb zwischen den beiden Teilen Deutschlands die Aufgabe, die DDR als Vertreterin des besseren und wahren Deutschlands zu präsentieren.[10] Die Gestaltungsregeln des sozialistischen Realismus bedeuteten eine „entscheidende Wendung von der rein materiell-funktionalistischen Befriedigung der Wohnbedürfnisse zur Befriedigung auch der kulturell-ästhetischen Forderungen der Bewohner"[11] und damit eine klare Absage an die 1929 vom internationalen Kongreß moderner Architektur CIAM definierte „Wohnung für das Existenzminimum". Grundrißorganisation, Raumhöhe und Fassadenausbildung führten so zur explosionsartigen Verteuerung des DDR-Wohnungsbaus und damit zur Untererfüllung der Volkswirtschaftspläne im Wohnungswesen.

3. Neuer Kurs im Wohnungsbau (1953–1959)

Die wachsende Unzufriedenheit der Bevölkerung mit der wirtschaftlichen Lage in der DDR veranlaßte die SED-Führung nach Stalins Tod im Zusammenhang mit den Ereignissen vom 17. Juni 1953 zur Korrektur ihrer Investitionspolitik und zu Fördermaßnahmen im Wohnungsbau, die erstmals vorrangig Arbeitern zugute kamen. Die im Dezember 1953 erlassene Verordnung zur Verbesserung der Arbeits- und Lebensbedingungen der Arbeiter sah die Erhöhung der Plansumme für den staatlichen Wohnungsbaus und die Mobilisierung von außerhalb der staatlichen Volkswirtschaftsplanung liegenden Finanz- und Arbeitskräftereserven vor, mit denen die verstärkte Förderung des privaten und genossenschaftlichen Wohnungsbaus eingeleitet wurde.[12] Bei einem konstanten Anteil des staatlichen Wohnungsbau von rund zwei Dritteln der fertiggestellten Neubauwohnungen wurden Mitte der fünfziger Jahre jeweils ungefähr 15 Prozent der Wohnungsbauleistungen von privaten Bauherren bzw. den neugebildeten Arbeiterwohnungsbaugenossenschaften getragen.

Die nach Stalins Tod im Jahre 1953 von seinem Nachfolger Chruschtschow eingeleitete Entstalinisierung der Gesellschaft führte in der Sowjetunion eine Wende in der Baupolitik herbei, die über die bisherigen Veränderungen hinaus auch in der DDR einen grundsätzlich veränderten Stellenwert des Wohnungsbaus zur Folge hatte. Das von Chruschtschow als Symbol des Stalinismus und Ursache der unzureichenden Wohnungsbauproduktion diskreditierte Verständnis von der Architektur als Kunst führte auch in der DDR zur Abkehr vom sozialistischen Realismus und unter dem Motto „Besser, schneller und billiger bauen!" zur Orientierung am wirtschaftlichen Funktionalismus unter konsequenter Typisierung und Industrialisierung des Entwurfs- und Bauprozesses.[13] Die Baupraxis der folgenden Jahrzehnte zeichnete sich durch Ergebnisse aus, die in Gestaltqualität, Gebrauchsfähigkeit und Ausführungsqualität nicht selten bis an die Grenzen der Primitivität heranreichten.

4. Ulbrichts Wohnungsbauprogramm (1959–1963)

Im Vergleich zur Wohnungsbauproduktion der Bundesrepublik, wo in großem Maßstab der soziale Wohnungsbau in Gang gesetzt worden war, nahmen sich die auf die Bevölkerungszahl bezogenen Wohnungsbauziffern der DDR jedoch immer noch äußerst bescheiden aus,[14] so daß im Jahre 1958 noch ein quantitatives Defizit in Höhe von 730.000 Wohnungen zu verzeichnen war. Wie das ZK der SED in seinem Bericht an den V. Parteitag 1958 bemängelte, wurde auch in der vergangenen Planperiode der „Wohnungsbau ... nur in einem begrenzten Umfange durchgeführt ..., der den Erfordernissen unseres sozialistischen Aufbaus nicht entsprach".[15] In einer Rückbesinnung auf die Erkenntnis Lenins, daß der Sozialismus nur siegen könne, wenn er eine höhere Arbeitsproduktivität entwickle als der Kapitalismus, verlagerte Chruschtschow den Systemwettbewerb mit dem Westen von der kulturell-ideellen auf die wirtschaftlich-materielle Ebene. In Übereinstimmung hiermit stellte der V. Parteitag der SED 1958 die Hauptaufgabe, als Beweis der Systemüberlegenheit, die Arbeitsproduktivität in der Volkswirtschaft im Siebenjahrplan 1959-65 so weit zu steigern, daß die DDR den Pro-Kopf-Verbrauch der westdeutschen Bevölkerung mit allen wichtigen Nahrungsmitteln und Konsumgütern erreichte und teilweise übertraf.

Nach der Abkehr vom sozialistischen Realismus verlagerte sich auch im Bauwesen der Systemwettbewerb mit der Bundesrepublik auf die materielle Ebene. Die Lösung der Wohnungsfrage, verstanden als Beseitigung des quantitativen Wohnraumdefizits, wurde nunmehr zur Hauptaufgabe der Baupolitik. Die jährliche Neubauleistung stieg bis 1961 auf den Höchststand von 85.000 Wohnungen. SED-Chef Ulbricht verkündete 1959 auf der 3. Baukonferenz das Ziel der Partei- und Staatsführung, bis 1965 den Wohnungsmangel zu beseitigen, und erklärte das Wohnungsbauprogramm zum Kernstück des Siebenjahrplans: „Die Erfüllung unseres Wohnungsbauprogrammes bis 1965 ist zu einem Grundproblem im friedlichen Wettbewerb für die Überlegenheit der sozialistischen Ordnung in der DDR gegenüber dem kapitalistischen System in Westdeutschland geworden. ... Mit diesem Wohnungsbauprogramm wird erstmalig in einem Teil Deutschlands – in der Deutschen Demokratischen Republik –

durch die Arbeiter- und Bauern-Macht die seit Jahrhunderten bestehende Wohnungsnot der werktätigen Massen in historisch kürzester Frist beseitigt."[16]

Die Planansätze des Wohnungsbaus im Siebenjahrplan 1959-65 waren erstmals das Ergebnis einer Perspektivplanung, die von dem Ziel ausging, bis 1965 jeder Familie (also nicht jedem selbständigen Haushalt) eine eigene Wohnung zur Verfügung zu stellen. Anschließend war die Beseitigung des mit der Überalterung des Wohnungsbestands zusammenhängenden qualitativen Defizits vorgesehen, um so bis 1980 auch hinsichtlich der Wohnungsausstattung zeitgemäße Wohnverhältnisse in der DDR zu schaffen.[17] Die Erneuerung des Wohnungsbestands sollte sich dabei zu einem Großteil durch Abriß und Ersatzneubau vollziehen, einer Reproduktionsform, die mit dem industriellen Bauen zu bewältigen war und so dem Ziel der maximalen Steigerung der Arbeitsproduktivität im Bauwesen entsprach.

Die Perspektivplanung für das Wohnungswesen sah vor, die Lösung der Wohnungsfrage bis 1965 in erster Linie über die Steigerung des genossenschaftlichen Wohnungsbaus anzugehen, da sich gezeigt hatte, daß die Baukosten hier deutlich niedriger lagen als im staatlichen Wohnungsbau. So sollte der Anteil des genossenschaftlichen Wohnungsbaus im Siebenjahrplan bis auf 65 Prozent erhöht werden, der Anteil des staatlichen Wohnungsbaus auf 25 Prozent zurückgehen. Der private Wohnungsbau sollte mit einem konstanten Anteil von zehn Prozent fortgeführt werden.[18]

5. Wohnraumversorgung als ökonomischer Hebel (1963–1971)

Die vom V. SED-Parteitag verkündete Zielstellung, innerhalb weniger Jahre den westdeutschen Lebensstandard zu erreichen bzw. zu übertreffen, erwies sich schon nach kurzer Zeit als unrealistisch. Ebenso wie in allen anderen Sektoren der Volkswirtschaft kam es in den Jahren 1959, 1960 und 1961 auch im Wohnungsbau zu erheblichen Planrückständen. 1962 entschloß sich die SED, zur Sicherung des industriellen Investitionsprogramms Baukapazitäten aus dem Wohnungsbau in den Industrie- und Tiefbau umzulenken. 1963 schließlich wurde der Siebenjahrplan abgebrochen und damit auch das mit ihm verbundene hochgesteckte Ziel im Wohnungsbau aufgegeben. Die für den Siebenjahrplan angesetzte Wohnungsbauziffer wurde bis 1965 nur zu 73 Prozent erreicht.

Von dem Versprechen, die Wohnungsfrage zu lösen, war nach dem Abbruch des Siebenjahrplans keine Rede mehr. Statt dessen erklärte Walter Ulbricht 1963 auf dem VI. SED-Parteitag, auch hinsichtlich des Wohnungsbaus müsse gelten, daß die DDR nicht über ihre wirtschaftlichen

Verhältnisse leben könne.[19] Das auf dem Parteitag verabschiedete Parteiprogramm sah vor, zukünftig wieder einen größeren Teil des Nationaleinkommens für die Entwicklung der Produktivkräfte zu verwenden. Die Wohnungsbauziffer ging bis auf den niedrigen Stand von 53.000 im Jahr 1965 errichteten Wohnungen zurück. Die Überwindung des Wohnungsmangels wurde zwar als Absichtserklärung in das Parteiprogramm aufgenommen, aber durch die im selben Dokument geforderte Konzentration der Baukapazitäten auf den Industrie- und Tiefbau relativiert.[20]

Um nach dem Scheitern der bisherigen Planmethodik die Effizienz der sozialistischen Volkswirtschaft zu erhöhen, beschloß der VI. Parteitag die Einführung eines Neuen ökonomischen Systems der Planung und Leitung der Volkswirtschaft, das unter Aufgabe stalinistischer Dogmen die Kommandowirtschaft durch aus der Marktwirtschaft bekannte monetäre Steuerungsmechanismen ergänzte. Mit einem aufeinander abgestimmten System ökonomischer Hebel sollten die Einzelinteressen der Betriebe und Werktätigen über die Stimulierung ihrer materiellen Interessiertheit in größere Übereinstimmung mit den volkswirtschaftlichen Erfordernissen gebracht werden. In diesem Rahmen relativierte sich nach dem Mißerfolg der bisherigen Wohnungsbaupolitik auch die Auffassung von der Wohnung als einem Element der staatlichen Daseinsvorsorge. Die Wohnung wurde nunmehr in geringerem Maß als bisher als eine jedermann zustehende Leistung des sozialistischen Staates betrachtet; das Neue ökonomische System erlaubte statt dessen, die „Wohnbedingungen auch planmäßig als ökonomischen Hebel zu nutzen",[21] der die Wirtschaftskraft der DDR stärken sollte und dessen effektiver Einsatz den Abbau von staatlichen Subventionen voraussetzte.

Eng mit dem Neuen ökonomischen System verbunden war die Konzentration der Investitionen auf die führenden Zweige der Volkswirtschaft. Dies bedeutete, daß der Investitionsanteil für den Wohnungsbau zurückging und diese geringeren Wohnungsbauinvestitionen ähnlich wie Anfang der fünfziger Jahre wieder in den Regionen konzentriert wurden, in denen der Arbeitskräftebedarf am dringlichsten war. In noch stärkerem Umfang als damals verfolgte die Wohnungsbaupolitik des Neuen ökonomischen Systems das Ziel, mit der Wohnraumversorgung die Entwicklung der führenden Zweige der Volkswirtschaft durch die Ansiedlung von Arbeitskräften zu unterstützen.[22]

Der staatliche Wohnungsbau steigerte seinen Anteil am Wohnungsbauvolumen bis 1971 auf 80 Prozent und vollzog sich in dieser Phase wieder überwiegend als Werkswohnungsbau, der über die Koppelung von Arbeits- und Mietvertrag wirksam die Bildung von Stammbelegschaften förderte. Aufgrund gegensätzlicher Interessenlagen, die sich im Laufe der Jahre zwischen den Arbeiterwohnungsbaugenossenschaften und der Staatlichen Plankommission herausgebildet hatten, wurde der genossenschaftliche Wohnungsbau seit 1963 gedrosselt und in starkem Maße auf die ordnungspolitischen Ziele der zentralen staatlichen Planung hin ausgerichtet; sein Anteil lag 1971 bei 17 Prozent. Durch eine restriktivere Erteilung von Baugenehmigungen und den Abbau von Subventionen war der private Eigenheimbau in gleicher Weise vom Rückgang betroffen und erreichte 1971 nur noch einen Anteil von 3 Prozent.

6. Wohnungsbau als Faktor der Sozialpolitik (1971–1976)

Ebenso wie in allen vorangegangenen Planperioden war auch im Fünfjahrzeitraum 1966–70 der Volkswirtschaftsplan hinsichtlich des Wohnungsbaus nicht erfüllt worden. Statt der vorgesehenen 400.000 Wohnungen wurden in diesem Zeitraum nur 364.000 Wohnungen fertiggestellt. Zum Zeitpunkt der Ablösung von Walter Ulbricht durch Erich Honecker als 1. Sekretär des ZK der SED im Jahre 1971 bestand in der DDR auf die Zahl der Haushalte bezogen noch ein quantitatives Defizit von 1,6 Millionen Wohnungen, die von ihrer Ausstattung her nicht mehr zeitgemäß waren.[23] Im Vergleich mit der Bundesrepublik war die Wohnraumsituation in der DDR sowohl quantitativ als qualitativ deutlich schlechter.[24]

Wie die Ende der sechziger Jahre in der DDR durchgeführten soziologischen Untersuchungen zeigten, waren diese Wohnverhältnisse mitverantwortlich für die sinkende Geburtenzahl, unter der die DDR seit 1961 litt, und die nicht einmal mehr die einfache Reproduktion der Bevölkerung sicherte.[25] Nach der Ablösung von Ulbricht durch Honecker stellte die SED 1971 auf ihrem VIII. Parteitag die Sorge um die Familien- und Bevölkerungsentwicklung in den Mittelpunkt der Gesellschaftspolitik. Die Bemühungen um Veränderungen des Reproduktionsverhaltens der Bevölkerung gingen ein in die vom VIII. Parteitag beschlossene Hauptaufgabe, die in der Einheit von Wirtschafts- und Sozialpolitik realisiert werden sollte. Als Hauptaufgabe formulierte der Parteitag die Erhöhung des materiellen und kulturellen Lebensniveaus des Volkes, also des Lebensstandards im gesamten Spektrum der Versorgung mit Konsumgütern und Dienstleistungen. Die Einheit von Wirtschafts- und Sozialpolitik sollte in Abgrenzung vom Neuen ökonomischen System gewährleisten, daß die Erhöhung der Wirtschaftskraft der DDR nicht unter Preisgabe der sozialen Errungenschaften des sozialistischen Systems erfolgte, sondern durch deren Ausbau der Bevölkerung unmittelbar zugute kam. Die ökonomische Strategie zur Erfüllung der Hauptaufgabe zielte auf die Intensivierung in der Volkswirtschaft. Dies bedeutete den Übergang von der extensiv zur intensiv erweiterten Reproduktion der Grundfonds, also das Erzielen eines besseren Kosten-Nutzen-Verhältnisses im Investitionsgeschehen zur Erhöhung der Rentabilität des eingesetzten Kapitals. Das zur Erhöhung des Lebensstandards erforderliche Wirtschaftswachstum sollte nicht wie bisher überwiegend durch Aufbau zusätzlicher Produktionskapazitäten erzielt werden, sondern in stärkerem Maße durch die Modernisierung, Rationalisierung und intensivere Nutzung vorhandener Kapazitäten.

Anfang der siebziger Jahre war, wie der neue SED-Chef Honecker erkannte, „die Wohnungsfrage zum vordringlichsten sozialen Problem unserer Gesellschaft geworden".[26] Im Zusammenhang mit der Debatte um die Geburtenentwicklung kündigte er auf dem VIII. Parteitag die Ankurbelung des Wohnungsbaus an.[27] Auch Bauminister Junker, schon während der Ära Ulbricht in dieser Position, gestand ein, daß die Wohnverhältnisse bei weitem noch nicht den Zielvorstellungen entsprachen, und warnte davor, die Investitionen für den Wohnungsbau weiterhin allein unter dem Aspekt des Verbrauchs von Nationaleinkommen zu betrachten. Um die Forcierung des Wohnungsbaus ökonomisch zu legitimieren, stellte Junker dessen Vermögen in den Vordergrund, über eine größere Wohnzufriedenheit der Werktätigen die Erhöhung der Arbeitsproduktivität und damit die Steigerung des Nationaleinkommens zu stimulieren.[28]

Die Direktive des VIII. Parteitags zur Entwicklung der Volkswirtschaft sah für den neuen Fünfjahrplan eine bedeutende Steigerung des Wohnungsbaus vor. So sollten im Fünfjahrplan 1971-76 500.000 Wohnungen fertiggestellt werden.[29] Dieses hochgesteckte Ziel war nur durch den Übergang zur intensiv erweiterten Reproduktion auch bei den Grundfonds der Wohnungswirtschaft zu erreichen. Die Reproduktionsstrategie zielte damit erstmals auf eine Erneuerung des Wohnungsbestands, die nicht vorrangig durch Abriß und Neubau, sondern in stärkerem Maße durch Sanierung zu realisieren war. Ein beträchtlicher Anteil dieser 500.000 Wohnungen mit zeitgemäßer Ausstattung sollte daher durch Modernisierungsmaßnahmen geschaffen werden. Daneben war zur notwendigen Erweiterung des Wohnungsbestands auch eine deutliche Steigerung des Neubaus von Wohnungen vorgesehen. Zur Mobilisierung volkswirtschaftlicher Reserven forderte die Direktive des VIII. Parteitags daher die Wiederbelebung des genossenschaftlichen und privaten Wohnungsbaus, die über die neuerliche Gewährung von Subventionen erfolgte.[30]

7. Honeckers Wohnungsbauprogramm (1976–1989)

Nachdem der Wohnungsbau zu einem Schwerpunkt des Fünfjahrplans 1971-76 geworden war, faßte das ZK der SED 1973 den Beschluß über das Wohnungsbauprogramm 1976-90, um damit, wie Honecker erklärte, „bis 1990 in der DDR die Wohnungsfrage als soziales Problem zu lösen".[31] Das 1976 auf dem IX. Parteitag verabschiedete neue SED-Parteiprogramm bekräftigte diese Zielstellung und erklärte das Wohnungsbauprogramm zum Kernstück der Sozialpolitik der SED.[32]

Im Unterschied zu den Vorstellungen in Ulbrichts Siebenjahrplan umfaßte der Weg zur Lösung der Wohnungsfrage in Honeckers Wohnungsbauprogramm einen mehr als doppelt so langen Zeitraum, schloß aber nicht nur die auf die Anzahl von Haushalten bezogene quantitative, sondern auch die qualitative Dimension des Wohnungsproblems ein. Bauminister Junker versprach, daß „bis 1990 jeder Haushalt über eine Wohnung verfügt, die sich in gutem baulichen Zustand sowie in günstigen Umweltbedingungen befindet und deren Ausstattung, besonders die sanitären Einrichtungen und die Heizung, modernen Ansprüchen genügt";[33] diese Wohnung sollte „zugleich der Größe der Familie, der Familienstruktur und den unterschiedlichen Bedürfnissen der Familienmitglieder angemessen sein".[34]

Das Wohnungsbauprogramm sollte sich in Übereinstimmung mit der ökonomischen Strategie des VIII. Parteitags hinsichtlich der Intensivierung in der Volkswirtschaft in der „Einheit von Neubau, Modernisierung und Werterhaltung" vollziehen.[35] In diesem Rahmen war vorgesehen, im Zeitraum zwischen 1976 und 1990 2,8 bis 3 Millionen Wohnungen neuzubauen bzw. zu modernisieren, wobei die Proportion zwischen den beiden Reproduktionsformen in den jeweiligen Fünfjahrplänen festzulegen war.[36] Die jährliche Wohnungsbauziffer lag nach den Angaben der offiziellen Statistik seit 1976 regelmäßig über 100.000 und erreichte im Jahre 1981 den absoluten Höchststand von 125.000 neuerrichteten Wohnungen.

In der propagandistischen Begleitung des Wohnungsbauprogramms versuchte die Partei- und Staatsführung von neuem deutlich zu machen, daß die Lösung der Wohnungsfrage nur in der sozialistischen Gesellschaftsordnung möglich sei. Im Kampf gegen den Reformismus wies die SED Auffassungen zurück, die eine Lösung der Wohnungsfrage auch auf dem Wege von Sozialreformen innerhalb der kapitalistischen Gesellschaftsordnung für möglich hielten.[37] In diesem Zusammenhang erfolgte insbesondere eine Abgrenzung von den wohnungsreformerischen Maßnahmen der sozialliberalen Koalition in Bonn, die als „illusionär und demagogisch" abgewertet wurden.[38]

Nach Art. 11 der 1968 verabschiedeten neuen DDR-Verfassung war persönliches Eigentum der Bürger, das der Befriedigung ihrer materiellen und kulturellen Bedürfnisse diente, ausdrücklich gewährleistet. Mit dem seit 1971 von neuem forcierten Eigenheimbau sollte der Wohnungsbau territorial dezentralisiert und auch wieder auf Standorten durchgeführt werden, die sich nicht für das industrielle Bauen eigneten. Aufgrund finanzieller und materieller Fördermaßnahmen innerhalb eines nach der Haushaltsgröße berechneten Aufwandsnormativs erreichte der private Wohnungsbau in den achtziger Jahren einen Anteil um 15 Prozent am Wohnungsbauvolumen. Durch neue Vergünstigungen erzielte der genossenschaftliche Wohnungsbau in den siebziger Jahren gleichfalls einen neuen Aufschwung, erreichte jedoch mit einem Anteil zwischen 30 und 40 Prozent nicht mehr die überragende Bedeutung, die er um 1960 besessen hatte.

8. Ergebnis (1989/90)

Nach den Angaben der amtlichen Statistik wurden in den Jahren 1975-89 rund 2,79 Millionen Wohnungen gebaut oder modernisiert, das gesetzte Ziel des Wohnungsbauprogramms also im wesentlichen erfüllt. Die nach der Wende vom Staatlichen Zentralamt für Statistik veröffentlichten bereinigten Zahlen für die Jahre 1975-89 wiesen jedoch eine Zahl von neugebauten bzw. modernisierten Wohnungen in Höhe von lediglich 1,7 Millionen und somit ein Defizit gegenüber dem Plansatz von 1,1 Millionen Wohnungen aus. Die Veröffentlichung der intern fortgeschriebenen bereinigten Zahlen offenbarte, daß seit 1976 hinsichtlich der Wohnungsfertigstellungen statistische Zahlen veröffentlicht wurden, die über den realen Ergebnissen des Wohnungsbauprogramms lagen.[39]

Ende 1989 standen für 6.904.000 Haushalte 7.002.000 Wohnungen zur Verfügung. Selbst unter Abzug der Wohnungen, die wegen Baufälligkeit von der Bauaufsicht gesperrt waren, zeigte sich somit in der Endphase der DDR rechnerisch ein ausgeglichenes Verhältnis zwischen Haushaltszahl und Wohnungsbestand.[40] Wegen unzeitgemäßer Ausstattung oder baulicher Mängel war darunter jedoch ein erheblicher Leerstand zu verzeichnen, den westliche Fachleute auf 500.000 Wohnungen schätzten.[41] 1989 lagen den Wohnungsbehörden der DDR noch 781.000 Anträge auf Wohnungszuweisung vor.[42] Besonders hinsichtlich der qualitativen Wohnraumversorgung waren die Ziele des Wohnungsprogramms bei weitem nicht ereicht worden. 1990 verfügten noch 1,76 Millionen Wohnungen über keine Innentoilette und 1,20 Millionen Wohnungen fehlte ein Bad bzw. eine Dusche.[43]

Darüber hinaus war der Wohnungsbestand durch einen schlechten baulichen Zustand gekennzeichnet. 1989 wiesen mindestens 600.000 Wohnungen schwere Schäden auf, waren unbewohnbar oder bauaufsichtlich gesperrt.[44] Selbst in denjenigen Gebäuden, in denen modernisiert wurde, war häufig die eigentliche Gebäudeinstandsetzung unterblieben. War die Gebäudesubstanz 1975 zu 43 Prozent verschlissen, so betrug die Verschleißquote 1989 trotz des umfangreichen Zugangs an Neubauwohnungen wegen des fortschreitenden Verfalls der Altbausubstanz immer noch 42 Prozent.[45] Das Investitionsvolumen des Wohnungsbauprogramms reichte also gerade aus, um den durchschnittlichen Bauzustand der Wohnbausubstanz auf konstantem Niveau zu halten. Für eine Verbesserung des Bauzustands wären weit höhere Investitionen erforderlich gewesen.

Auch bei den nach 1945 gebauten Mehrfamilienhäusern lagen bedingt durch die geringe Lebensdauer der verwendeten Baumaterialien häufig schon schwerwiegende Mängel vor, insbesondere Schäden an Dächern, Fassaden und Installationen.[46] Die im Vergleich zu den vorangegangenen Jahrzehnten auch nach den bereinigten statistischen Angaben noch beachtliche Zahl von Wohnungsfertigstellungen war damit von vornherein mit einer Hypothek verbunden, die die nach Abschluß des Wohnungsbauprogramms in politischer Verantwortung Stehenden begleichen mußten.

9. Schlußbemerkungen

Abschließend bleibt zu vermuten, daß die nach vier Jahrzehnten erreichten Ergebnisse der DDR-Wohnungsbaupolitik, wie sie sich im Jahre 1989 präsentierten, und das für jedermann sichtbare Scheitern von Honeckers Wohnungsbauprogramm nicht unwesentlich zum Zusammenbruch der DDR beigetragen haben dürften. Die ostdeutschen Städte boten ein Bild, das in weiten Gebieten geprägt war von verrotteter, d.h. bautechnisch verschlissener und äußerlich heruntergekommener Bausubstanz aus Vor-DDR-Zeiten, die zu einem Teil unbewohnbar war und zu einem anderen Teil hinsichtlich des Wohnkomforts nach westdeutschen Maßstäben einen beträchtlichen Substandard aufwies. In weiteren Gebieten der Städte dominierte Bausubstanz aus DDR-Zeiten mit einer an westdeutschen Maßstäben gemessenen bescheidenen Wohnqualität, was die Wohnungsgröße, die Grundrißgestaltung und das äußere Erscheinungsbild betraf, und die zudem zum Großteil bereits sanierungsbedürftig war.

Diese Verhältnisse waren freilich kein Ergebnis verfehlter Baupolitik, sondern ein systemimmanentes Produkt der realen sozialistischen Wirtschafts- und Gesellschaftsordnung. Die Baupolitik hat unter Berücksichtigung der in den jeweiligen Phasen bestehenden Sachzwänge und Entscheidungsspielräume zu jedem Zeitpunkt richtig gehandelt. Wenn es dennoch nicht gelang, mit westdeutschen Verhältnissen vergleichbare Wohnbedingungen zu schaffen, so lag dies am begrenzten Leistungsvermögen der DDR-Planwirtschaft, die aufgrund ihrer Ineffizienz ein relativ geringes Nationaleinkommen erwirtschaftete und dieses wiederum mit großen Effizienzverlusten zur Verbesserung der Lebensbedingungen einsetzte. Die materielle Sicherung des Wohnens erfolgte dabei zu einem Großteil auf Kosten vergangener und künftiger Generationen, nämlich durch den Substanzverzehr der Bauten aus Vor-DDR-Zeiten und durch Baumaßnahmen, deren Billigkeit zwangsläufig nachfolgende Sanierungskosten hervorrief, die heute beglichen werden müssen.

In weiten Phasen war der Wohnungsbau in der DDR wirtschaftspolitischen Zielen untergeordnet. Wenn er zeitweise eine Schwerpunktaufgabe des Volkswirtschaftsplanes bildete, so geschah dies im Interesse der Staatsräson. Wie gezeigt wurde, sollte Ulbrichts Wohnungsbauprogramm die Position im Systemwettbewerb zwischen den beiden deutschen Staaten verbessern, während Honeckers Wohnungsbauprogramm auf die Sorge um die Geburtenentwicklung zurückging. Den Wohnungsbau als originäres Mittel zur Befriedigung eines Grundbedürfnisses des Menschen hat es in der DDR zu keiner Zeit gegeben.

1   Verfassung der DDR vom 7. Oktober 1949, Art. 26, Abs. 2 und Verfassung der DDR vom 6. April 1968 in der Fassung vom 7. Oktober 1974, Art. 37, Abs. 1.
2   Deutsche Bauakademie (Hrsg.), Handbuch für Architekten, Berlin (Ost) 1954, S. 259f.
3   Das Wohnungsprogramm der KPD vom 3. März 1946, in: Zur ökonomischen Politik der Sozialistischen Einheitspartei Deutschlands und der Regierung der Deutschen Demokratischen Republik, Berlin (Ost) 1955, S. 47-53.
4   Vgl. hierzu L. Weiß, Kontinuität und Wandel in der staatlichen Wohnraumlenkung der DDR, in: Deutschland-Archiv (1988) 6, S. 647-652.
5   Vgl. D. Faber, Die Wohnungswirtschaft in der sowjetischen Besatzungsszone, Bonn 1953, S. 5f.
6   M. Hoffmann, Wohnungspolitik in der DDR – das Leistungs- und Interessenproblem, Düsseldorf 1972, S. 23ff.
7   R. Wagner, Das Wohnungsbauprogramm der Deutschen Demokratischen Republik, Diss. Berlin (Ost) 1961, S. 3.
8   Zur Geschichte des Bauwesens der DDR, Bd. 2: 1945 bis 1949 – Bauwesen im antifaschistisch-demokratischen Aufbau, Berlin (Ost) 1989, S. 64ff.
9   Verordnung zur Entwicklung einer fortschrittlichen demokratischen Kultur des deutschen Volkes und zur weiteren Verbesserung der Arbeits- und Lebensbedingungen der Intelligenz vom 16. März 1950, in: GBl.DDR (1950) 28, S. 185-190, 7.
10 T. Hoscislawski, Bauen zwischen Macht und Ohnmacht, Berlin 1991, S. 112ff.
11 Handbuch für Architekten (Anm. 2), S. 260.

12 Verordnung über die weitere Verbesserung der Arbeits- und Lebensbedingungen der Arbeiter und der Rechte der Gewerkschaften vom 10. Dezember 1953, in: GBl.DDR (1953) 129, S. 1219-1226, Abschnitt II.
13 T. Hoscislawski, Bauen (Anm. 10), S. 112ff.
14 M. Melzer/W. Steinbeck, Wohnungsbau und Wohnungsversorgung in beiden deutschen Staaten - ein Vergleich, Berlin (West) 1983, S. 186, S. 200.
15 Bericht des Zentralkomitees an den V. Parteitag der Sozialistischen Einheitspartei Deutschlands, Berlin (Ost) 1958, S. 49.
16 W. Ulbricht, in: Die Aufgaben des Bauwesens im großen Siebenjahrplan der DDR, 3. Baukonferenz am 6. und 7. Mai 1959, Berlin (Ost) 1959, S. 14f.
17 R. Wagner, Das Wohnungsbauprogramm (Anm. 7), S. 85, S. 92ff.
18 Ebenda, S. 195.
19 Vgl. B. Beutel, Komplexe Planung der Wohnverhältnisse in der DDR, Berlin (Ost) 1966, S. 116.
20 Programm der Sozialistischen Einheitspartei Deutschlands, Berlin (Ost) [4]1966, S. 80, S. 107.
21 B. Beutel, Komplexe Planung (Anm. 19), S. 15.
22 Ebenda, S. 15f.
23 J. Stahr, Zum komplexen Wohnungsbau im dreißigsten Jahr der Gründung der DDR, in: Wissenschaftliche Zeitschrift der Hochschule für Architektur und Bauwesen Weimar (1979) 2, S. 105-113, hier S. 105.
24 H. W. Jenkis, Wohnungswirtschaft und Wohnungspolitik in beiden deutschen Staaten, Hamburg [2]1976, S. 188ff.
25 R. Kuhn, Lösung der Wohnungsfrage als soziales Problem in ihrem Einfluß auf Lebensweise und Stadtgestaltung, Diss. Berlin (Ost) 1985, S. 65f.
26 E. Honecker, Aus meinem Leben, Berlin (Ost) 1980, S. 304.
27 E. Honecker, in: Bericht des Zentralkomitees an den VIII. Parteitag der Sozialistischen Einheitspartei Deutschlands, Berlin (Ost) 1971, S. 37.
28 W. Junker, Das Wohnungsbauprogramm der Deutschen Demokratischen Republik für die Jahre 1976 bis 1990, Berlin (Ost) 1973, S. 16.
29 Ebenda, S. 7.
30 Dokumente des VIII. Parteitages der Sozialistischen Einheitspartei Deutschlands, Berlin (Ost) 1971, S. 52.
31 E. Honecker, Aus meinem Leben (Anm. 26), S. 304.
32 Programm der Sozialistischen Einheitspartei Deutschlands, Berlin (Ost) 1976, S. 23.
33 W. Junker, Aktuelle Entwicklungsprobleme des Bauwesens in der DDR, Berlin (Ost) 1976, S. 16.
34 Ebenda, S. 16.
35 Ders., Das Wohnungsbauprogramm (Anm. 28), S. 17.
36 Ebenda, S. 16.
37 Beispielsweise W. Junker, Das Wohnungsbauprogramm – Kernstück der Sozialpolitik unserer Partei, in: Einheit (1984) 9-10, S. 881-887.
38 E. Marth/S. Voge, Es gibt keinen dritten Weg zur Lösung der Wohnungsfrage, in: Wissenschaftliche Zeitschrift der Hochschule für Architektur und Bauwesen, Weimar (1975) 1, S. 121-126, hier S. 126.
39 K.-H. Manzel, Planabrechnung und Wirklichkeit, in: Bundesbaublatt (1991) 5, S. 278-284.
40 H. Gerlach u.a., Erste Regionalinformationen zur Wohnungsversorgung im vereinten

Deutschland, in: Informationen zur Raumentwicklung (1991) 5-6, S. 253-276, hier S. 261.
41 B. Bartholmai/M Melzer, Wohnungsbaufinanzierung und Perspektiven der Wohnungsnachfrage in den neuen Bundesländern, Stuttgart 1993, S. 19.
42 H. F. Buck, Die Sozialpolitik der SED am Beispiel des Wohnungsbaus, in: Deutschland-Archiv (1993) 4, S. 503-520, hier S. 516.
43 H.-J. Krehl (Hrsg.), Wohnbausubstanz und Wohnbaubedarf in der DDR, Leipzig 1990, S. 42.
44 H. F. Buck, Die Sozialpolitik der SED (Anm. 42), S. 515.
45 Ebenda, S. 516.
46 B. Bartholmai/M. Melzer, Wohnungsbaufinanzierung (Anm. 41), S. 25.

Georg Wagner-Kyora

Bürokratien und Bedarf. Der Bundesstaat, die Länderverwaltungen und die Gemeinden im bundesdeutschen Wohnungsbauförderungssystem 1950–1970

Wohnungen mit staatlicher Hilfe zu bauen, um sie für ausgewählte Bevölkerungsgruppen zu reservieren, war keine Besonderheit Deutschlands oder Zentraleuropas, sondern eine Strategie, die weltweit in Industriegesellschaften eingesetzt wurde, um existenzielle Notlagen abzuwehren. Auch wenn Deutschland noch im 19. Jh. eine gewisse Vorreiterrolle spielte, wobei namentlich der von Genossenschaften betriebene Arbeiterwohnungsbau in konzeptioneller, aber nicht in quantitativer Hinsicht bahnbrechend wirkte, war der vom Staat öffentlich geförderte Wohnungsbau erst eine Errungenschaft der zwanziger Jahre des 20. Jhs. Alle europäischen Länder trugen in der einen oder anderen Form ihren Teil dazu bei.[1]

Für die zweite Hälfte des Jahrhunderts kam der deutschen Entwicklung eine besondere identitätsstiftende Rolle zu. Der Soziale Wohnungsbau der fünfziger Jahre ersetzte in allen Städten kriegszerstörte Quartiere genau so wie er am Stadtrand neue Stadtviertel begründete. Obschon in qualitativer Hinsicht zweifellos ein Rückschritt gemessen am Standard der zwanziger Jahre, wurde er, weit mehr als jener, stadtbild- und stilprägend für die zweite, die Bonner Republik.

Weniger beachtet in der Literatur, aber für die Sozialverhältnisse der Bevölkerung ungleich wichtiger, war eine weitere Besonderheit: Mieter wurde nur, wer die Miete bezahlen konnte. Diese auf den ersten Blick unverdächtige Feststellung barg erheblichen sozialen Sprengstoff in sich. Und gleichzeitig legt die Meßlatte der Mietzahlungsfähigkeit einen frappierenden grundsätzlichen Widerspruch der deutschen Wohnungspolitik frei. Denn die Mieten von öffentlich geförderten Wohnungen lagen immer erheblich über dem Durchschnittspreis am Wohnungsmarkt, zieht man nicht nur die Neu-, sondern auch die Altbauwohnungen als Bemessungsgrundlage heran.[2] Dies galt insbesondere für Mietergruppen aus einkommensschwächeren Familien, die sich in der Regel aus Arbeiterkreisen oder anderen Unterschichten rekrutierten. Wenn gerade während der unvergleichlich dramatischen Wohnungsnot nach dem Zweiten Weltkrieg Sozialwohnungen gebaut wurden, die nur von gut verdienenden Mietern bezahlt werden konnten, dann zeugt diese Disproportionalität nicht allein von einer Blindstelle der Sozialpolitik, sondern mehr noch von dem enormen Mißverhältnis zwischen Angebot und Nachfrage, das in der alten Bundesrepublik bis in die siebziger Jahre anhielt.

Diese Mietenpolitik hatte eine weitere Blindstelle im sozialpolitischen Radius des staatlichen Wohnungsbaus zur Folge: Randgruppen der Bevölkerung erhielten nur in Ausnahmefällen die Möglichkeit in den Sozialwohnungsbestand aufzurücken, da man ihnen generell keine kontinuierliche Mietzahlung zutraute. Vielmehr blieben diese auf das Stiefkind des Förderungssystems angewiesen, den Obdachlosenwohnungsbau, den die Gemeinden in Eigenregie bewerkstelligen mußten. Auch wenn man schon in den fünfziger Jahren das Bild einer nivellierten Mittelstandsgesellschaft in der Bundesrepublik öffentlich propagierte,[3] so blieb der staatlich geförderte Wohnungsbau das Instrument einer auf genau definierten Sozialstrategien basierenden Klassenpolitik. Sie wurde maßgeblich von den handelnden Bürokratien in Bund und Ländern, aber auch in den Kommunen umgesetzt und von der Politik auf allen Ebenen mitgetragen.

In Sozialwohnungen durften zunächst nur die Besserverdienenden einziehen, erst dann die Durchschnittsverdiener und schließlich, nach den Vorgenannten als letzte in der Warteschlange, die weniger verdienenden Arbeiterhaushalte. Parallel zu dieser kontinuierlich sich im Sozialprofil absenkenden Mieterbewegung blieb der Obdachlosenwohnungsbau das Refugium der sozial Marginalisierten, die keine Möglichkeit hatten, von sich aus den Sprung in den Sozialwohnungsbestand zu wagen – eine Situation, die sich unter gleich gebliebenen Vorzeichen seit Mitte der achtziger Jahre wieder erheblich verschärft hat.

Dieses angewandte Schichtungsmodell nahm in der langen Sicht die Züge einer gerichteten Klassenpolitik an, auch wenn es in Phasen abklingenden Wohnungsmangels weniger präsent war. Wie es dazu kam, daß sich diese Zielgruppenverteilung im bundesdeutschen Sozialstaat durchsetzen und bis heute halten konnte, das kann nicht allein an der Genese der allgemeinen bundesdeutschen Wohnungspolitik abgelesen werden, sondern muß auch und vielleicht sogar primär von der Seite ihrer Umsetzung analysiert werden. Denn die tendenziell integrierende, aber gleichermaßen auch ausgrenzende Wohnungspolitik führte zu einer fortbestehenden Diskrepanz gegenüber den expandierenden Leistungen der bundesdeutschen Sozialpolitik in der Vorsorge gegen Altersarmut, bei Krankheit und Arbeitslosigkeit. Wenn hier eine breite soziale Absicherung erreicht werden konnte, die immer größere Gruppen der Bevölkerung einbezog, dann blieb diese Entwicklungsrichtung nur in wenigen kurzen Phasen auch für das Wohnungsbauförderungssystem bestimmend.[4]

Seit 1950 wurde der Soziale Wohnungsbau in Bahnen gelenkt, welche ganz auf einer spezifischen Machtkonstellation innerhalb des bundesdeutschen Föderalismus beruhten und wesentlich von den darin agierenden Bürokratien geprägt wurden. Auch die Gemeinden spielten eine mitgestaltende Rolle, wenngleich aus der Distanz einer weitaus schwächeren Position heraus.

Im folgenden sollen, ausgehend von den charakteristischen Merkmalen der bundesdeutschen Wohnungspolitik, ihre spezifische bürokratische Struktur im Föderalismus und die eigentümliche Zwitterstellung der Kommunen zwischen Sozialem Wohnungsbau und Obdachlosenwohnungsbau untersucht werden. In einem kurzen Resümee sollen die Erfolge und Mißerfolge dieses Interventionssystems vor dem Hintergrund seiner Ausgangsbedingungen und Reformbestrebungen gewichtet werden.

1. Merkmale des Sozialen Wohnungsbaus

Die unbeschreibliche Wohnungsnot der Nachkriegszeit stiftete Ende der vierziger Jahre einen Allparteienkonsens über die Finanzierung des Sozialen Wohnungsbaus, der bis Ende der fünfziger Jahre Bestand hatte und noch im Auseinanderbrechen eminent fruchtbar war.[5] Nicht das Ob war umstritten, sondern lediglich wie der Staat am effizientesten in den Bau-Wohnungsmarkt eingreifen könne, um massenhaft Neubauwohnungen zu erstellen. Verschiedene Fragen mußten grundsätzlich neu geregelt werden, da das Deutsche Reich faktisch aufgelöst worden war und damit auch die föderale Struktur zur Disposition stand.[6]

Dennoch hatten die bisherigen gesetzlichen Rahmenbedingungen Bestand, so beispielsweise das Preußische Wohnungsgesetz, und das hatte nicht nur Konsequenzen für den kurzzeitig neu aufgelegten „Volkswohnungsbau" der Jahre 1948/49, der konzeptionell den Vorgaben des Reichsarbeitsministeriums folgte, sondern für die Planung des künftigen Sozialen Wohnungsbaus schlechthin. Schon bald wurde deutlich, daß die Bürokratie in den Ländern eine Weiterentwicklung der direkten Staatsförderung anvisierte, aber keine Reaktivierung der Hauszinssteuer, die nach dem Währungsschnitt von 1948 erneut denkbar gewesen wäre. Das wiederum hatte gravierende Konsequenzen für die Rolle der Kommunen, denn ein selbständiger Eigenbau der Stadtbauämter und auch die Funktion eines Managers aller Finanzentscheidungen für den Wohnungsbau auf der lokalen Ebene entfielen dadurch.

Was den Kommunen blieb, waren ihre Kompetenzen im organisatorischen Bereich: die Auswahl der Bauherren und die der Baugrundstücke, die Bauüberwachung und vor allem: die Vermittlung der Erstmieter. Aber diese Funktionen konnten nur mehr am Gängelband staatlicher Vorgaben ausgefüllt werden, in von oben festgesetzten Terminplänen und innerhalb eines von Bund und Ländern festgelegten Finanzrahmens. Kommunale Selbstverwaltung war im öffentlich geförderten Wohnungsbau überwiegend Auftragsverwaltung für den Staat. Wo dennoch Spielraum für selbstbestimmtes Handeln übrig blieb, wurde er allerdings nach Möglichkeit ausgeschöpft.

Die grundsätzliche Entscheidung zugunsten der Staatsförderung ließ noch die Frage offen, von welcher Ebene im Föderalismus sie ausgehen würde, vom Bundesstaat oder von den Ländern. Nachdem sich die erste Bundesregierung konstituiert hatte, wurde offenbar, daß der Bund alle Fäden in seiner Hand behalten wollte. Zu diesem Zweck wurde ein eigenständiges Bauministerium auf zentraler Ebene gegründet – eine Novität in der deutschen Verwaltungsgeschichte.[7]

Bundeskanzler Konrad Adenauer berief den Wirtschaftsfachmann Eberhard Wildermuth vom Koalitionspartner FDP in dieses Amt. Obwohl ein strikter Parteigänger ordoliberaler Werte, der jeglichen Staatsinterventionismus grundsätzlich ablehnte, war es gerade Wildermuth, der im Frühjahr 1950 das Erste Wohnungsbaugesetz im Bundestag einbrachte und damit den Weg ebnete für eine beispiellose Bautätigkeit im Sozialen Wohnungsbau, die fast ausschließlich durch Staatsgelder finanziert wurde. In einer revolutionär kurzen Beratungszeit von weniger als drei Monaten kamen Bundestag und Bundesrat überein, billige Standardwohnungen mit Mindeststandards planmäßig zu fördern. Bis 1956 wurden 1,8 Millionen Neubauwohnungen anvisiert. Die Ausstattung und die Miethöhe waren strikt limitiert. Unter diesen Bedingungen war es gerechtfertigt, von einem eher plan- als marktwirtschaftlich organisierten Massenwohnungsbau zu sprechen, der in Bund und Ländern gleichermaßen unumstritten war.

Ungeklärt blieb jedoch, wer die künftigen Mieter sein sollten. In den beiden Jahrzehnten von 1945 bis 1965 lebten immer mehrere Millionen der bundesdeutschen Wohnbevölkerung (mit großen regionalen Unterschieden!) in Massenquartieren oder in Notwohnungen.[8] Ausgebombte, Vertriebene und DDR-Flüchtlinge traf das zuerst, aber auch Evakuierte, unvollständige Familien ohne Einkommen und die von Besatzungsangehörigen aus ihren Wohnungen Verdrängten. Wer von diesen sollte möglichst schnell eine Neubauwohnung erhalten und wer würde leer ausgehen müssen? Diese Frage war in der öffentlichen Diskussion jener Jahre immer präsent, aber die Politik hat sich ihr explizit nie gestellt. Ein kleinster gemeinsamer Nenner war schnell gefunden. Er bestand darin, die Zahl der Anspruchsberechtigten durch limitierte zulässige Haushaltseinkommen zu begrenzen.

Auf den ersten Blick ein probates Mittel, um mit einem sozialen Kriterium das Mieterspektrum ausdifferenzieren zu können, sollte sich sehr bald zeigen, daß die Auswahlpraxis der stärker auf die wirtschaftliche Komponente abzielenden Wohnungsunternehmen entsprechende sozialpolitische Intentionen konterkarierte. Ausgewählt wurden nämlich ausnahmslos besserverdienende Mieter. Denn auch mittlere und z.T. sogar höhere Beamte, Selbständige und Freiberufler waren anspruchsberechtigt, sofern ihr Monatseinkommen die Marge von 600 DM nicht überschritt.[9] Anfang der fünfziger Jahre lagen sie damit weit über den verfügbaren Durchschnittseinkommen, etwa eines Vierpersonen-Arbeitnehmerhaushaltes, der über nicht mehr als 300 DM verfügte.[10] Ließ man den Wohnungsunternehmen die Wahl, wählten diese selbstverständlich eher den Studienrat oder den Facharbeiter aus und nicht den Straßenbahnschaffner oder die Kriegswitwe mit Kindern, die über kein Einkommen verfügte.

Unter diesen Ausgangsbedingungen war von vornherein eine soziale Schieflage in das Wohnungsbauförderungssystem implantiert, die auf lange Sicht nicht mehr korrigiert wurde. Erstmieter der frühen Baujahrgänge wurden die Besserverdienenden, und erst wenn diese wieder auszogen, machten sie ihre Sozialwohnungen für andere Einkommensgruppen frei. Aber auch diese Mieter waren noch keine einfachen und ungelernten Arbeiter, für die eine Sozialwohnung bis in die sechziger Jahre hinein ein unerreichbarer Luxus war, sondern Facharbeiter und Angestellte. Selbstverständlich erhöhte die offene Zuweisungspraxis der frühen fünfziger Jahre die Akzeptanz des Sozialen Wohnungsbaus im konservativ-liberalen Regierungslager. Wohnungsnot litt schließlich ein ganzer Querschnitt der Bevölkerung – warum also nicht die Besserverdienenden zuerst versorgen?

Als Korrektiv der im doppelten Wortsinne einkommensorientierten Mieterauswahl bot der Gesetzgeber das Instrument der zweckgebundenen Sonderprogramme an. Parallel zum allgemeinen Wohnungsbau wurde Geld ausgeschüttet, das auschließlich für eine bestimmte, vorher genau festgelegte Zielgruppe reserviert war. So wurden die Wohnungsbaumillionen des Lastenausgleichs (bis 1952: Soforthilfe) in einen Sozialen Wohnungsbau eingebracht, der ausschließlich Vertriebenen und DDR-Flüchtlingen offenstand. Bis in die zweite Hälfte der fünfziger Jahre hinein überstiegen diese Gelder die für den allgemeinen Sozialen Wohnungsbau,[11] so daß Angehörige vorgenannter Geschädigtengruppen öfter versorgt wurden als die einheimische Bevölkerung – allerdings ebenfalls unter der marktwirtschaftlichen Prämisse, die Besserverdienenden aus diesen Gruppen zu bevorzugen.

Vieles an diesem Förderungssystem bot Anlaß zur Kritik. Den Sozialdemokraten war es sozial nicht ausgewogen genug und 1953, während der konfrontativen Beratungen um eine Novellierung des Ersten Wohnungsbaugesetzes, kündigten sie der Bundesregierung den Konsens bei den Zielgruppen auf. „Einheimische" standen gegen Vertriebene, denn erstere fühlten sich zugunsten der Zuwanderer benachteiligt, während diese selbst sich lange Jahre an ein Leben in Bunkern und Baracken gewöhnen mußten und ihre Situation aus der Perspektive eines „Fünften Standes" bewerteten, der sich gegen alle anderen sozialen Gruppen mit seinen Rechten erst durchsetzen mußte.

Strukturell grenzte die Wohnungspolitik die Nicht-Erwerbsfähigen aus ihrem Förderungssystem aus, vor allem die Alten und die unvollständigen Familien. Sie schuf damit gleichzeitig ein ständig anwachsendes Potential von in kümmerlichen äußeren Umständen Lebenden. Die Obdachlosigkeit als Kriegsfolge wurde in den fünfziger Jahren abgelöst von der Obdachlosigkeit als Folge von Nicht-Erwerbsfähigkeit und struktureller Armut – unbemerkt von der herrschenden Sozialpolitik, aber allgegenwärtig als sozialer Brennpunkt in den Großstädten.

Dem standen die meßbaren Erfolge der staatlichen Wohnungspolitik gegenüber. Das Finanzierungssystem, basierend auf der vom Reichsarbeitsministerium entwickelten Drittelfinanzierung,[12] funktionierte hervorragend, gerade weil der Staat bereit war, kontinuierlich hohe Direktinvestitionen als langfristige Kredite zu tätigen.

Ein weiteres attraktives Finanzierungsinstrument kam hinzu: Mit sogenannten Arbeitgeber- und Mieterdarlehen konnten sich künftige Sozialwohnungsmieter an den Gestehungskosten 'ihrer' Sozialwohnung beteiligen. Sie lieferten damit den Bauherren ein zusätzliches Argument, um gerade sie in der Bewerberkonkurrenz zu bevorzugen. Mieterdarlehen bis zu 3.000 DM (umgerechnet mehr als das Zwölffache in heutigen Preisen) wurden gefordert und gezahlt, um Sozialwohnungsmieter zu werden. Arbeitgeber sicherten auf diese Weise Belegschaftsangehörigen ein Unterkommen und sparten damit den eigenen Werkswohnungsbau. Umgekehrt sparten die Wohnungsunternehmen oftmals ihr gesamtes Eigenkapital ein, weil die Summe der Mieterdarlehen für die Finanzierung im dritten Finanzierungsteil ausreichte. Diese Konstruktion des Finanzierungsmodells wurde zum ausschlaggebenden Entscheidungskriterium, um bessergestellte Mieter in der Bewerberkonkurrenz zu bevorzugen.

Da Vertriebene generell über ein Aufbaudarlehen in Höhe von 3.000 DM verfügten, wirkten sich für diese die Mieterdarlehen nicht in dem Maße sozial ausdifferenzierend aus wie im allgemeinen Sozialen Wohnungsbau. Für den sogenannten Normalverbraucher, den Wohnungssuchenden ohne besondere Berechtigungskriterien, war es in den fünfziger Jahren nahezu unmöglich geworden, im Förderungssystem des Sozialen Wohnungsbaus zum Zuge zu kommen.

2. Länder-Bürokratien gegen den Bund

Schon im Laufe des Jahres 1950 erwies sich das Bundeswohnungsbauministerium als ein zuverlässiges Machtzentrum des Bundes, um eine wirkungsvolle Wohnungsbaugesetzgebung zu veranlassen und ihre materiellen Zielvorgaben effektiv durchzusetzen. Für die Verwaltungen in den neugeschaffenen Bundesländern war das eine ungewohnte Herausforderung, denn in der kurzen Zeit ihres Bestehens hatten sie auf diesem Feld allein agiert und damit die Verhältnisse in den dreißiger Jahren umgekehrt, in denen allein das Reichsarbeitsministerium bestimmt hatte. Dementsprechend waren die frühen Jahre des Sozialen Wohnungsbaus von Verteilungskämpfen geprägt, die ein Stück weit das verwaltungspolitische Machtverhältnis im Föderalismus strukturierten.

Die Länder waren abhängig von massiven Staatssubventionen aus dem Bundeshaushalt, und der Bund mußte darauf vertrauen, daß seine Vorgaben in den ausführenden Verwaltungen auch befolgt wurden. Da diese Verwaltungsaufgaben auf die Ebenen der Länderministerien, der Regierungspräsidenten und der Kommunen verteilt waren, sah sich der Bund einem schwer durchschaubaren Geflecht interdependenter Exekutivfunktionen gegenüber. Politische Differenzen von Bund und Ländern konnten in der Praxis leicht gegen das Interesse des Bundes entschieden werden, ohne den eigentlichen Verursacher für diese Detailentscheidungen ausmachen zu können. Da die Länder in vielen Sachfragen gegensätzliche Vorstellungen gegenüber der Bundesregierung formulierten und dies oftmals gerade deshalb taten, weil der Bund hier überhaupt eine Position beanspruchte, die die Reichweite ihrer Verwaltungshoheit einengte, blieb die Exekutive neben der eigentlichen politischen Arena in Bundestag und Bundesrat der zweite Kampfplatz, auf dem sich Bund und Länder die Zähne zeigten. Generell wurde der Streit um die Finanzierung der jährlichen Bauprogramme von den Auseinandersetzungen während der Gesetzesberatungen überlagert.

In den zwanzig Jahren von 1950 bis 1970 wurden fünf große Bundesgesetze verabschiedet, die die Struktur der öffentlichen Wohnungsbauförderung in entscheidenden Punkten veränderten. Drei dieser Gesetze waren so stark umstritten, daß sie das innenpolitische Klima nachhaltig trübten. Die Wohnungsgesetzgebung war von der Zustimmung des Bundesrates abhängig, so daß sich der Schwerpunkt der Auseinandersetzungen aus dem Bundestag heraus auf die Verhandlungen zwischen Bundestag und Bundesrat verlagerte. In geradezu idealtypischer Weise war das bei den Beratungen zum Zweiten Wohnungsbaugesetz in den Jahren 1955/ 56 der Fall. Die Länder traten geschlossen gegen die Position des Bundes

auf und drängten den Bundeswohnungsbauminister damit in die Defensive.
Ganz anders lagen die Verhältnisse in den Jahren 1949/50. Das Erste Wohnungsbaugesetz wurde in einer gemeinsamen Kraftanstrengung von wohnungswirtschaftlichen Verbänden, Länderministerien, Bundesrat und Bundestag auf den Weg gebracht, während das Bauministerium nur eine marginale Rolle spielen konnte, weil es sich nämlich noch im organisatorischen Aufbau befand. Lediglich Minister Wildermuth selbst und seine Führungscrew um Staatssekretär Wandersleb griffen in den Gesetzgebungsprozeß unmittelbar ein.

Diese Konstellation, getragen von dem allgemeinen Solidaritätsbewußtsein, in kürzester Frist ein legislatives Rahmenwerk für massive Staatssubventionen schaffen zu müssen, wiederholte sich nicht mehr. Schon bei der Novellierung des Ersten Wohnungsbaugesetzes im Jahre 1953 prallten die gegensätzlichen Vorstellungen von Regierung und Opposition aufeinander. Sie kumulierten in den Grundsatzfragen über die Auswahl der Erstmieter und über die beste Wohnform im Sozialen Wohnungsbau. Die führende Regierungspartei wollte den Sozialen Wohnungsbau für die „breiten Schichten des Volkes" offenhalten, also weiterhin die Besserverdienenden versorgen, während die SPD – zumindest verbal – die Gegenposition vertrat und einkommensschwächere Familien bevorzugen wollte. Allerdings blieb ihre Position bei Lichte besehen unklar und ging nicht so weit, auch sozial Benachteiligte einzubeziehen.

Ähnlich sah es bei der Frage Mietwohnung oder Eigenheim aus.[13] Während die CDU bereits zu einem frühen Zeitpunkt – sie brachte das Jahr 1954, später 1957 und dann einen Zeitpunkt in den sechziger Jahren ins Spiel – die Sozialwohnung als Mietwohnung in Gruppensiedlungen durch das freistehende Eigenheim ersetzen wollte, war die SPD ein prononcierter Gegner des Einfamilienhauses, nicht zuletzt, weil der Planungs- und Finanzaufwand hier wesentlich höher war.[14] Zwar setzte die CDU/FDP-Regierung eine erste Eigenheim-Option in der Novelle durch – Bauherren durften unter bestimmten Bedingungen Eigenheime anstatt Mietwohnungen bauen –, aber diese wurde effektiv nur in Ausnahmefällen realisiert, weil die nachgeordnete Bürokratie in Ländern, Regierungsbezirken und Gemeinden den Schwerpunkt fast ausschließlich auf den kostensparenden Mietwohnungsbau legte.

Im Zweiten Wohnungsbaugesetz versuchte der wichtigste Wohnungspolitiker der fünfziger und frühen sechziger Jahre, der Vorsitzende des Bundestagsausschusses für Wohnungsbau, Paul Lücke, eine Eigenheimpriorität durchzusetzen, scheiterte aber letztlich am geschlossenen Widerstand der Länder im Bundesrat. Die Kompromißformel lautete hier:

Eigenheime ja, aber nur für Einkommensschwächere, womit ein deutlicher Kompromiß zwischen der Mittelschichtförderung der Regierungskoalition und der in Ansätzen vorhandenen Umverteilungsoption der SPD beschritten wurde, der für die Zukunft wegweisend war. Trotz des politischen Rückenwinds seitens der Bundesregierung erreichten Eigenheime in den sechziger Jahren nur die Hälfte des Anteils der Mietwohnungen im Sozialen Wohnungsbau (ein Drittel aller Sozialwohnungen) – aber sie waren als fester Bestandteil der staatlichen Bauförderung integriert worden.

Die politische Niederlage im Beratungsprozeß der Jahre 1955/56 konnte Lücke bei den folgenden wichtigen Wohnungsgesetzen, nun als Bundeswohnungsbauminister, durchweg vermeiden. Im Verlauf der Beratungen zum Abbaugesetz (1959/60), das die Wohnraumbewirtschaftung in Stufen beseitigte, konnte er durch geschicktes Taktieren den nordrhein-westfälischen Wiederaufbauminister Peter Erkens (CDU) auf seine Seite ziehen, so daß dieser in der entscheidenden Abstimmung gegen die Empfehlung seiner Ministerialbürokratie votierte.[15] Und das Wohngeldgesetz des Jahres 1965 war bereits nahezu unumstritten, zumal es im Vorfeld der Großen Koalition verabschiedet wurde.

Ihren Widerstand gegen die Eigenheimpolitik Lückes formulierten die Länder im Bundesrat, aber das eigentliche Organ ihrer Meinungsbildung wurde nicht der dafür zuständige Bundesratsausschuß für Wiederaufbau und Wohnungswesen, sondern ein diesem vorgelagertes Beratungsgremium informellen Charakters, die Arbeitsgemeinschaft der für das Bau- und Wohnungswesen zuständigen Länderminister der Bundesrepublik Deutschland, kurz: ARGEBAU. In der ARGEBAU trafen sich in monatlichem Rhythmus die für die Wohnungspolitik entscheidenden Ministerialbeamten aus den Länderministerien und bereiteten Entscheidungen vor, die von ihren Ministern in den Ausschußsitzungen des Bundesrates gefaßt wurden.

In den Jahren 1955/56 war die Bindungskraft gemeinsamer Zielvorstellungen in den Ländern noch so hoch, daß sie die Parteizugehörigkeit in den Regierungskoalitionen der Landeshauptstädte überlagerte. Diese Konsensperiode hielt bis in die frühen sechziger Jahre an. Infolgedessen konnten einzelne Ministerialbeamte eine hohe Beratungskompetenz für sich beanspruchen, da sich die Rücksichtnahmen auf eine parteipolitisch gebundene Programmatik zugunsten praktikabler Lösungsansätze in engen Grenzen hielt. Dieses Meinungsspektrum verschob sich erst, als sich die Versorgungssituation in der Bundesrepublik so weit entspannt hatte, daß die Elendsbehausungen spürbar abnahmen und in der Wohnungspolitik bevorzugte Bevölkerungsgruppen, wie beispielsweise die Vertriebenen, saturiert waren. Bis zu diesem Zeitpunkt, den man in etwa auf das Jahr 1963 festsetzen kann, wurde die Wohnungspolitik der Länder jedoch noch von strukturellen Zwängen dominiert, die einer eigenständigen Wohnungspolitik und Förderungsstrategie wenig Raum ließen. Erst als die massiven Subventionen des Bundes spürbar nachließen – und das war spätestens 1963 der Fall – erhielten die Länder nolens volens den Freiraum, der ihnen eigene Strategieentscheidungen einräumte. Mit diesen unterschieden sie sich dann deutlich von der Wohnungspolitik in benachbarten Bundesländern. Und diese Entwicklung war gleichbedeutend mit dem Ende gemeinsamer bundespolitischer Zielsetzungen im Bundesrat und in der ARGEBAU.

3. Die Gemeinden

Ohne legislative Macht und ohne größere finanzielle Ressourcen, zudem als Ausführungsorgane staatlicher Direktiven in der Exekutive, blieben die Kommunen auf eine reaktive, wenngleich nicht einflußlose Position im Wohnungsbauförderungssystem festgelegt. Ihr Einflußbereich resultierte aus der Verwaltungsmacht vor Ort, aus den direkten Absprachen mit den ausführenden Wohnungsunternehmen während der Bauphase und aus einem Mitspracherecht bei der Auswahl der Erstmieter von Sozialwohnungen. Insofern war die Stellung der Kommunen weniger bedeutungslos als ihre ausführende Rolle außerhalb der staatlichen Verwaltungshierarchie suggerierte. Da dieser Einflußbereich sich nicht nur auf den staatlichen Zugang zur Wohnungsbaupolitik beschränkte, muß die Perspektive zur Analyse der bundesdeutschen Wohnungspolitik auf Nebenfelder erweitert werden.

Das ändert jedoch nichts daran, daß ein formeller Einfluß auf die Wohnungsbaugesetzgebung bzw. auf den komplizierten Finanzausgleich von Bund und Ländern nicht gegeben war. Wollten die Städte und Gemeinden hier mitreden, mußten sie ihren Spitzenverband, den Deutschen Städtetag, aktivieren, der als Lobbyist kommunaler Wohnungspolitik in Bonn tätig war. Zwar versuchte der Städtetag, sich als soziales Gewissen der staatlichen Wohnungspolitik zu profilieren – sein tatsächlicher Einfluß blieb in den fünfziger und sechziger Jahren jedoch eher gering, da er ganz von den prägenden Bund-Länder-Streitigkeiten überlagert wurde.

Kommunale Initiativen hatten nur als ergänzende Akzente, nicht jedoch als Korrektiv staatlicher Planung ihren Platz im Wohnungsbauförderungssystem.

Aber selbst unter diesen restriktiven Bedingungen waren die Kommunen keineswegs inaktiv. Sie füllten Lücken in der staatlichen Wohnungspolitik und entfalteten einen eigenen, von anderen Kommunen jeweils deutlich unterschiedenen Handlungsspielraum.[16] Abseits der staatlichen Programmförderung, die im jährlichen Turnus zwischen Bund und Ländern ausgehandelt und dann nach einem komplizierten Schlüssel auf die einzelnen Städte und Landkreise verteilt wurde, konnten die Gemeinden selbst Wohnungsbauprogramme initiieren, sofern sie über entsprechende Eigenmittel verfügten und diese als Darlehen im dritten Finanzierungsteil einsetzten. Ausschlaggebend war ohnehin, wer dieses letzte Drittel bezahlte, denn dieser Geldgeber konnte dann über die Belegung der Wohnungen entscheiden. Übernahmen die Kommunen diesen Part, fiel ihnen das Recht zu, die künftigen Sozialwohnungsmieter auszuwählen und damit eigenständige sozialpolitische Prioritäten zu setzen.

In der westfälischen Industrie-Großstadt Bielefeld fungierte die Stadt anfangs als Vermittler für die Interessen der ortsansässigen Metallindustrie, indem sie diese an der Programmfinanzierung beteiligte und die fertiggestellten Sozialwohnungen für Metallarbeiter reservierte.[17] Mit Ausnahme der Bergbauindustrie war der Arbeitgeberwohnungsbau eine Lücke im Wohnungsbauförderungssystem der Bundesrepublik: Die Industrie wollte einen eigenständigen Wohnungsbau wegen der hohen Kosten nach 1945 nicht mehr wiederbeleben, zumal alle verfügbaren Investitionsmittel in der gewerblichen Wirtschaft selbst angelegt wurden. Jedes Engagement für einen Arbeitnehmerwohnungsbau war deshalb auf die Zusammenarbeit mit den Kommunen angewiesen, sofern nicht das Land entsprechende Sonderprogramme ansetzte, wie beispielsweise Nordrhein-Westfalen im Stahlarbeiterwohnungsbau.

Da die Kommunen die ausführende Verwaltung auf der unteren Ebene waren, konnten sie die konkrete Bauplanung direkt beeinflussen. Wichtigster Faktor war hier zweifelsohne die Standortwahl innerhalb des Stadtgebietes. Sie wurde maßgeblich von den Städten entschieden, indem sie die erforderlichen Baugrundstücke bereitstellten. Bevorzugungen und Benachteiligungen einzelner Wohnungsunternehmen kamen hier unmittelbar zum Tragen. Ergaben sich personelle Querverbindungen von der führenden Fraktion im Stadtrat zum Aufsichtsrat eines Wohnungsunternehmens – und das war übliche Praxis –, war die Richtung vorgezeichnet.

Mit dieser Entwicklung konnten die Gemeinden ganz zufrieden sein, denn ihnen verblieb ein breites Spektrum direkter Einwirkungsmöglichkeiten auf das lokale Baugeschehen innerhalb der alles überwölbenden Staatsförderung, während sie den Einsatz zusätzlicher eigener Finanzierungsmittel nach Belieben steuern konnten. Aber ihre Verwaltungsmacht ging noch darüber hinaus: Weil der Staat keine Zuständigkeit in der Obdachlosenfürsorge ausübte, mußten die Kommunen diese Aufgabe weiterhin alleine bewältigen.

Infolge der Massenzuwanderung von Vertriebenen seit 1945 waren zunächst lediglich primitive Unterkünfte mit Übergangscharakter, größtenteils in Bunkern und Behelfsbaracken, bereitgestellt worden. Diese Notmaßnahmen wurden erst im Laufe der fünfziger Jahre abgelöst von einem Obdachlosenwohnungsbau in Massivbauweise. Er lehnte sich an Vorbilder aus den dreißiger Jahren an, übernahm aber schon bald uneingestandenermaßen den Standard des Sozialen Wohnungsbaus, obwohl gewisse bauliche Einschränkungen, Behelfsküchen und Gemeinschaftstoiletten, eine scharfe, äußerlich sichtbare Grenze zur „Normalwohnung" dokumentieren sollten.

Aber die Grenze war fließend – nicht nur bei den Ausstattungsstandards, sondern auch bei den Bewohnern dieser Unterkünfte. Denn wer obdachlos war, war dies zunächst deshalb, weil er/sie Kriegsopfer war. Erst in den fünfziger Jahren differenzierte sich ein Armutspotential heraus, das im Teufelskreis von absoluter Verarmung und Wohnungslosigkeit verhaftet blieb und den Sprung aus dem sozialen Getto der untersten Unterschicht nicht mehr aus eigener Kraft bewerkstelligen konnte.

Infolgedessen war das Profil der Bewohner von Obdachlosenunterkünften im ersten Nachkriegsjahrzehnt äußerst heterogen. Weil es keine empirischen Untersuchungen darüber gibt, können über den quantitativen und qualitativen Wandel in der Struktur der Obdachlosigkeit nur Hypothesen angestellt werden. Ausschlaggebend war, daß unter den Bedingungen eines sich ausdifferenzierenden Wohnungsmarktes mit hohen Anfangsmieten gerade im Sozialen Wohnungsbau sich das Potential an von Obdachlosigkeit bedrohten Familien in den fünfziger Jahren fortlaufend erhöht, statt abzunehmen.[18]

Die Städte, insbesondere die großen Industriestädte, standen vor kaum lösbaren finanziellen Problemen, denn ihr Obdachlosenwohnungsbau mußte zu 100 Prozent aus Eigenmitteln bestritten werden, da es keinen Kreditmarkt und keine staatlichen Zuschüsse für den Bau von Obdachlosenunterkünften gab. Vor diesem Hintergrund wird verständlich, warum die Kommunen neben einem umfangreichen Sozialen Wohnungsbau Wohnblocks mit Einfachstwohnungen und größere Übergangsheime mit dem Charakter eines Wohnlagers bauten – Slums auf Zeit, die das Erscheinungsbild westdeutscher Großstädte an ihren Rändern bis weit in die sechziger Jahre hinein prägten.[19] Trotz periodischer Hilferufe der Städte blieb der Staat bei seinem Nein zu eigenen Investitionen in diesem Randbereich der Wohnungspolitik.

Obdachlose waren durch ihre Wohnumwelt stigmatisiert und verloren den Kontakt zu ihrem bisherigen sozialen Umfeld. Ihre Re-Integration war nur durch den Bezug einer „Normalwohnung" möglich. Diese konnte jedoch nur aus der Position eines Nachrückers in den Sozialen Wohnungsbau gelingen, d.h. erst wenn alle potentiellen Nachfragergruppen versorgt worden waren und – als sichtbares Zeichen sozialen Aufstiegs – aus ihrer Sozialwohnung wieder auszogen, um sich zu verbessern, erst dann hatten Obdachlose eine reelle Chance in den Sozialwohnungsbestand nachzurücken, seit Anfang der siebziger Jahre sogar in Neubauwohnungen. Ihre Ausgrenzung blieb demnach über Jahre, in Einzelfällen auch über Jahrzehnte bestehen, und zwar gerade deshalb, weil die öffentliche Wohnungsbauförderung die Obdachlosen aus ihrem Verteilungssystem ausgeschlossen hatte.

4. Ein politischer oder ein administrativer Erfolg?

Mit 5,3 Millionen fertiggestellten Wohnungen zwischen 1951 und 1970 ist der Soziale Wohnungsbau in Hinblick auf die quantitative Dimension eine ununterbrochene Erfolgsgeschichte.[20] Diese beeindruckende Bilanz verdeckt, daß er einem nur unscharf umrissenen sozialen Auftrag folgte, der es schwer macht, seinen Stellenwert für die allgemeinen Sozialverhältnisse in der Bundesrepublik festzustellen. Wer Mieter in Sozialwohnungen wurde, das war eine Entscheidung, die von vielerlei Faktoren innerhalb eines komplizierten Berechtigungssystems abhing, wobei sich allerdings schon früh der finanzielle Aspekt, das Haushaltseinkommen der künftigen Mieter, als der entscheidende herausstellte. Über die weit gefaßten Einkommensgrenzen war formell Chancengleichheit für alle Bevölkerungsgruppen hergestellt worden. Indem der Staat nun den Bauherren, den gemeinnützigen Wohnungsunternehmen, erlaubte, im dritten Finanzierungsteil private Zuschüsse der künftigen Mieter einzubauen, war in das Auswahlsystem von vornherein eine soziale Schlagseite implantiert, die Besserverdienende bevorzugte und einkommensschwächere Haushalte hoffnungslos zurücksetzte.

Diese soziale Stratifikation war von allen beteiligten politischen und administrativen Kräften gewollt, denn sie sicherte der Sozialpolitik im Wohnungsbau einen festen Rückhalt, einen politischen Konsens, der auf einem meßbaren sozial-, wirtschafts- und arbeitsmarktpolitischen Nutzen beruhte. Selbst sozialdemokratische Wohnungspolitiker schwenkten auf diesen Grundkonsens ein, sofern Facharbeiter und Angestellte berücksichtigt wurden, die zu ihrer Wählerklientel zählten. Vertriebene und DDR-Flüchtlinge wurden durch eine gezielte Förderungsstrategie bevorzugt, die durch den Lastenausgleich finanziell unterfüttert war und maßgeblich vom Bundesausgleichsamt überwacht wurde. Mit der gezielten Wohnungsversorgung der Mittelschichten und der Vertriebenen waren die primären Konfliktfelder innerhalb der westdeutschen Wohnungspolitik entschärft.

Es blieben Hunderttausende, für die eine vorübergehende Einweisung in Massenunterkünfte und Obdachlosenasyle zur Dauereinrichtung wurde. Als politisches Protestpotential hatten sie jedoch kein Eigengewicht. CDU und SPD zerstritten sich über der Richtungsentscheidung, ob hauptsächlich Mietwohnungen oder Eigenheime im Sozialen Wohnungsbau gebaut werden sollten, und nicht über der Frage, ob zuerst Einkommensschwächere und Randgruppen in Sozialwohnungen einziehen sollten.

Es gehört zu den Paradoxien der bundesdeutschen Wohnungspolitik, daß die CDU dank ihrer Mehrheit im Bund politisch obsiegte, aber den Eigenheimvorrang niemals ganz durchsetzen konnte. Da die Länder über ihre Ministerialbürokratien den konkreten Bauauftrag kanalisierten, oblag ihnen – und nicht dem Bund – faktisch die Entscheidung darüber, wie gebaut wurde. So baute Nordrhein-Westfalen Mietwohnungen, während Baden-Württemberg Eigenheime protegierte, jeweils entsprechend den landesplanerischen Richtungsentscheidungen und weitgehend unabhängig von der parteipolitischen Färbung der jeweiligen Regierungskoalition. Zwar ist bereits in den sechziger Jahren ein Trend in Richtung Eigenheim auch in anderen Bundesländern unverkennbar, aber dieser setzte sich erst unter den wesentlich entspannteren Marktbedingungen in der zweiten Hälfte der siebziger Jahre durch. Zuvor unterlag er den allgemeinen Versorgungsinteressen, die anerkanntermaßen besser durch den Mietwohnungsbau befriedigt wurden. Ebenfalls erst in den sechziger Jahren schafften die einkommensschwächeren Haushalte den Zugang zu Sozialwohnungen, sei es als Nachrücker in den Bestand der in den fünfziger Jahren gebauten Siedlungen mit ihrem jetzt bereits überholten Wohnstandard, sei es als Erstmieter in von Ländern und Kommunen geförderten Schwerpunktprojekten. Hier ist eine aufsteigende Linie zunehmender Schichtenintegration zu erkennen, die im mehrjährigen Bauprogramm auf Bundesebene seit 1971 ihren Höhepunkt erreichte.

Um den Kompromiß zwischen ordoliberalen Marktwirtschaftlern auf der einen Seite und planwirtschaftlich geprägten Interventionisten auf der anderen Seite, insbesondere im linken Gewerkschaftsflügel der SPD, auszuhalten, wurde der Soziale Wohnungsbau mit einem festgelegten Programmauftrag zeitlich limitiert: Im Ersten Wohnungsbaugesetz auf die Baujahrgänge von 1950 bis 1956 und im Zweiten Wohnungsbaugesetz auf die Jahre von 1957 bis 1963. Seine mageren Jahre begannen folgerichtig 1964 und endeten 1970, als die sozialdemokratische Bundesregierung eine politische Grundsatzentscheidung wieder zugunsten der staatlichen Bauförderung fällte. Die Kommunen lediglich als Zaungäste der manifesten politisch-administrativen Konflikte anzusehen, die in ausdauernden Grabenkämpfen zwischen dem Bundeswohnungsbauministerium, das in Koalition mit dem Bundestagsausschuß für Wiederaufbau und Wohnungswesen verbunden war, und dem Bundesrat ausgefochten wurden, griffe sicherlich zu kurz. Ihr politischer Einfluß war jedoch niemals so stark, als daß sie ihn, vermittelt durch ihren Interessenverband, stärker zur Geltung bringen konnten als andere Interessengruppen. Hier wären vor allem der DGB und die Arbeitgeberverbände zu nennen. Die Macht der Kommunen lag in der Bauausführung begründet, wo sie konkrete Planungen in die eine oder andere Richtung lenkten.

Ein solches exekutives Potential blieb Städten und Gemeinden zudem im Obdachlosenwohnungsbau – hier als Lückenbüßer für den Staat. Sie entfalteten ein breitgefächertes Spektrum direkter Sozialpolitik, die aus der unmittelbaren Not geboren war. In den sechziger Jahren bewegte sich die Obdachlosenversorgung in Richtung auf die Standards des Sozialen Wohnungsbaus, ohne jedoch den Wohnungsbau für Obdachlose ganz in die allgemeine Wohnungspolitik integrieren zu können.

Das Instrumentarium der Wohnungsbauförderung war auf den beiden staatlichen Ebenen und auf der kommunalen Ebene angelegt, und es erwies sich trotz aller politischen Auseinandersetzungen, exekutiven Reibereien und organisatorischen Hindernisse in der Bauausführung als bemerkenswert anpassungsfähig. Nicht nur eine bestens geschulte und höchst kommunikative Ministerialbürokratie in Bund und Ländern trug das ihre dazu bei, sondern auch der kommunale Verwaltungsbeamte im Wohnungsamt oder der kommunalen Obdachlosenbehörde. Dieser war der Wohnungsnot der Antragsteller unmittelbar ausgesetzt und hatte deshalb eine zusätzliche persönliche Motivation, nach praktikablen Lösungsansätzen für Finanzierungsengpässe und sich gegenseitig behindernde Rechtsvorschriften zu suchen.

In der langen Perspektive des 20. Jhs. gesehen, erreichte das wohnungspolitische Instrumentarium in den Jahren zwischen 1950 und 1975 unbestritten den höchsten Grad an Effizienz und Innovationsfähigkeit, der alle vorhergehenden Lösungsstrategien – und auch die nachfolgenden – qualitativ und quantitativ weit übertraf. Gerade der vielgelobte Reformwohnungsbau der Weimarer Republik krankte an Verteilungsdefiziten; das Mieterspektrum hing von Einkommenskriterien ab und bevorzugte deshalb ausschließlich die gutverdienenden Mittelschichten – ganz egal, ob es sich nun um sozialdemokratische oder bürgerliche Genossenschaften handelte, die bauten. Außerdem war der kommunale Wohnungsbau überhaupt nicht in der Lage, übergeordneten Planungsgesichtspunkten zu entsprechen, so daß eine moderne Raumordnung undenkbar war.

Als die nationalsozialistische Sozialpolitik den öffentlich geförderten Mietwohnungsbau als Instrument ihrer Bevölkerungspolitik entdeckte, wählte sie einen in der Ausstattung wesentlich bescheideneren Massenwohnungsbau, um dem „Volksgenossen" einen nivellierten, aber preisgünstigen Mindeststandard zu bieten. Die in den Jahren gedrosselter Bautätigkeit bis 1935 angewachsenen Fehlbedarfszahlen zwangen zu diesem „Volkswohnungsbau", nicht zuletzt aus arbeitsmarktpolitischen Gründen im Zusammenhang mit der Rüstungswirtschaft (Vierjahresplan). Modern war an diesem Förderungsmodell die staatliche Planungsdominanz und das Finanzierungssystem, das in Abkehr von der Hauszinssteuer eine dauerhafte staatliche Darlehenssubvention vorsah.

Es ist evident, daß der Soziale Wohnungsbau der Bundesrepublik Deutschland eine Weiterentwicklung dieser Lösungsstrategien war. Aber man täte ihm mehr als Unrecht, reduzierte man ihn allein auf diese Traditionslinie. Neu war der universale Anspruch, zum Nutzen der Bevölkerungsmehrheit nach gleichen Zugangsbedingungen Standardwohnungen herzustellen, um die unmittelbare Wohnungsnot der Nachkriegszeit zu beseitigen. Neu war vor allem der Wille zur Integration durch Sozialpolitik, der sich plakativ auf alle Bevölkerungsgruppen erstreckte, sieht man einmal davon ab, daß die Obdachlosen außen vor blieben. Und neu war schließlich ein Drittes: Das interaktive Potential der Manager dieses Baugeschehens, die auf allen Ebenen von Staat und Kommunen und auch in den Wohnungsunternehmen einen Konsens in ihren sozialpolitischen Zielen anstrebten, um effizient auf die Beseitigung der Not hinzuwirken. Sie schufen damit das, was der Weimarer Republik immer gefehlt hatte: die Identität aller Handlungsträger in der Staatsverwaltung mit den Grundwerten ihres Staates, eines modernen Rechts- und Sozialstaates.

1   Für Beispiele aus Österreich, Frankreich, Schweden und der Schweiz vgl. G. Schulz (Hrsg.), Wohnungspolitik im Sozialstaat. Deutsche und europäische Lösungen, Düsseldorf 1993, S. 267-365.
2   Mit einer Richtsatzmiete von 1 DM pro Quadratmeter, die im Ersten Wohnungsbaugesetz festgelegt wurde, wurde ein Haushalt mit 300 DM Monatseinkommen für eine 45-qm-Standardwohnung mit einem Mietanteil von 15 Prozent belastet. Mitte der fünfziger Jahre mußten 50 Prozent der Hamburger Sozialwohnungsmieter zwischen 10 und 15 Prozent ihres Haushaltseinkommens aufwenden, weitere 20 Prozent sogar 15-20 Prozent, während nur 20 Prozent mit einer Belastung von 5-10 Prozent darunter

lagen. Demgegenüber zahlte 61,5 Prozent der übrigen Wohnbevölkerung, die in Alt- und Neubauten logierte, nur bis 10 Prozent des Einkommens für die Miete, weitere 24,3 Prozent zwischen 10 und 15 Prozent. 1956 stieg die Miete in Sozialwohnungen auf 1,40 DM, 1962 auf 1,92 DM, 1967 auf 2,99 DM und 1972 auf 3,96 DM/qm. Vgl. W. Reichling, Die im öffentlich geförderten sozialen Wohnungsbau errichteten Wohnungen und die soziale Schichtung der darin lebenden Haushalte am Beispiel Hamburgs für die Jahre 1949-1956, Diss. Hamburg 1960, S. 163 sowie G. Wagner, Sozialstaat gegen Wohnungsnot. Wohnraumbewirtschaftung und Sozialer Wohnungsbau im Bund und in Nordrhein-Westfalen 1950-1970, Paderborn 1995, S. 407 und 447.

3   Vgl. H. Braun, Helmut Schelskys Konzept der „nivellierten Mittelstandsgesellschaft" und die Bundesrepublik der fünfziger Jahre, in: Archiv für Sozialgeschichte 29 (1989), S. 199-223.

4   Nach meiner Einschätzung war der Soziale Wohnungsbau lediglich in der kurzen Periode vom Ende der sechziger bis Ende der siebziger Jahre in Hinblick auf seine Zielgruppen universell in dem Sinne, daß er versuchte, alle wohnungsbedürftigen Bevölkerungsgruppen, unter Einschluß eines Teils der Obdachlosen, in sein Förderungsmodell zu integrieren.

5   Vgl. G. Schulz, Wiederaufbau in Deutschland. Die Wohnungsbaupolitik in den Westzonen und der Bundesrepublik von 1945 bis 1957, Düsseldorf 1994, S. 239-254.

6   Dazu gehörte neben dem staatlich geförderten Wohnungsbau auch die staatlich reglementierte Wohnraumbewirtschaftung, auf die ich in meinem Beitrag nicht eingehe. Vgl. dazu jetzt: K. C. Führer, Mieter, Hausbesitzer, Staat und Wohnungsmarkt. Wohnungsmangel und Wohnungszwangswirtschaft in Deutschland 1914-1960, Stuttgart 1995 sowie Wagner, Sozialstaat gegen Wohnungsnot (Anm. 2).

7   Als frühe Aufarbeitung seitens eines Insiders vgl.: J. Fischer-Dieskau, Zum Problem der verwaltungsmäßigen Verankerung von Wohnungswesen, Städtebau und Raumordnung in den ministeriellen Instanzen des Reiches und der Bundesrepublik Deutschland – Rückblick und Ausblick, in: V.-E. Preusker (Hrsg.), Festschrift für Hermann Wandersleb zur Vollendung des 75. Lebensjahres, Bonn 1970, S. 113-143.

8   Eine genaue Zahl kann aus der vorhandenen Statistik nur mit erheblichem Forschungsaufwand festgestellt werden. Die Rahmendaten: Von 13 Millionen Vertriebenen nahm die Bundesrepublik etwa die Hälfte auf, während die andere Hälfte in der DDR Zuflucht fand. Weitere 2,6 Millionen DDR-Flüchtlinge kamen bis 1961 in die BRD. Durch Kriegseinwirkungen waren allein in Nordrhein-Westfalen eine von drei Millionen Wohnungen zerstört worden. Für die Bundesrepublik blieb demnach ein Wohnungsfehlbestand von schätzungsweise 4-5 Millionen Wohnungen für 12-15 Millionen Bürger (Vertriebene + Ausgebombte + DDR-Flüchtlinge) im Jahre 1950. Nach der Wohnungszählung von 1956 lebten ca. eine Million Haushalte, also mehr als drei Millionen Menschen, in provisorischen Verhältnissen (Bunker, Baracken, einsturzgefährdete Häuser), wobei Untermietverhältnisse nicht mitgezählt worden waren. Vgl. Der Städtetag 10 (1957), S. 435.

9   In § 22 I. WoBauG war die Jahresarbeitsverdienstgrenze der Angestelltenversicherung als Einkommensobergrenze festgelegt worden. Sie lag 1950 bei 600 DM für eine vierköpfige Familie, 1953 bei 960 DM, 1957 bei 1.050 DM und 1961 bei 1.200 DM.

10 1954 lag das mittlere Durchschnittseinkommen eines Arbeiterhaushaltes zwischen 300 und 400 DM. Vgl. Reichling, Soziale Schichtung (Anm. 2), S. 366 sowie P. Lünsdorf, Miete, Einkommen und Mietbelastung der privaten Haushalte in der BRD 1950-1975, Diss. Münster 1971.

11 Vgl. Wagner, Sozialstaat gegen Wohnungsnot (Anm. 2), S. 399-401.
12 In Abkehr von der Hauszinssteuer entwickelte das Reichsarbeitsministerium Mitte der dreißiger Jahre eine neue Finanzierungstechnik unter Beteiligung des Staates. Die Landesversicherungsanstalten wurden darauf verpflichtet, eine I. Hypothek von etwa einem Drittel der Baukosten herzuleihen, während die II. Hypothek von einem weiteren Drittel als Reichsdarlehen eingeplant wurde. Das letzte Drittel war als der vom Bauherren beizubringende Darlehensanteil vorgesehen, wobei 10 Prozent der Baukosten aus Eigenkapital finanziert werden sollten. Vgl. H. Jaschinski/M. Klein, Finanzierung des Wohnungsbaues, in: H. Wandersleb (Hrsg.), Handwörterbuch des Städtebaus, Wohnungs- und Siedlungswesens, 3 Bde., Stuttgart 1959, S. 607-626.
13 Vgl. A. Schildt/A. Sywottek (Hrsg.), Massenwohnung und Eigenheim. Wohnungsbau und Wohnen in der Großstadt seit dem Ersten Weltkrieg, Frankfurt/Main 1988.
14 Er lag etwa im Verhältnis 1:3, also für ein Eigenheim konnten drei Mietwohnungen gebaut werden.
15 Vgl. Wagner, Sozialstaat gegen Wohnungsnot (Anm. 2), S. 90-103.
16 Vgl. den Städtevergleich benachbarter und ähnlich strukturierter kommunaler Handlungsfelder in R. Reschl, Kommunaler Handlungsspielraum und sozialer Wohnungsbau. Ein Städtevergleich, Diss. Tübingen 1987.
17 Vgl. Wagner, Sozialstaat gegen Wohnungsnot (Anm. 2), S. 280-283.
18 Da es keine Obdachlosenstatistik auf Bundesebene gibt, müssen jeweils Vergleichszahlen aus einzelnen Kommunen ähnlicher Größe herhalten, um die quantitative Dimension in etwa einordnen zu können. In den fünf größten Städten des Regierungsbezirkes Düsseldorf (Essen, Duisburg, Düsseldorf, Krefeld und Oberhausen) waren im Juni 1959 40.000 Personen obdachlos gemeldet (im gesamten Regierungsbezirk 50.000). In Essen hatte sich die Zahl der Obdachlosen von 4000 im April 1950 auf annähernd 12.000 erhöht. Vgl. Wagner, Sozialstaat gegen Wohnungsnot (Anm. 2), S. 241. In Bielefeld stieg die Zahl der Obdachlosen von 2509 Personen im Jahre 1953 auf 6781 1956 an. Bei einer Einwohnerzahl von 150.000 waren demnach fünf Prozent der Bevölkerung obdachlos. Statistisches Jahrbuch der Stadt Bielefeld 1965, S. 77.
19 Die Stadt Köln errichtete zwischen 1952 und 1957 25 Auffanghäuser, in denen 8000 Menschen untergebracht waren, 320 pro Heim. In Krefeld waren diese Obdachlosenhäuser sogar mit einer Stacheldrahtumfriedung von ihren Nachbarhäusern abgegrenzt. Vgl. Wagner, Sozialstaat gegen Wohnungsnot (Anm. 2), S. 242.
20 In der Anfangsphase wurden jährlich weitaus mehr als 300.000 Sozialwohnungen pro Jahr fertiggestellt, 1956 sogar 447.000. Hiervon wurden allein 190.000 (= 43 Prozent) in Nordrhein-Westfalen gebaut. Seit 1966 konnten im Bund noch durchschnittlich 150.000 Wohnungen fertiggestellt werden, womit ein Grundbedarf befriedigt wurde. Erst ab 1971, unter der Ägide des ersten mehrjährigen Bauprogramms auf der Bundesebene, wurden für die kurze Phase bis 1975 wieder Fertigstellungszahlen erreicht, die an das Niveau der fünfziger Jahre anknüpften und z.T. sogar noch weit darüber lagen. Vgl. Minister für Stadtentwicklung, Wohnen und Verkehr des Landes Nordrhein-Westfalen, Wohnungswirtschaftlicher Bericht Nordrhein-Westfalen 1988, Düsseldorf 1988, S. 155.

Rainer Weinert

Ziele, Organisation und Konflikte des gemeinwirtschaftlichen Wohnungsbaus der Gewerkschaften nach 1945 im Kontext des öffentlichen Wohnungsbaus

Genossenschaften und gemeinwirtschaftliche Unternehmen gehörten zu den traditionellen Institutionen der Arbeiterbewegung und waren ein wichtiger Bestandteil von Arbeiterkultur. Die Wohnungsbaugesellschaften erhielten insbesondere nach 1922 politische Schubkraft, als auf dem Leipziger Bundeskongreß des ADGB zur Wohnungsfrage der Beschluß gefaßt wurde, daß die Gewerkschaften eine aktive Gemeinwirtschaftspolitik betreiben sollten. 1924 wurde die „Deutsche Wohnungsfürsorge A.-G. für Beamte, Angestellte und Arbeiter" (Dewog) gegründet, die eine nicht unerhebliche wohnungsbaupolitische Aktivität als Bestandteil gewerkschaftlicher Politik entfaltete. Nach 1945 wurde an diese Tradition partiell angeknüpft, nunmehr als gemeinwirtschaftliche Unternehmen der Gewerkschaften. Allerdings machte der Wohnungsbaukonzern „Neue Heimat" in wenigen Jahren eine enorme Expansionsentwicklung durch und stieg sogar zu Europas größtem Wohnungsbaukonzern auf, um in den achtziger Jahren auf spektakuläre Weise zusammenzubrechen. Diese Entwicklung wirft für die sozialwissenschaftliche Theoriebildung eine Reihe von Fragen auf, die bislang nur unzureichend beantwortet sind. Das kann auch in diesem Beitrag nur ansatzweise geschehen. Im folgenden behandle ich in erster Linie die Entwicklung der gemeinwirtschaftlichen Wohnungsbauunternehmen der Gewerkschaften im Nachkriegsdeutschland bis 1954, da in dieser Periode die wesentlichen Weichenstellungen erfolgten, die für die spätere Unternehmenspolitik der „Neuen Heimat" prägend werden sollten, insbesondere die politischen und organisatorischen Voraussetzungen der Autonomisierung dieses Unternehmens von den Gewerkschaften. Diese Nachkriegskonstellation werde ich beispielhaft an einem für die Gewerkschaften wichtigen Wohnungsbauprogramm, dem sog. Schleswig-Holstein-Programm, erörtern. Um die Ausgangsbedingungen für die Gründung dieses Unternehmens nach 1945 adäquat analysieren zu können, gehe ich zunächst kurz auf den gemeinwirtschaftlichen Wohnungsbau in der Weimarer Republik und in der NS-Diktatur ein.

Nach der hier entwickelten These autonomisierten sich die „gemeinwirtschaftlichen Unternehmen der Gewerkschaften" in den fünfziger Jahren frühzeitig, weshalb sich die Unternehmenszusammenbrüche in den achtziger Jahren im Kontext gewerkschaftlicher Politik merkwürdig exotisch ausnehmen. Vergleicht man die Unternehmensentwicklung der „Neuen Heimat" jedoch mit derjenigen anderer gemeinwirtschaftlicher sowie öffentlicher Unternehmen in den sechziger und siebziger Jahren, dann ergeben sich neue, aufschlußreiche Perspektiven. Dieser Vergleich bildet deshalb den Abschluß meiner Überlegungen.

1. Der Wohnungsbau in der Weimarer Republik

Deutschland hat keine lange Tradition im öffentlich geförderten Wohnungsbau. Eine dramatische Wohnungsnot existierte in Deutschland schon vor dem Ersten Weltkrieg, ohne daß der Staat in den Wohnungsmarkt eingriff. Nach 1918 eskalierte der hohe Wohnungsbedarf zu einer so extremen Wohnungsnot, daß sich der Staat erstmals in Deutschland gezwungen sah, eine aktive Wohnungspolitik zu betreiben. Damit wurde ein zentraler Bereich des Wohnungsbaus in der Weimarer Republik zu einer öffentlichen Angelegenheit ohne Berücksichtigung der Rentabilität.[1]

Diese Wohnungsnot war der politische Ausgangspunkt für die deutschen Gewerkschaften, sich ab Anfang der zwanziger Jahre verstärkt diesem Problem zuzuwenden, und ab 1924 spielten die gewerkschaftseigenen Baugenossenschaften eine gewichtige Rolle. Zwar gründeten sich schon unmittelbar nach dem Krieg eine Vielzahl von Baugenossenschaften, die den Gewerkschaften nahestanden, sie blieben aber nur örtlich oder regional wirksam. Politische Schubkraft erhielt diese Entwicklung nach 1922, als auf dem Leipziger Bundeskongreß des Allgemeinen Deutschen Gewerkschaftsbundes (ADGB) zur Wohnungsfrage eine aktive Gemeinwirtschaftspolitik der Gewerkschaften beschlossen wurde. Zwei Jahre später wurde die Dewog gegründet, die sich als programmgebende Spitze eines Verbundes verstand, die über fünf Filialen, zwanzig Tochtergesellschaften, assoziierte Bauträgergesellschaften und über zweihundert bestehende oder neu gegründete Baugenossenschaften betreute.[2]

Die Dewog erfuhr in kurzer Zeit einen großen Aufschwung und ließ von 1924 bis 1929 etwa 20.000 Wohneinheiten errichten. Diese Größenordnungen zwangen die Dewog dazu, die Wirtschaftlichkeit in den Mittelpunkt ihrer Aktivitäten zu rücken. Damit entstand ein Spannungsverhältnis zwischen der Dewog mit ihrer zentralen, gut organisierten und effizienten Produktion auf der einen Seite und den kleinen Genossenschaften auf der anderen, deren Strukturen dezentral-soziokulturell geprägt waren.[3] Dieses Spannungsverhältnis ist insofern bedeutsam, als es nach 1945 als innergewerkschaftlicher Konflikt um den gewerkschaftseigenen Wohnungsbau wieder auftauchen sollte.[4] Trotz ihrer Größe war für die Dewog die Einbettung in das proletarische Vereinswesen charakteristisch, sie war Teil der „Arbeiterkultur" in der Weimarer Republik.

2. Der Wohnungsbau in der NS-Diktatur

Charakteristisch für die nationalsozialistische Wohnungsbaupolitik war eine sehr enge Verquickung von staatlicher Förderung und gemeinnütziger Wohnungswirtschaft. Nach der sogenannten Machtergreifung der Nationalsozialisten 1933 wurden die Genossenschaften in der Deutschen Arbeitsfront (DAF) der Nationalsozialisten zwangsorganisiert. Ebenso wie viele andere Einrichtungen schafften die Nationalsozialisten die Genossenschaften nicht ab, sondern konzentrierten sich darauf, sie unter ihre Kontrolle zu bringen, als politisches Instrument dienten personelle Umbesetzungen bzw. die Einsetzung sogenannter Beauftragter der Partei.[5] So blieben die kommunalen, wirtschaftlichen und sozialen Selbsthilfeeinrichtungen bestehen, und deren Besetzung mit politischen Funktionären sicherte der Befehlsapparat der NSDAP Eingriffsmöglichkeiten.[6]

Die entscheidende Zäsur dürften die systematischen Zwangsverschmelzungen von 1939 bis 1942 gewesen sein, die dem Ziel dienten, große und leistungsfähige Unternehmen zu schaffen. Die ehemaligen Gewerkschaftsunternehmen wurden Anfang 1939 zusammengefaßt und umbenannt in „Neue Heimat – gemeinnützige Wohnungs- und Siedlungsgesellschaft der DAF". Diese wurde in 24 Gesellschaften entsprechend den Gaugebieten aufgegliedert. Die Genossenschaften wurden auf diese Weise einer rigiden Instrumentalisierung durch den NS-Staat unterworfen.[7] Hinzu traten andere Wohnungsbaugesellschaften, die ursprünglich politisch und kulturell ganz andere Ziele verfolgten. Mit diesen unternehmenspolitischen Änderungen während der NS-Diktatur wurde genau das ausgehebelt, was die gewerkschaftlichen Wohnungsbaugenossenschaften in der Weimarer Republik auszeichnete: ihre politisch-ideologische Verankerung in der deutschen Arbeiterbewegung.

3. Probleme des öffentlichen Wohnungsbaus nach dem Zusammenbruch 1945

Hinsichtlich der wohnungswirtschaftlichen Probleme nach 1945 lassen sich drei Ebenen unterscheiden, die institutionelle, die wirtschaftliche und die politische Ebene, die eine spezifische Konstellation begründeten:
1. Die extreme Wohnungsnot im Nachkriegsdeutschland auferlegte der öffentlichen und gemeinnützigen Wohnungsbaupolitik den „Zwang zur

Menge",[8] in kurzer Zeit viele Wohnungen kostengünstig bauen zu müssen.[9]

2. Die Behebung der Wohnungsnot war eines der zentralen Nachkriegsprobleme, eine „nationale Aufgabe"; die aktive Teilnahme der Gewerkschaften bei der Behebung der Wohnungsnot wurde sowohl von der Mitgliedschaft als auch von den politischen Akteuren eingefordert.

3. Dieser Problemdruck führte zu einer Art konzertierten Aktion, die den Wohnungsmarkt ausschaltete und alle Beteiligten, bizonale Verwaltungen bzw. Bund, Länder, Kommunen und gemeinnützige Wohnungsbauunternehmen sowie die Gewerkschaften in unterschiedlichen lokalen und regionalen Wohnungsbauinitiativen und Projekten zusammenführte, um im möglichst großen Stil teilweise gigantische Bauvorhaben zu realisieren; auf dieser Basis wurden Strukturen der „Kriegsgemeinwirtschaft" (Max Weber) übernommen.

Der wohnungspolitische „Zwang zur Menge" ist der Kern dieser Nachkriegs-Konstellation. Im Verlauf der fünfziger Jahre wurden erhebliche staatliche Finanzvolumina zur Verfügung gestellt, während das Zusammenwirken die Grenzen zwischen öffentlichem, gemeinnützigem und gemeinwirtschaftlichem Wohnungsbau (der Gewerkschaften) verschwinden ließ. Die gemeinnützigen Wohnungsbaugesellschaften im allgemeinen und die gewerkschaftseigenen Wohnungsgesellschaften im besonderen wandelten sich zu „Verteilern der vom Staate zur Verfügung gestellten, zur Förderung des Arbeiterstättenwohnungsbaues bestimmten öffentlichen Gelder".[10] In der unmittelbaren Nachkriegszeit verschärften sich jedoch zunächst die Probleme der Wohnungsversorgung. Während sich die Versorgung der deutschen Bevölkerung mit Lebensmitteln langsam verbesserte, blieb das Wohnungsproblem auch nach der Währungsreform ungelöst. Das Hauptproblem bestand in der Finanzierung, denn nach der Währungsreform tat sich eine große Schere zwischen den „Stoppmieten" einerseits und den hohen Baukosten andererseits auf, so daß kaum Kapital in den Wohnungsbau floß. Vor diesem Hintergrund wurden von verschiedenen Verwaltungen, den Alliierten und den Interessenverbänden mit unterschiedlicher Nuancierung immer wieder zwei Hauptforderungen aufgestellt: 1. die Baukosten „durch Anwendung moderner Bauweisen" maßgeblich zu senken;[11] 2. das Wohnungsproblem durch „konzertierte Aktionen" in den Griff zu bekommen. Beispielhaft drückte diese Forderung der Finanzausschuß des Länderrates des Vereinigten Wirtschaftsgebietes (VWG) in einer Antwort auf das Memorandum der Militärregierung aus; er hob hervor, daß „nur bei einem Anpacken der Schwierigkeiten von allen Seiten und nur unter Opfern das Wohnungsproblem gelöst werden kann".[12]

Die Forderungen wurden zwar erhoben, aber es fehlten die öffentlichen Mittel in den erforderlichen Größenordnungen, um den Wohnungsbau spürbar anzukurbeln. Auch die Alliierten betrachteten diese Entwicklung aus politischen Gründen mit großem Argwohn; zwar wurden freifinanzierte Geschäftslokale, Läden und Kinos gebaut, aber keine Arbeiterwohnungen, wie der britische Militärgouverneur General Robertson auf einer Besprechung mit den Ministerpräsidenten im März 1949 kritisierte,[13] General Lucuis D. Clay befürchtete gar eine politische Radikalisierung der deutschen Bevölkerung und kritisierte die deutschen Behörden, daß nicht genug „für die kleinen Leute" geschehe.[14]

Die deutschen Länder und Verwaltungen der Bizone hatten von April bis Ende Juni 1949 über 500 Millionen DM an Investitionen bereitgestellt, wovon ein Großteil in den sozialen Wohnungsbau floß.[15] Diese Mittel wurden als völlig unzureichend angesehen und veranlaßten Hermann Pünder von der Verwaltung des VWG, den Schwarzen Peter an die Alliierten zurückzugeben. Er erinnerte die Militärgouverneure an einen Satz General Clays, daß, wenn die Alliierten das Geld der deutschen Seite sähen, die Deutschen das Geld der Alliierten sehen würden.[16] Die deutschen Verwaltungen investierten zwar, aber die Mittel der Alliierten blieben aus. In diesem Zusammenhang legte Mitte Juni 1949 die Kreditanstalt für Wiederaufbau ein Finanzierungssofortprogramm in Höhe von 400 Millionen DM vor, von denen 90 Millionen DM in den Wohnungsbau fließen sollten. Der Finanzausschuß des Länderrates des VWG stimmte einer Verteilung dieser Mittel zu, mit denen schwerpunktmäßig die Bauwirtschaft in den Flüchtlingsländern Schleswig-Holstein, Bayern und Niedersachsen gefördert werden sollte.[17]

Da es beim Wohnungsbau nicht in dem politisch von allen Seiten gewünschten Sinne voran ging und außerdem gerade von den Alliierten eine Radikalisierung befürchtet wurde, sollte beim Wohnungsbau eine breite Front eröffnet werden. In diesem Sinne forderte im September 1949 die Marshallplan-Verwaltung zusätzlich die Wohlfahrtsverbände und Gewerkschaften auf, geeignete Vorschläge auszuarbeiten.[18] In dieser Situation stieß das Wirtschaftswissenschaftliche Forschungsinstitut des DGB (WWI) mit seinem Arbeitslosen- und Wohnungsbauprogramm in ein Vakuum, denn ein solches Programm hatte es zuvor nicht gegeben. Für die Initiative des WWI war entscheidend, daß es die Unterstützung der Marshallplan-Verwaltung fand, die sich wiederum die politischen Befürchtungen, die Clay und Robertson geäußert hatten, zu eigen gemacht hatte.

4. Der Wohnungsbau durch gewerkschaftliche Unternehmen der Gemeinwirtschaft nach dem Zusammenbruch

Für die Kontinuität der Neuen Heimat nach 1945 waren zwei Entwicklungen entscheidend: Einmal die hohe Kontinuität der gemeinnützigen Wohnungswirtschaft insgesamt, die den wohnungswirtschaftlichen Rahmen für die gemeinnützigen Wohnungsunternehmen setzte, zum anderen die Politik der Gewerkschaften, die die politische und unternehmerische Absicherung des Übergangs für die Neue Heimat sicherstellte. Zunächst gehen wir auf die Bedingungen dieser Kontinuität ein.

Kontinuitäten im gemeinnützigen Wohnungsbau nach 1945

Am auffälligsten ist die rechtliche Kontinuität nach 1945; so wurde das Wohnungsgemeinnützigkeitsgesetz (WGG) von 1940 erst fünfzig Jahre später abgeschafft. Das Gesetz über die Gemeinnützigkeit im Wohnungswesen vom 29. Februar 1940 und der Erlaß zur Vorbereitung des deutschen Wohnungsbaus nach dem Kriege vom 15. November 1940 sahen u.a. vor, daß die Baudurchführung und die Verwaltung neben den Gemeinden im wesentlichen von den gemeinnützigen Wohnungsbaugesellschaften geleistet werden sollte, bei gleichzeitiger Ausdehnung der Wohnungsbauförderung aus Mitteln des Reiches.[19] Diese Maßnahmen leiteten eine enge Verzahnung von staatlicher Wohnungspolitik und gemeinnützigen Wohnungsunternehmen ein, die gemeinnützige Wohnungswirtschaft wurde zum Instrument staatlicher Wohnungspolitik.[20]

Das Ziel, die Gewährleistung tragbarer Mieten, sollte durch Typisierung und Normung erreicht werden, dabei sollten Typengrundrisse entwickelt werden, die einheitliche Abmessungen der Zimmertiefe und Geschoßhöhen, der Wandstärken und die Vereinheitlichung der Konstruktionen für Dächer, Treppen und Decken garantierten.[21] Trotz der ideologischen Gegensätze gegenüber der NS-Siedlungs- und Bevölkerungspolitik gab es nach 1945 angesichts der großen Wohnungsnot sowohl einen politischen Sachzwang als auch die Bereitschaft in den Gewerkschaften, in Kategorien verstärkter Typisierung und Normung zu denken und zu bauen (bzw. denken zu müssen). Es wäre allerdings irreführend, diese Rationalisierungsmaßnahmen ausschließlich mit der nationalsozialistischen Gleichschaltungspolitik erklären zu wollen.[22] Eine solche Betrachtung unterschlägt die euphorischen Rationalisierungs- und Industrialisierungsvorstellungen gerade in den sozialistischen Baugenossenschaften der Weimarer Republik. Denn um soziale Mieten zu realisieren, konzentrierte sich die Wohnungsbaupolitik der Weimarer Republik einerseits auf die Subventionierung der Kosten, andererseits auf die intensive Rationalisierung der Bauwirtschaft, die von allen politischen Gruppierungen unterstützt wurde. Die Industrialisierung und Rationalisierung der Bauwirtschaft zielte u.a. auf Maßnahmen wie die Normierung und Typisierung der Bauteile, die Erzielung von Ersparnissen durch Serienherstellung gleicher Typen in bestimmten Größenordnungen, auf neue Baumethoden (Plattenbauweise, Stahlbetonskelettbauweise), auf bestimmte Bauformen (Flachdach, glatte Außenfassaden), auf die Rationalisierung des Bauvorgangs durch Verwendung von Spezialmaschinen wie Aufzüge und Kräne.[23] Auf einigen dieser Elemente der Bauproduktion und der Wohnungsbaupolitik der zwanziger Jahre, insbesondere auf der extremen Rationalisierung, baute unter den Bedingungen der Kriegswirtschaft 1939/40 die nationalsozialistische Planung für den sozialen Wohnungsbau der Nachkriegszeit auf. Diese war ein wichtiges Bindeglied zum Wohnungsbau der fünfziger Jahre.[24] Nach 1945 finden wir die erwähnten Maßnahmen zur Senkung der Baukosten bis in einzelne Formulierungen hinein wieder.[25] Das „industrielle Bauen" nach 1945 geht somit nicht einseitig auf die nationalsozialistische Wohnungsbaupolitik zurück, sondern in einem erheblichen Maße auf die Rationalisierungsdiskussion der zwanziger Jahre. Die NS-Wohnungspolitik war insofern nicht neu oder spezifisch nationalsozialistisch, sondern griff organisatorisch auf vorhandene Genossenschaften und konzeptionell auf wohnungsbaupolitische Konzepte zurück.[26] Diese Kontinuität in der unmittelbaren Nachkriegszeit wurde mit Sachlichkeit und Objektivität begründet. Gleichzeitig wurde die Ankurbelung des Wohnungsbaus nach 1945 besatzungspolitisch für erforderlich gehalten, um der befürchteten Radikalisierung der Bevölkerung den Boden zu entziehen.

Hinsichtlich der organisatorischen Entwicklung verlief die Gründungsgeschichte der Gewerkschaften gegenüber der der gemeinwirtschaftlichen Unternehmen geradezu diametral. Während der Gewerkschaftsapparat erst aufgebaut werden mußte, konnten die Vertreter der gemeinwirtschaftlichen Unternehmen an funktionierende Unternehmensstrukturen anknüpfen. Bezüglich der 'Politik' dieser Unternehmen, nämlich Wohnungen zu bauen, gab es keine Differenzen mit der amerikanischen Besatzungsmacht, während sich dies bei der gewerkschaftlichen Politik ganz anders verhielt. Nach 1945 waren die gemeinwirtschaftlichen Unternehmen organisatorisch wie politisch immer 'schneller' als die Gewerkschaften. Damit wurden früh die Voraussetzungen für eine Verselbständigung dieser Unternehmen gelegt.

Mit der organisatorischen Kontinuität korrespondierte eine Diskontinuität in funktioneller Hinsicht. Die Genossenschaften der Weimarer Republik waren ein wichtiger Bestandteil von Arbeiterkultur, eine Tradition, die nach 1945 nicht revitalisiert wurde. Dem stand zum einen die Politik der westlichen Alliierten entgegen, nur politisch neutrale Verbände und Institutionen zuzulassen. Alle verfügbaren Informationen über die Rückerstattungspraxis der amerikanischen Militärregierung lassen den Schluß zu, daß ein linkssozialistisch orientiertes Wohnungsbauprogramm der Gewerkschaften in jedem Fall abgelehnt worden wäre. Hinzu trat eine für die Entwicklung der Neuen Heimat weitaus prägendere Position, nämlich die der Entideologisierung der Politik, die nach 1945 weit verbreitet war, auch in der SPD und in den Gewerkschaften.[27]

Zwar gab es politisierte Gruppen aus dem Widerstand gegen Hitler und der Emigration, aber in der deutschen Bevölkerung herrschte nach dem Zusammenbruch des Staates Hitlers eine grundsätzliche Abneigung gegen politische Aktivitäten vor. Für die Bevölkerung war die Ernährungs- und Wohnungslage katastrophal, und sie wurde durch den Zustrom von Vertriebenen und Flüchtlingen weiter verschärft. 1947 spitzte sich die Nahrungsmittelknappheit zu und kam es zu großen Protestaktionen,[28] die allerdings nicht darüber hinwegtäuschen dürfen, daß „Lage und Bewußtsein der Arbeitnehmerschaft nach 1945 durch eine ganz außergewöhnliche Zersplitterung, fast Atomisierung gekennzeichnet (war), die es ungeheuer erschwerte, gemeinsame Interessen der sozialen Klassen dauerhaft und solidarisch zu vertreten".[29] Wohnungsnot, Nahrungsmangel und Arbeitslosigkeit führten zwar zu einigen großen Protestaktionen, die Politisierbarkeit dieser Aktionen dürfte hingegen sehr begrenzt gewesen sein. Nach der erzwungenen Politisierung sämtlicher Lebensbereiche unter der NS-Diktatur herrschte eher der Wunsch vor, wieder unpolitisch sein zu dürfen. Theodor Eschenburg hat dieses Phänomen in die These von der politischen Indolenz nach 1945 gekleidet. In Bezug auf das deutsche Beamtentum sagte er: „Auf das erzwungene Hyperengagement gegenüber dem Nationalsozialismus folgte politische Indolenz. Man wollte wieder unpolitisch sein."[30] Dieses Bedürfnis, wieder „unpolitisch" zu sein, dürfte aber über die Beamtenschaft hinaus weit verbreitet gewesen sein. Dadurch erhielten Positionen Aufwind, die sich bewußt unideologisch gaben, zumal diese durch die Politik der Alliierten gestützt wurden.[31] Von einer solchen besatzungspolitischen Leitlinie konnten politische Positionen profitieren, die ihren unpolitischen Charakter gegenüber den Alliierten glaubhaft machen konnten, wozu ohne Zweifel die Bekämpfung der Wohnungsnot gehörte. In den wohnungspolitischen Debatten des DGB setzten sich die Positionen durch, die angesichts der objektiven Wohnungsnot argumentierten, diese gigantischen Probleme seien nicht mit den hergebrachten Strukturen und Institutionen der Arbeiterbewegung zu meistern. Eine solche Einschätzung findet sich z.B. in der Beurteilung des Schleswig-Holstein-Projektes durch das Wirtschaftswissenschaftliche Institut des DGB.[32]

5. Das Schleswig-Holstein-Projekt des DGB 1950/51

Die grundlegende Idee des Programms des gewerkschaftlichen Forschungsinstituts, die Bekämpfung der Arbeitslosigkeit durch Wohnungsbau vor allem für Flüchtlinge, war nicht neu und stammte nicht vom DGB. Die Verwaltung für Wirtschaft (VfW) des VWG hatte 1947 ein Memorandum über die wirtschaftliche Lage in den Westzonen verfaßt, in dem es hieß, daß der Wohnungsmangel „die volle produktive Eingliederung der Flüchtlinge in die Wirtschaft" verhindere. „Ein verstärktes Reparatur- und Neubauprogramm für Wohnungen an den für die Wirtschaft wichtigsten Schwerpunkten" müsse 1948 durchgeführt werden.[33] Zu diesem Programm ist es in den Jahren 1948 und 1949 nicht gekommen. In einer ersten Stellungnahme zu dem Memorandum erkannte die amerikanische Seite die Wichtigkeit eines Wohnungsprogramms an, wandte aber ein, es „könnten die Lohnfragen bei den bestehenden Besitzverhältnissen nicht in befriedigender Weise gelöst werden".[34] Die amerikanische Militärregierung hielt die Kosten des Programms für zu hoch und befürchtete, daß es inflationistische Tendenzen auslösen könnte. Daher kam es nicht zustande.

Insofern betrat der DGB mit diesem Programm Neuland. Die politischen Befürchtungen der Alliierten koinzidierten hier mit den ordnungspolitischen Vorstellungen der Gewerkschaften, nach deren Auffassung das Wohnungs- und Siedlungswesen der Schlüssel für die Wirtschaftspolitik überhaupt war. In Zeiten der Krise müsse der Wohnungsbau stärker vorangetrieben werden, während er in Zeiten florierender Konjunktur zurückgefahren werden könne.

Der Ausgangspunkt für den DGB und dessen Wirtschaftswissenschaftliches Institut war allerdings nicht die Behebung der Wohnungsnot im engeren Sinne, sondern die Flüchtlingsfrage; die Lösung dieses politischen Problems war das eigentliche Ziel des Programms des WWI zur Arbeitslosigkeit wie des Schleswig-Holstein-Projektes, während der Wohnungsbau nur Instrument war, um dieses politische Ziel zu erreichen. Gewerkschaftspolitisch wurde die Gefahr gesehen, daß die Flüchtlinge auf dem Arbeitsmarkt zu „Schmutzkonkurrenten" (Nimptsch) würden. „Es darf keine Reservearmee arbeitsloser und verelendeter Heimatvertriebener geben, die den Arbeitsmarkt dauernd unter Lohndruck hält."[35] Fünf Jahre nach Ende des Krieges seien die Wohnverhältnisse von Flüchtlingen und Einheimischen katastrophal. Diese Gefahr wurde deshalb vom WWI als besonders groß angesehen. In dieser Situation mußten die Gewerkschaften politische Alternativen aufzeigen, die Mieten zu senken und die Baukosten niedrig zu halten. Zeitlich und politisch gehören in diesen Kontext die „Grundsätze einer gewerkschaftlichen Wohnungspolitik und Wohnungswirtschaft", die vom wohnungspolitischen Ausschuß des Gewerkschaftsrates beim Vereinigten Wirtschaftsgebiet im Jahre 1949 verabschiedet wurden.[36] Diese Grundsätze waren auf den ersten Blick ein konventioneller Forderungskatalog an die staatliche Wohnungspolitik, der aber besondere Aufmerksamkeit durch die Tatsache verdient, daß diese Forderungen noch im gleichen Jahr beispielhaft im Schleswig-Holstein-Projekt umgesetzt wurden. Zum anderen ging aus dem Grundsatzpapier hervor, daß der Adressat zwar die staatlichen Behörden waren, daneben aber so etwas wie eine gewerkschaftliche Selbstverpflichtung beim Wiederaufbau Westdeutschlands formuliert wurde. Schon auf der programmatischen Ebene verschwammen die Grenzen zwischen Staat und Gewerkschaft.

Der Organisator und Verfechter dieses Programms war auf Seiten der Gewerkschaft Reinhold Nimptsch vom WWI des DGB. Er berichtet, daß sich die Gewerkschaften unter der Leitung des Gewerkschaftsführers Hans Böckler am 11. Mai 1949 mit dem Verwalter der ERP-Mittel, Norman H. Collisson trafen, um die Voraussetzungen für ein solches Programm zu diskutieren.[37] Politisches Ziel im Sinne der Marshallplan-Verwaltung und des DGB war die Schaffung dauerhafter Arbeitsverhältnisse für die Flüchtlinge dort, wo sie wohnten; gleichzeitig erhoffte man sich durch diese Maßnahmen die Stärkung der Wirtschaftskraft des Landes Schleswig-Holstein. Die Rationalisierungsauflagen, die die Marshallplan-Verwaltung vorgab, entsprachen im wesentlichen gewerkschaftlichen Forderungen der damaligen Zeit. Das Programm des WWI zur Bekämpfung der Arbeitslosigkeit war von Euphorie hinsichtlich möglicher Rationalisierungseffekte geprägt, die durch Zentralisierungsmaßnahmen in der Bauwirtschaft erreicht werden sollten, wobei der Motor der gesamten Entwicklung die Baugenossenschaften und sonstigen gemeinnützigen Bauunternehmen sein sollten. Bau- und wohnungswirtschaftlich richtete sich das Programm gegen die handwerklichen Strukturen der deutschen Bauwirtschaft und implizit auch gegen die kleinen Baugenossenschaften, die die geforderte Leistungsfähigkeit, die dem Konzept des „industriellen Bauens" zugrunde lag, nicht erreichen konnten.

Notwendig sei eine „straffe Organisation", „die die Vergebung der Mittel von der Einhaltung allgemein festzulegender technischer, wirtschaftlicher und finanzieller Bedingungen abhängig macht",[38] dafür böten sich die Baugenossenschaften an, die das „Gerüst dieser Organisation"[39] bilden sollten. Die Leitung für dieses Programm sollte sich aus den höchsten Verwaltungsinstanzen, den Gewerkschaften und den beteiligten Wirtschaftskreisen zusammensetzen, die auf Länderebene „Zwischenstufen" einrichten sollten.[40] Auflagen waren, die Produktivität der Wirtschaft und des Wohnungsbaus zu erhöhen, die Wohnverhältnisse der Vertriebenen am Ort ihrer Beschäftigung zu verbessern sowie der Wirtschaft des Landes Schleswig-Holstein Aufträge zuzuführen.[41] Eine Senkung der Baukosten und die Rationalisierung der Baudurchführung versprach man sich im einzelnen durch folgende Maßnahmen: Zusammenfassung zu Großbaustellen, Bau weniger Wohnungstypen mit zentraler Vorplanung, die Verwendung von genormten Bauteilen, Einsatz neuer Bauarten und Baumethoden, Kontrolle der Vergabe aller Bauarbeiten, zentrale Beschaffung von Baustoffen und Bauteilen, zentrale Vorbereitung, Leitung und Kontrolle der Bauten, intensive Beratung der Wohnungsunternehmen und Architekten und laufender Erfahrungsaustausch zwischen allen Beteiligten.[42]

Die allgemeine Zielsetzung dieses Projektes widersprach nicht den traditionellen Zielen der gewerkschaftseigenen Baugenossenschaften, neu hingegen und den besonderen Charakter dieses Vorhabens ausmachend war die Ausrichtung und Größenordnung des Vorhabens. Der Aktionsradius der Baugenossenschaften war im Regelfall örtlich oder regional begrenzt, die wohnungspolitischen Forderungen des WWI von 1949 waren demgegenüber gesamtgesellschaftlich angelegt. Die gesamtgesellschaftliche Orientierung war jedoch angesichts der großen Wohnungsnot ein praktisches Handlungserfordernis für die Gewerkschaften.

Bei der Lösung der Flüchtlingsfrage wagte die neue Arbeitsgemeinschaft den Versuch, „durch eine neue wirtschaftspolitische Konstruktion der großen Notstandsaufgaben unserer Gegenwart Herr zu werden. Der Versuch mußte gewagt werden, weil diese Aufgaben weder auf liberale Weise noch rein bürokratisch, d.h. auf dem Verwaltungswege, zu lösen sind".[43] Da sowohl marktliberale als auch planwirtschaftliche Alternativen verworfen wurden, mußte eine neue Konstruktion gefunden werden, eine Art „dritter Weg" im Kleinen: die organisierte Selbsthilfe. Bei der Zusammensetzung der Arbeitsgemeinschaft sei entscheidend, daß die Beteiligten „sozial- und wirtschaftspolitisch seit jeher die gleichen Ideenrichtungen vertreten. Keiner der Partner ist erwerbswirtschaftlich orientiert. Gewerkschaften, Gemeinnützige Wohnungsunternehmen und Konsumgenossenschaften, sämtliche haben die gleiche Tradition: Solidarische Selbsthilfe der sozial Schwachen".[44] Formal wurde somit bei der Begründung dieser wichtigsten wirtschafts- und wohnungspolitischen

Initiative der Gewerkschaften in der Nachkriegszeit an die Traditionen gewerkschaftlicher Selbsthilfeorganisationen angeknüpft.

Die Situation im Nachkriegsdeutschland hat die Gewerkschaften nach Auffassung Reinhold Nimptschs in eine politische Verantwortung hineingedrängt, aus der sie sich nicht einfach verabschieden konnten, ohne an Autorität und Einfluß einzubüßen. Die mangelnde Staatsautorität war ein zentrales Argument für die Gewerkschaften, selbst 'hoheitliche' Aufgaben zu übernehmen. „Die Staatsautorität in Westdeutschland kann sich aber nur langsam festigen. Noch immer ist sie zwischen Besatzungsmächten, Bundesregierung und Länderregierungen wenig glücklich aufgeteilt. Dieses Nebeneinander führt zum Gegeneinander".[45] Der „naheliegende Ausweg" (Nimptsch) war das politische Handeln durch die Selbsthilfeverbände.

Im Konzert der Selbsthilfeverbände blieb der Deutsche Gewerkschaftsbund die treibende Kraft, er fungierte als „Promotor" des Projektes und hatte die Verantwortung für die gesamte Durchführung des Vorhabens. Die Gewerkschaften erfüllten beim Schleswig-Holstein-Projekt die Aufgaben des Antragstellers, des Managers, des Interessenvertreters, des öffentlichen Bauherrn und des Hüters der politisch-moralischen Wertordnung.[46] Das Schleswig-Holstein-Projekt ist die einzig relevante Maßnahme, in der der DGB als „politischer Verband", um den damals umstrittenen Begriff Theo Pirkers aufzugreifen,[47] agierte.

Gleichzeitig setzte das Vorhaben bestimmte Akzente, die sich später in der Wohnungsbaupolitik der Neuen Heimat wiederfinden. Das betraf einmal die wohnungsbaupolitische Dimension, d.h. auf Seiten der gemeinwirtschaftlichen Unternehmen der Gewerkschaften wurde fortan nur in großen Einheiten gedacht und gebaut. „Erst bei Aufträgen einer gewissen Größe", heißt es in einer Beurteilung, „lohnt sich die intensive Vorbereitungsarbeit, die bei rationalisierten Herstellungsmethoden unerläßlich ist. Erst dann lohnt sich für den Unternehmer die sorgfältig vorgeplante Einrichtung der Baustelle, der Bau der speziellen Vorrichtungen und die Beschaffung von Spezialgerät".[48] Damit sollten nicht notwendigerweise „Riesenprojekte" gemeint sein, wie einschränkend hinzufügt wird, aber in praxi liefen diese Vorschläge genau darauf hinaus.

Die Bevorzugung größerer Bauträger scheint für die weitere Entwicklung der gemeinwirtschaftlichen Unternehmen der Gewerkschaften besonders wichtig zu sein, denn nur diese „konnten eine zentral geleitete Planungsabteilung einrichten, eine systematische Typenentwicklung betreiben".[49] Für das Bundesland Schleswig-Holstein würden einige große Organisationen ausreichen, die den Wohnungsbau sachverständiger, rationeller und mit besserem wirtschaftlichen Erfolg betreiben könnten.[50]

Wirkungsgeschichtlich hat sich diese Tendenz zu Großbauten in der Wohnungsbaupolitik der späteren Neuen Heimat und der gewerkschaftlichen Wohnungspolitik durchgesetzt, obwohl die zuständige Neue-Heimat-Gesellschaft, die Gemeinnützige Wohnungs- und Siedlungsgesellschaft „Neue Heimat" Kiel, das Schleswig-Holstein-Projekt keineswegs dominierte.[51] Entscheidend dürfte gewesen sein, daß sich der Erfolg des Schleswig-Holstein-Projektes in den Gewerkschaften über die gewerkschaftseigenen Unternehmen vermittelte.

Die hier erörterten zentralen Merkmale dieses Bauvorhabens in Schleswig-Holstein, die Tendenz zu Großbauten oder die Bevorzugung größerer Bauträger etc., entsprachen gleichzeitig den Forderungen der Wohnungsgemeinwirtschaft der damaligen Zeit, sodaß auf dieser wohnungswirtschaftlichen Ebene frühzeitig enge Politik- und Interessenverflechtungen sichtbar werden. Für die gemeinwirtschaftlichen Unternehmen der Gewerkschaften war ein wichtiger politischer Nebeneffekt die Herstellung verbands- und parteiübergreifender Koalitionen, die notwendig waren, um in diesen Größenordnungen bauen zu können. Eine solche wohnungspolitische Nachkriegskoalition hatte schon Heinrich Plett in Kassel erfolgreich ausprobiert, in der „Kasseler Interessengemeinschaft zur Schaffung von Arbeitnehmerwohnungen" waren die Neue Heimat Kassel, die Gewerkschaften, die Industrieverbände, große Industrieunternehmen sowie die Stadt Kassel vertreten.[52] Als Beitrag zur Lösung des Flüchtlingsproblems war das Schleswig-Holstein-Projekt durchaus erfolgreich: Im September 1949 begannen die ersten konkreten Gespräche zwischen DGB, Kieler Sozialministerium und Vertretern der ECA; schon im Dezember 1951 war das Programm zu 97,5 Prozent erfüllt, es konnten 9.716 Wohnungen bezogen werden.[53]

Die Erfahrungen, die die Gewerkschaften und die Vertreter der Neuen Heimat im Schleswig-Holstein-Projekt sammelten, beeinflußten die weitere Politik des gemeinwirtschaftlichen Unternehmens maßgeblich, sie verbanden sich mit denen aus anderen Bauprogrammen in jenen Jahren. So berichtet z. B. das WWI, daß nach dem Vorbild des Schleswig-Holstein-Projektes in den Bundesländern Bayern, Niedersachsen und Nordrhein-Westfalen ebenfalls regionale Arbeitsgemeinschaften gegründet wurden. „Sämtliche Arbeitsgemeinschaften wurden am 6. Juli 1950 zu einer Zentralarbeitsgemeinschaft für produktive Flüchtlingshilfe zusammengefaßt, in der die Gewerkschaften ebenfalls die Führung hatten."[54] Politisch scheint diese Einrichtung damals nicht unbedeutend gewesen zu sein; sie war zuständig für die Koordinierung der Länderarbeitsgemeinschaften und die Verhandlungsführung mit der ECA und anderen Stellen über die Bewilligung von Mitteln.[55] Nach Abschluß dieser Arbeiten lösten sich die Zentralarbeitsgemeinschaft, die regionalen Arbeitsgemeinschaften und das Forschungsinstitut zum 1. Mai 1952 auf.[56]

Die Probleme, die sich aus dieser Wohnungsbautätigkeit der Gewerkschaften bis Ende der fünfziger Jahre ergaben, sind im wesentlichen folgende drei: 1) Die Gewerkschaften übernahmen durch den Wohnungsbau eine öffentliche Aufgabe, verbanden mit dieser Aufgabe allerdings keine strategisch-längerfristige und damit auch keine eigenständige ordnungspolitische Gestaltungsfunktion gegenüber ihren eigenen Unternehmen, die das Instrument zur Realisierung dieser als öffentlich definierten Aufgabe waren. 2) Der Kampf zwischen „Zentralisten" und „Dezentralisten", eine traditionelle Konfliktlinie sowohl in den sozialistischen Bewegungen als auch in der Geschichte der deutschen Arbeiterbewegung, tauchte nach 1945 im gewerkschaftseigenen Wohnungsbau sowohl innerhalb der gewerkschaftlichen Gremien wieder auf als auch in den Vorständen dieser Unternehmen, denn das Regionalprinzip ist konstitutiv für die Wohnungsgemeinwirtschaft.[57] 3) Es gab einen Machtkampf zwischen dem schwachen Dachverband, dem DGB, und den starken Einzelgewerkschaften über Zuständigkeiten und Kompetenzen im gewerkschaftseigenen Wohnungsbau.[58] Für die weitere Entwicklung sollte sich insbesondere das Fehlen einer strategisch-politischen Gestaltungsfunktion als fatal erweisen.

6. Die Entwicklung des gewerkschaftlichen Wohnungsbaus von 1954 bis Anfang der sechziger Jahre

Im September 1954 beschloß der geschäftsführende Bundesvorstand des Deutschen Gewerkschaftsbundes seine Wohnungsbaugesellschaften unter dem Dach der Neuen Heimat Hamburg zu zentralisieren. Mit dieser Entscheidung wurden die Weichen für einen riesigen, in der Geschichte der Gewerkschaften beispiellosen Wohnungsbaukonzern gestellt. In der Begründung dieses Zentralisierungsbeschlusses werden die Vorteile für den DGB und dessen Mitgliedsgewerkschaften wie folgt umrissen:
1. „... Die Ausstattung mit Eigenkapital erfolgt durch die Muttergesellschaft ...
2. Die Muttergesellschaft verfügt über bestes Fachpersonal und kann durch zeitweilige Abgabe von Personal an die angeschlossenen Gesellschaften Personalhilfen geben und planmäßig Nachwuchskräfte für den gewerkschaftseigenen Wohnungsbau heranbilden.
3. Die enge Verbundenheit der Muttergesellschaft mit dem Kapitalmarkt kommt den angeschlossenen Gesellschaften bei der Beschaffung der notwendigen Fremdkapitalien zugute.

4. Innerhalb der angeschlossenen Gesellschaften entwickelt sich ein außerordentlich fruchtbarer Gedankenaustausch. In den gemeinsamen Geschäftsbesprechungen werden alle technischen und wirtschaftlichen Probleme der Gesellschaften freimütig erörtert und nach Möglichkeit gelöst."[59]

Die politische Voraussetzung dieses Beschlusses war der Bundeskongreß des DGB zwei Jahre zuvor, auf dem ein Antrag der Industriegewerkschaft Bau Steine Erden abgelehnt wurde, den gewerkschaftseigenen Wohnungsbau durch eine Erhöhung der Gewerkschaftsbeiträge zu finanzieren. Diese Ablehnung wurde damit gerechtfertigt, daß die Durchsetzung des Industriegewerkschaftsprinzips gleichsam eine andere Verteilung der gewerkschaftlichen Ressourcen erfordere, die von den Hauptaufgaben der Industriegewerkschaften auszugehen habe, wozu in erster Linie die Lohn- und Tarifpolitik gerechnet und, so können wir hinzufügen, der gewerkschaftseigene Wohnungsbau nicht mehr gerechnet wurde. Das hatte die praktische Konsequenz, daß 'die Lösung der Wohnungsfrage' nicht als gewerkschaftspolitisches, sondern als ein öffentliches, vom Staat zu lösendes Problem betrachtet wurde. Der Verzicht auf die weitere Finanzierung des gewerkschaftseigenen Wohnungsbaus wurde insofern im erheblichen Maße von finanzpolitischen Erwägungen bestimmt, weshalb das Angebot des Vorstandes der Neuen Heimat, sowohl die aktuell dringlichen als auch die später notwendigen Kapitalerhöhungen durch die Muttergesellschaft über den Kapitalmarkt vorzunehmen, was eine dauerhafte Verschonung der Gewerkschaftskassen sicherstelle, besonders verlockend erscheinen mußte.

Dieser Zentralisierungsbeschluß legte den Grundstein für die spätere Unternehmensgruppe Neue Heimat und brach mit der hergebrachten Struktur 'gewerkschaftseigener' Wohnungsgesellschaften, die in der ausschließlichen Verantwortung der jeweiligen regionalen Gewerkschaftsvorstände betrieben wurden. Das neue große Wohnungsunternehmen war nur noch bei der Wahrnehmung der Gesellschafterrechte und über die Aufsichtsräte personell eng mit den Gewerkschaften verflochten, funktional wurden die Wohnungsgesellschaften von den Gewerkschaften abgetrennt. Dies ermöglichte die Autonomisierung des Wohngsbaukonzerns Neue Heimat, während ein traditioneller Alternativvorschlag, eingebracht von der Gewobag Frankfurt unter Reinhold Tarnow und Hans Kampffmeyer, unterlag.[60] Im Jahre 1958 war die Bildung der „Unternehmensgruppe Neue Heimat" zu einem riesigen Wohnungsbaukonzern im wesentlichen abgeschlossen, danach gliederte sich das Unternehmen in die Hamburger Zentrale (Muttergesellschaft) und regional strukturierte „Kopfgesellschaften" (Tochtergesellschaften), die wiederum verschiedene Wohnungsgesellschaften (Enkelgesellschaften) betreuten. Diese Struktur bedeutete gleichsam eine Expansion der Tätigkeit der Neuen Heimat ausgehend vom bisherigen Schwerpunkt in Norddeutschland in den südwestdeutschen Raum und die schließliche Ausdehnung in ganz Westdeutschland.

7. Die weitere Entwicklung nach 1962 im Kontext der gemeinwirtschaftlichen und der öffentlichen Unternehmen

Gemeinwirtschaftliche Unternehmen haben eine doppelte Zielbestimmung, nämlich effektiv zu wirtschaften unter Berücksichtigung sozialpolitischer Vorgaben. Damit sollten diese Unternehmen allgemein eine Korrektivfunktion zur Dominanz privatwirtschaftlich organisierter Unternehmen erfüllen. Die Formulierung und Umsetzung gemeinwirtschaftlicher Zielsetzungen hätte den Aufbau systematischer Kooperationsstrukturen erforderlich gemacht zur Realisierung großräumiger Planungen, kostengünstigen Bauens und einer effektiven Verteilung der Ressourcen. Eine solche systematische Kooperation wurde von den gemeinwirtschaftlichen Unternehmen der Gewerkschaften jedoch nicht praktiziert. Diese 'Planungslosigkeit' ist jedoch kein Spezifikum des gewerkschaftseigenen Wohnungsbaus, sondern des gemeinnützigen Wohnungsbaus allgemein, was Julius Brecht schon im Jahre 1957 beklagte: Brecht meinte, daß die fehlende Zusammenarbeit unter den Wohnungsunternehmen ein heikles Thema sei, weil hier, „es sei offen bekannt, bei uns noch mancherlei im Argen" liege ... „Es ist falsch, wenn das einzelne Wohnungsunternehmen nur betriebsegoistisch an sich denkt und städtebaulich nur von sich aus handelt, ohne zu bedenken, daß durch eine intensive, enge Zusammenarbeit aller örtlich tätigen Unternehmen städtebauliche Aufgaben auch größten Formats erfolgreich bewältigt werden könnten."[61]

Mangelnde Kooperation, nur punktuelle, nicht integrative Planungen sind nach dieser Lesart ein allgemeines Problem gemeinwirtschaftlicher Wohnungsunternehmen, kein Spezifikum der Neuen Heimat. Nichtintegrative Planungen waren jedoch in erster Linie den politischen Instanzen geschuldet, so war die Wohnungsbauförderung auf Bundesebene fiskalisch ausgerichtet bei einer dezidierten Ablehnung inhaltlicher Steuerungen. Gleichzeitig verfügten die Kommunen nicht über ausreichende Ressourcen, um ein eigenes ausreichendes Instrumentarium zur Realisierung einer integrativen Wohnungsbaupolitik auszudifferenzieren. Diese strukturellen Defizite nutzte das gemeinwirtschaftliche Unternehmen Neue Heimat und empfahl sich den Kommunen als kompetentes Wohnungsbauunternehmen. Diese Strategie war verbunden mit dem Aufbau klientelischer Strukturen zu politischen Parteien, staatlichen Bauinstanzen auf Länder-, Kommunal- und Bundesebene, deren Grundlagen, wie oben angedeutet, bereits in den ersten Nachkriegsjahren gelegt wurden. Diese persönlichen Kontaktstrukturen reichten zurück bis in die ersten Nachkriegsjahre, wobei zunächst eine weltanschauliche Homogenität der Akteure eine nicht unwesentliche Rolle gespielt haben dürfte, entscheidend waren sie für diese Strukturen nicht. Das belegen schon die ersten wohnungsbaupolitischen Aktivitäten der Gewerkschaften, wie das Schleswig-Holstein-Projekt, in dem beispielswiese so unterschiedliche Verbände wie Gewerkschaften und Vertriebenenverbände eng zusammenarbeiteten. Wesentlich für diese klientelischen Strukturen sind ideologisch deren Parteiüberwölbung und regional deren Expansion; dabei scheinen insgesamt bestimmte generationsspezifische Erfahrungen in der unmittelbaren Nachkriegszeit, insbesondere bei den ersten großen Baumaßnahmen unter widrigsten Bedingungen, zwischen wichtigen Entscheidungsträgern eine gewisse Bindungswirkung entfaltet zu haben. Derartige personenorientierte Kontaktstrukturen waren für regional operierende Wohnungsunternehmen nicht ungewöhnlich, und zwar zwischen den Wohnungsunternehmen und den Kommunen einerseits sowie den Wohnungsunternehmen und den Gewerkschaften andererseits, vielmehr waren diese Unternehmen aufgrund ihrer Ressourcenknappheit zur Ausdifferenzierung solcher funktionalen Strukturen angewiesen. Der Prozeß der Entfunktionalisierung und Klientelisierung dieser Strukturen setzte mit der Aufhebung des Regionalprinzips der gemeinwirtschaftlichen Wohnungsunternehmen ein: Ohne ausreichende Kompetenzen bei wohnungsbaupolitischen Entscheidungen, wie sie zuvor auf regionaler Ebene vorhanden gewesen waren, mußten vormals funktionale Strukturen auf ihren personalistischen Kern zusammenschrumpfen.

In den fünfziger Jahren widmete sich die Neue Heimat Hamburg noch dem gemeinnützigen Wohnungsbau, mit dem Abflauen des ersten Baubooms Ende der fünfziger Jahre zeichnete sich jedoch ein Strukturwandel vom Wohungsbau zum Städtebau ab, und das Unternehmen paßte sich dieser Entwicklung an und versuchte in den neu errichteten Wohngebieten das Wohnungsumfeld durch sogenannte Wohnfolgeeinrichtungen zu verbessern. Dabei dienten die inländischen Geschäfte, so der Hamburger Rechnungshof in einem Gutachten, nur noch „im Ansatz" der Verbesserung der Wohnungsversorgung breiter Bevölkerungskreise, während die Neue Heimat ihre Geschäftstätigkeit weiter ausdehnte, u.a. auf die Sanierungstätigkeit in Großstädten und den Wohnungsbau im Ausland.[62] Diese neuen Unternehmensaktivitäten gehörten „jedoch z.T. nicht mehr zum Geschäftskreis eines gemeinnützigen Wohnungsunternehmens."[63] Ab

Anfang der sechziger Jahre wurde die weitere Expansion vor allem durch den Einstieg in das internationale Baugeschäft betrieben,[64] schon 1961 wurden Gespräche mit französischen Wohnungsgesellschaften mit dem Ziel einer möglichen Beteiligung geführt, ebenso mit Wohnungsgesellschaften aus Belgien, Griechenland, England und Norwegen sowie den österreichischen „Neue Heimat"-Gesellschaften. 1962 beschloß die Geschäftsführung der Neuen Heimat Hamburg die Übernahme einer Betreuungstätigkeit für die Regierung in Ceylon, wozu eine besondere Gesellschaft gegründet wurde.[65] In diese Phase fallen die Entscheidungen zur Gründung der nichtgemeinnützigen „Neue Heimat International" (1962) und der „Neue Heimat Kommunal" (1964); auch die Pläne zur Gründung der nichtgemeinnützigen „Neue Heimat Städtebau", die 1969 ins Leben gerufen wurde.[66] Es ist dies die „Erschließung neuer Märkte", wie es im Bericht des Parlamentarischen Untersuchungsausschusses der Hamburger Bürgerschaft heißt.[67]

Die Expansionspolitik der Neuen Heimat erfolgte parallel zur marktnahen Umgestaltung staatlicher Wohnungsbaupolitik insgesamt, insbesondere nach dem Zweiten Wohnungsbaugesetz von 1956.[68] Dieser Prozeß war von der Formulierung und Entwicklung gewerkschaftlicher Politik entkoppelt und bleibt unter diesem Aspekt exotisch. Diese Entkopplung führte dazu, daß das Konzept „gemeinwirtschaftliche Unternehmen der Gewerkschaften" durch deren „intermediäre Institution" Gewerkschaft politisch nicht mehr vermittelt wurde: die Unternehmen wurden externalisiert. Diese Autonomisierung von den Gewerkschaften und deren faktische Ausrichtung auf eine nur marktorientierte Wohnungsbaupolitik leitete zudem das ein, was der parlamentarische Untersuchungsausschuß der Hamburger Bürgerschaft später als „Herauswachsen aus der Gemeinnützigkeit" bezeichnen sollte.[69]

Nach dem Tode Heinrich Pletts im Jahre 1963 führte dessen Nachfolger, Albert Vietor, diese Expansionspolitik fort. Bis 1969 wurde eine erneute Reorganisation der NH-Gruppe durchgeführt und die Zahl der sogenannten Kopfstellen verringert. Dadurch sollte eine effektive Unternehmenskonzentration erreicht werden. Daneben wurde die Neue Heimat Hamburg in eine reine Konzernholding ohne Bautätigkeit umgewandelt. Mit dieser Maßnahme wurde der schon früher eingeleitete Zentralisierungsprozeß weiter verfestigt; zwar gab es nach wie vor dezentral zugewiesene Planungs- und Finanzierungsaufgaben, ab 1963 jedoch zog der NH-Vorstand in Hamburg nach und nach alle relevanten dezentralen Kompetenzen bei den Bauprogrammen an sich. Ab 1970 wurde eine abermalige Reorganisation durchgeführt, die den Zentralisierungsprozeß vorantrieb; 1969 wurde eine für die weitere Entwicklung des Konzerns strategisch wichtige Entscheidung durch die Gründung der nichtgemeinnützigen Gesellschaft Neue Heimat Städtebau neben dem gemeinnützigen Unternehmens getroffen und deren Verkopplung im sog. Gleichordnungskonzern, mit der die Grenzen zwischen gemeinnützigen und nichtgemeinnützigen Unternehmen bewußt intransparent wurden. Das Unternehmen überschritt die Grenzen des Wohnungsgemeinnützigkeitsgesetzes (WGG) zudem durch „gewerbliche Unternehmensgründungen, die über Treuhänder verdeckt gehalten wurden".[70] Die Geschäftsführungen von Neue Heimat Städtebau und Neue Heimat Hamburg waren sowohl hinsichtlich der Geschäftsführungen als auch auf der Ebene der Direktoren und Zentralabteilungsleiter weitgehend identisch.[71]

Es lassen sich also grob drei Phasen unterscheiden – von 1954 bis 1962 (1. Phase), von 1963 bis 1969 (2. Phase) und ab 1970 (3. Phase) –, die nicht den Maximen gewerkschaftlicher Politik folgten, sondern sich an den sich wandelnden Rahmenbedingungen staatlicher Wohnungsbauförderung orientierten, deren Ziel in einer marktnahen Umgestaltung der Wohnungsbaupolitik zu sehen ist. In diesem Kontext scheint mir eine weitere Parallelität wesentlich zu sein, die die Entwicklung öffentlicher Unternehmen und deren Funktionswandel im Nachkriegsdeutschland insgesamt betrifft. In der Literatur darüber werden ebenfalls drei große Phasen unterschieden.

1) Vom Wiederaufbau bis zur ersten Privatisierungswelle Mitte der sechziger Jahre. Diese erste Phase beinhaltet ökonomisch die Durchsetzung der sozialen Marktwirtschaft und politisch die Stabilisierung des Systems der Bundesrepublik. Eine zentrale ordnungspolitische Funktion wurde den öffentlichen Unternehmen eigentlich nur in der unmittelbaren Nachkriegszeit zugewiesen, also für die kurze Periode instabiler Märkte und noch nicht gefestigter politischer Strukturen. Im Zuge der Stabilisierung der Bundesrepublik wurden die öffentlichen Unternehmen ab etwa Mitte der fünfziger Jahre verstärkt unter dem Aspekt ihrer Privatisierbarkeit betrachtet.

2) Die „stille Privatisierung" und massive Diversifikation in den siebziger Jahren. Diese Phase setzte 1966/67 ein und bestimmte die siebziger Jahre unter der Dominanz keynesianischer Interventionspolititk. In dieser Phase war die Beteiligungsphilosophie des Staates auf Konsolidierung und auf wettbewerbs-, erfolgs- und marktkonformes Verhalten gerichtet, die privatwirtschaftlichen Elemente bei den öffentlichen Unternehmen erhielten eine Dominanz gegenüber der öffentlichen Aufgabe, weshalb diese Phase auch als „stille Privatisierung" bezeichnet wird.[72] Gleichzeitig erfolgten erhebliche Diversifikationsaktivitäten der Unternehmen, die zu einer beträchtlichen Erweiterung des industriellen Bundes-

besitzes führten, aber primär auf der Ebene mittelbarer Beteiligungen, die unkoordiniert und nur auf die Interessen einzelner Bundeskonzerne abgestellt waren, so fand beispielsweise keine Industriepolitik statt. Kernbereiche staatlicher Beteiligungen (Kohle, Stahl, Schiffbau) wurden nicht gestärkt, sondern Beteiligungen in anderen Industriezweigen oder nachgelagerte Verarbeitungs- und Handelsstufen erworben – Diversifikationsaktivitäten, die teilweise zu massiven Verlusten führten. Im Zuge dieser Ausweitung gab es auch mehrere Korruptionsaffären, z.B. bei der Hessischen Landesbank, der Westdeutschen Landesbank und der Hamburgischen Electrizitäts-Werke AG.[73]

Diese Skandale beruhten auf politischen Interventionen in diesen Unternehmen, bestimmte Entscheidungen zu treffen, oder auf der Tatsache, daß die Unternehmensleitungen solche Entscheidungen im Vertrauen auf das bislang funktionierende Geflecht von Politik und öffentlichen Unternehmen trafen. Ein interessantes, der Konflikt- und Zusammenbruchsstruktur der Neuen Heimat nicht unähnliches Beispiel lieferte das öffentliche Unternehmen Hamburger Stadtentwicklungsgesellschaft und deren sogenanntes Persien-Engagement, das als Konsortialführer einer Unternehmensgruppe im Iran 6.600 Wohnungen bauen sollte. Das Projekt scheiterte 1979 und führte zu Verlusten bei der Freien und Hansestadt Hamburg von weit über 200 Millionen DM.[74] Politisch war dieses unternehmerische Engagement vor dem Hintergrund der schlechten Lage der Hamburger Bauwirtschaft sehr erwünscht, die Projektanbahnung erfolgte über persönliche Bekanntschaften weniger Entscheidungsträger, wobei parteipolitische Zugehörigkeiten eine untergeordnete Rolle spielten, während tauschförmige Machtbeziehungen zwischen Staat und öffentlichem Unternehmen sowie Rollenverquickungen der relevanten Entscheidungsträger für dieses Engagement entscheidend waren.[75]

Hier zeigten sich strukturelle Ähnlichkeiten zur Entwicklung der Neuen Heimat: Das Funktionieren und die Wirksamkeit solcher persönlichen Kontakte der Entscheidungsträger setzte die Kontinuität entsprechender Wachstumsraten in den kommunalen und Landeshaushalten voraus, die Anfang der siebziger Jahre im Vergleich zu den Vorjahren jedoch ausblieben; diese verringerten Handlungsspielräume der öffentlichen Haushalte betrafen insbesondere den Städte- und Wohnungsbau. Aber selbst unter diesen neuen Rahmenbedingungen ab Anfang der siebziger Jahre änderte die Neue Heimat ihre expansionistische Geschäftspolitik nicht, sondern setzte weiter auf die Stabilität und darauf, „daß die jeweils zuständigen Politiker ihre Absichten auch durchsetzen würden, so wie sie das viele Jahre hindurch getan hatten".[76] Denn die Neue Heimat war durch ihre umfangreiche Bautätigkeit ein wesentlicher politischer und ökonomischer

Faktor geworden, das Unternehmen war so auf den regionalen Märkten nicht nur Anbieter, sondern auch Nachfrager „nach Grund und Boden, nach Bauleistungen, nach Lieferungen von Brennstoffen und anderen Materialien, nach Dienstleistungen der unterschiedlichsten Art – von der Antennenwartung bis zum Ablesen des Heizungsverbrauchs".[77] Auf den regionalen Märkten stellte die Neue Heimat einen beachtlichen Wirtschaftsfaktor dar, im Rahmen dieser Konstellation wurde das Unternehmen, Hoffmann zufolge, „angeregt, gebeten, gedrängt – manchmal wohl auch unter massiven Druck gesetzt –, dies oder jenes Areal zu erwerben, damit der Bau von Wohnungen zügig begonnen werden könnte. Es sollte Gelände auf Vorrat für künftige Bauten vorgehalten werden, damit städtebauliche Überlegungen realisiert und die im Bereich der Verwaltung oder bei städtischen Gesellschaften entstandenen Probleme gelöst werden konnten."[78] Hoffmann räumt jedoch ein, daß es selbst nach der Autonomisierung der Neuen Heimat keinen Kaufentschluß gab, der der Neuen Heimat „durch Verwaltungsentscheidung hätte oktroyiert werden können",[79] sodaß die Entwicklung der Neuen Heimat unternehmerisch nicht zwingend gewesen sei, sondern auch später noch Handlungsalternativen zuließ. Zentral für unseren Zusammenhang ist die enge Kooperation zwischen gemeinwirtschaftlichem Unternehmen und öffentlicher Bauförderung; sie bestimmte das Wirken der Neuen Heimat, nicht das Verhältnis zu den Gewerkschaften. Und diese sind identisch mit den punktualistischen, marktunabhängigen Kooperationsstrukturen zwischen öffentlichen Unternehmen und staatlichen Instanzen, die für die erwähnten Skandale in den siebziger Jahren wesentlich sind.

In diesem Geflecht manageriell-pragmatischer Kontakte zwischen gemeinnütziger Wohnungswirtschaft, Neuer Heimat und öffentlicher Hand spielen die Gewerkschaften nur eine marginalisierte Rolle. Auch das Verhältnis zwischen Gewerkschaften und Neuer Heimat wurde von pragmatischen Kalkülen dominiert: Solange die Beteiligungen der Gewerkschaften an diesen Unternehmen ausreichten, finanziell die Konfliktfähigkeit der Gewerkschaften zu sichern oder gar zu erhöhen, galt offenbar die Funktion gewerkschaftlicher Bestandssicherung als erfüllt. So ist denn für den späteren Zusammenbruch der Neuen Heimat nicht so sehr das Versagen gewerkschaftlicher Kontrollmechanismen wesentlich, sondern das Versagen der staatlichen Kontrolle durch Bau- und Steuerbehörden der Länder sowie der Verbandskontrolle. So sieht etwa das Wohnungsgemeinnützigkeitsgesetz regelmäßige Kontrollen der gemeinwirtschaftlichen Unternehmen durch einen Prüfungsverband vor, in Hamburg ist das beispielsweise der Verband Norddeutscher Wohnungsunternehmen e.V. (VNW), der die Entwicklung der Neuen Heimat nicht sonderlich kritisierte. Auch im Verhältnis gemeinnütziger Wohnungswirtschaft, Neue Heimat und öffentlichem Auftraggeber scheinen akteursspezifische Machtbeziehungen dominiert zu haben.[80]

3) Der Übergang zur „offenen" Privatisierung in den achtziger Jahren. Angesichts der Phase der „stillen Privatisierung" der siebziger Jahre mit dem Dominantwerden marktkonformer Handlungsoptionen war es konsequent, diese Entwicklung in eine offene Privatisierung zu überführen. Das ist der Prozeß, der seit Anfang der achtziger Jahre beinahe unspektakulär einsetzte und heute noch anhält. In der Wohnungswirtschaft hatte er, nach einer Phase der Deregulierungsdiskussion in den achtziger Jahren, seinen Höhepunkt im Gesetz zur Steuerreform 1990, in dem das alte Institut der Wohngemeinnützigkeit, basierend auf dem Wohnungsgemeinnützigkeitsgesetz von 1940, abgeschafft wurde.[81]

Betrachtet man diese allgemeinen Entwicklungslinien, so fällt insbesondere die Parallelität zum öffentlichen und gemeinwirtschaftlichen Wohnungsbau auf. Nun stellt sich die Frage, was der gemeinsame Nenner der Entwicklung der öffentlichen Unternehmen im allgemeinen, der gemeinwirtschaftlichen Unternehmen auf einer mittleren Ebene und der Neuen Heimat im besonderen ist. Meine These ist, daß das Charakteristikum dieser Entwicklung in der sukzessiven Erodierung dessen zu sehen ist, was die öffentliche resp. gemeinwirtschaftliche Aufgabe dieser Unternehmen ursprünglich war, es ist die Erodierung der Kategorie des Öffentlichen, die die eigentliche Zweckbestimmung öffentlicher und gemeinwirtschaftlicher Unternehmen außer Kraft setzte, die in der Dualität von Öffentlichkeits- und Wirtschaftlichkeitsprinzip bzw. Solidar- und Wirtschaftlichkeitsprinzip bestand. Wir können diese Entwicklung als Verflüchtigung des Politischen bezeichnen – nachdem die Genossenschaftsforschung die „Verflüchtigung des Genossenschaftsgeistes" schon im vergangenen Jahrhundert als Problem entdeckt hatte. Soziologisch läßt sich diese Entwicklung als Prozeß der Auflösung der Verschränkung von Ideen, Interessen und Institutionen fassen,[82] wobei unter „Ideen" in diesem Kontext die Formulierung einer öffentlichen, wohnungsbaupolitischen Aufgabe zu verstehen ist, in unserem Fall die Versorgung kleiner und mittlerer Einkommen mit Wohnraum zu erschwinglichen Mieten, – und bei den gemeinwirtschaftlichen Unternehmen die gemeinwirtschaftliche Idee als Wirtschaftsgesinnung; mit deren sukzessiver Verflüchtigung waren die Interessen nicht mehr wertbezogen, das Interesse an der Durchsetzung der öffentlichen bzw. gemeinwirtschaftlichen Aufgabe verlor an Deutungsmacht im politischen Diskurs. Die Institutionen, die öffentlichen und gemeinwirtschaftlichen Unternehmen, konnten (und wollten) den Ideen der Gemeinwirtschaft bzw. des Öffentlichen keine hinreichende Geltung mehr verschaffen und entsprechende Interessenlagen nicht mehr formen.

8. Schlußbetrachtung

In den ersten Nachkriegsjahren war die Bautätigkeit der Gewerkschaften politisch zwingend gewesen. Dies gilt in gewisser Weise auch für die Loslösung der gemeinwirtschaftlichen Unternehmen von den Gewerkschaften in den fünfziger Jahren, stellt man die neue Struktur der westdeutschen Gewerkschaften mit den Prinzipien der Einheitsgewerkschaft und der Industriegewerkschaft in Rechnung. Das Versäumnis der Gewerkschaften bestand in dem Verzicht einer klaren Trennung von diesen Unternehmen, als diese sich mehr und mehr von den Gewerkschaften entkoppelten. Dieser Entkopplungsprozeß wurde im hohen Maße durch die Aufgabe des Regionalprinzips in diesen Unternehmen befördert. Die weitere unternehmerische Entwicklung der Neuen Heimat erschließt sich deshalb nicht aus den allgemeinen Zielsetzungen gewerkschaftlicher Politik, sondern aus den Zielsetzungen des öffentlichen Wohnungsbaus mit seiner dezidierten Marktorientierung. Diese Orientierung führte denn auch zum Herauswachsen der Neuen Heimat aus der Gemeinwirtschaft, die gleichzeitig den faktischen Verzicht auf die Formulierung und Aufrechterhaltung einer öffentlichen Aufgabe bedeutete. Ein weiteres Element der Unternehmenspolitik ist die Implementation republikweiter klientelischer Strukturen zwischen dem Unternehmen und den öffentlichen Baubehörden. Hier zeigen sich eine Reihe von Parallelen zur Entwicklung anderer öffentlicher Unternehmen, die letztlich auch den Zusammenbruch der Neuen Heimat erklärbar machen. Die Ursachen dieser Unternehmensskandale haben in der Regel die Ursache in der Größe der Unternehmen und – damit zusammenhängend – einer mangelnden Kontrolle. Der Erfolg dieser Unternehmen wurde in den ersten Nachkriegsjahren gelegt. In den sechziger Jahren erfolgte eine massive Ausweitung der rein erwerbswirtschaftlichen Bautätigkeit, beispielsweise im Hochschulbau und anderen öffentlichen Großbauvorhaben. Dieser Erfolg und die Größe des Unternehmens wiederum führten zu einer gewissen Immunisierung gegenüber Erscheinungen sozialen Wandels, insbesondere der Veränderung der Bedeutung von „Wohnen" für viele Menschen ab den frühen sechziger Jahren. Eine Vermittlung zwischen den sektoral unterschiedlichen Geschwindigkeiten sozialen Wandels – organisatorische Kontinuität der Wohnungsunternehmen einerseits und starke Diskontinuitäten im Gut Wohnen andererseits – fand nicht oder nur ungenügend statt, obwohl gerade die großen Wohnungsunternehmen über die Ressourcen zur Identifizierung dieses sozialen Wandels verfügten. In institutionalistischer Perspektive ist die Kritik am öffentlichen und gemeinwirtschaftlichen Wohnungsbau der sechziger und siebziger Jahre ein Problem scheiternden Institutionenwandels, d.h. die stärkere Marktorientierung der öffentlichen und gemeinwirtschaftlichen Wohnungsunternehmen erhöhte nicht die Flexibilität der Unternehmen bei der Identifikation sich verändernder Einstellungsmuster zum Wohnen, sondern ließ diese Flexibilität eher schrumpfen.

1 Vgl. P. Albus, Die Finanzierung des Wohnungsbaues in Deutschland in der Zeitperiode 1924 bis 1931, Würzburg 1931.
2 K. Novy/M. Prinz, Illustrierte Geschichte der Gemeinwirtschaft. Wirtschaftliche Selbsthilfe in der Arbeiterbewegung von den Anfängen bis 1945, Berlin 1985.
3 A. v. Saldern, Die Neubausiedlungen der Zwanziger Jahre, in: U. Herlyn/A. v. Saldern/ W. Tessin (Hrsg.), Neubausiedlungen der zwanziger und sechziger Jahre. Ein historisch-soziologischer Vergleich, Frankfurt a.M. 1987, S. 29ff.
4 R. Weinert, Das Ende der Gemeinwirtschaft. Gewerkschaften und gemeinwirtschaftliche Unternehmen im Nachkriegsdeutschland, Frankfurt a.M. 1994.
5 K. Bludau, Nationalsozialismus und Genossenschaften, Hannover 1968.
6 Ebenda.
7 Vgl. Novy/Prinz, Illustrierte Geschichte der Gemeinwirtschaft (Anm. 2).
8 K. Novy, Ansprüche an die Wohnungspolitik als Kulturpolitik, in: Gewerkschaftliche Monatshefte, Nr. 11/1988, S. 692.
9 Zur Lösung der „Behausungsfrage" als Zentralaufgabe des Wiederaufbaus vgl. den Beitrag von Axel Schildt in diesem Band.
10 Fr. Lütge, Wohnungswirtschaft, Stuttgart 1949, S. 253.
11 Diese Forderung wurde von der Militärregierung in einem Memorandum vom 14. Juni 1949 erhoben, vgl. Akten zur Vorgeschichte der Bundesrepublik Deutschland 1945-1949, hrsg. vom Bundesarchiv und Institut für Zeitgeschichte, München 1981, Band 5, S. 576.
12 Ebenda.
13 Vgl. ebenda, S. 259.
14 Vgl. ebenda, S. 260.
15 Vgl. ebenda, S. 564f.
16 Vgl. ebenda, S. 562.
17 Vgl. ebenda, S. 690.
18 R. Nimptsch, Produktive Flüchtlingshilfe der Gewerkschaften. Neue Organisationsmethoden für den Bau von 10.000 Wohnungen, Köln 1950, S. 12; ebenso: Wirtschaftswissenschaftliches Institut des DGB (WWI), Tätigkeitsbericht 1950 bis 1951, Düsseldorf 1951, S. 22.
19 R. Spörhase, Wohnungsunternehmen im Wandel der Zeit, Hamburg 1946, S. 136.
20 Novy/Prinz, Illustrierte Geschichte der Gemeinwirtschaft (Anm. 2), S. 223.
21 Spörhase, Wohnungsunternehmen (Anm. 19), S. 137.
22 Dazu neigen Novy/Prinz, Illustrierte Geschichte der Gemeinwirtschaft (Anm. 2), S. 231.
23 Saldern, Die Neubausiedlungen der Zwanziger Jahre (Anm. 3), S. 35.

24 G. Fehl/T. Harlander, Hitlers sozialer Wohnungsbau 1940-1945, in: Stadtbauwelt, 1984, S. 2095.
25 Vgl. hierzu den Abschnitt über das Schleswig-Holstein-Projekt weiter unten.
26 Als z.B. im Jahre 1938 ein Fehlbedarf von 1,5 Millionen Wohnungen erreicht war, ging der Generalbevollmächtigte für die Bauwirtschaft dazu über, die Typisierung, Normierung und Serienproduktion in der Bauwirtschaft durchzusetzen, Methoden, die als nationalsozialistische Erfolge gefeiert wurden, obwohl der Zusammenhang dieser Rationalisierungsformen mit Entwicklungen vor 1933 offensichtlich war. Vgl. u.a. U. Peltz-Dreckmann, Nationalsozialistischer Siedlungsbau, München 1978, S. 188.
27 Vgl. hierzu Th. Pirker, Die Blinde Macht, 2 Bde., Berlin 1979.
28 Vgl. A. Klönne, Die deutsche Arbeiterbewegung, Düsseldorf 1981, S. 322.
29 Ebenda, S. 324.
30 Th. Eschenburg, Der bürokratische Rückhalt, in: Die zweite Republik. 25 Jahre Bundesrepublik Deutschland, hrsg. von R. Löwenthal/H.-P. Schwarz, Stuttgart 1974, S. 79.
31 Vgl. M. E. Foelz-Schroeter, Föderalistische Politik und nationale Repräsentation 1945-1947, Stuttgart 1974, S. 79.
32 Vgl. J. Kädtler, Arbeitslosigkeit und Gewerkschaften. Zwischen Vollbeschäftigungsziel und selektiver Besitzstandswahrung, Göttingen 1986, S. 84.
33 Akten zur Vorgeschichte (Anm. 11), Bd. 4, 1983, S. 176.
34 So General Clay auf der Besprechung der Militärgouverneure mit den bizonalen Vertretern am 14. Februar 1948 in Frankfurt am Main, vgl. ebenda, S. 328.
35 Nimptsch, Produktive Flüchtlingshilfe (Anm. 18), S. 19.
36 Vgl. Neue Heimat Hamburg, Ein Beispiel gewerkschaftlicher Wohnungspolitik, Hamburg 1952, S. 15ff.
37 Vgl. R. Nimptsch, Sofortaktion zur Bekämpfung der Arbeitslosigkeit, Beseitigung der Wohnungsnot unter Anwendung zeitgemäßer Methoden und Mittel, in: WWI-Mitteilungen, Heft 6/1949, S. 1.
38 Ebenda.
39 Ebenda.
40 Vgl. ebenda.
41 Weinert, Das Ende der Gemeinwirtschaft (Anm. 4), S. 85.
42 J. Scharre, Ergebnis, Methode, Erfahrungen des Schleswig-Holstein-Programms, in: Der Bau von 10.000 Flüchtlings-Wohnungen, Kiel 1952, S. 8.
43 Nimptsch, Produktive Flüchtlingshilfe (Anm. 18), S. 14.
44 Ebenda, S. 17.
45 Ebenda, S. 16
46 Weinert, Das Ende der Gemeinwirtschaft (Anm. 4), S. 88.
47 Pirker hat kein in sich geschlossenes Konzept oder Programm des politischen Verbandes entworfen, vielmehr entwickelte er dieses Konzept unter verschiedenen Aspekten (politische Ordnung, gewerkschaftliche Organisationspolitik, gewerkschaftliche Betriebspolitik) in mehreren Artikeln von 1949 bis 1952, die in den „Frankfurter Heften" und den „Gewerkschaftlichen Monatsheften" erschienen. Diese Beiträge sind chronologisch geordnet neu veröffentlicht in Th. Pirker, Soziologie als Politik. Schriften von 1949 bis 1990, hrsg. von R. Weinert, Berlin 1991, S. 65-105.
48 U. Haake, Folgerungen für den sozialen Wohnungsbau, in: Der Bau von 10.000 Flüchtlings-Wohnungen, Kiel 1952, S. 118f.

49 Ebenda, S. 120f.
50 Vgl. ebenda.
51 Diese NH-Gesellschaft baute in drei schleswig-holsteinischen Städten (Kiel, Schwarzenbek, Lockstedter Lager) insgesamt 327 Wohnungen, während z.b. die Wohnungsunternehmen der Lübecker Gewerkschaften allein in Lübeck über 400 Wohnungen bauten. Vgl. Der Bau von 10.000 Flüchtlings-Wohnungen, Kiel 1952, S. 270ff.
52 Vgl. H. Plett, Der Wiederaufbau privater Miethausgrundstücke durch gemeinnützige Wohnungsunternehmen, in: Gemeinnützige Wohnungswirtschaft, Heft 1/1949, S. 13.
53 Scharre, Ergebnis, Methode, Erfahrungen (Anm. 42), S. 10ff.
54 WWI, Tätigkeitsbericht 1950 bis 1951 (Anm. 18), S. 23.
55 Vgl. ebenda. Die Zentralarbeitsgemeinschaft gründete sogar ein eigenes Forschungsinstitut, das „Sozialwissenschaftliche Institut der Zentralarbeitsgemeinschaft für produktive Flüchtlingshilfe", das ab September 1950 von Reinhold Nimptsch geleitet und vom Labor-Office der HICOG finanziert wurde.
56 Vgl. ebenda. Zu diesen Vorhaben kamen damals noch andere wichtige Bauprogramme, die von den Gewerkschaften aber nicht so stark dominiert wurden, so z.B. die Wohnungsbauprogramme für Stahlarbeiter und Bergarbeiter. Die Initiative für das Wohnungsbauprogramm für Stahlarbeiter ging von den Arbeitsdirektoren und der Stahltreuhändervereinigung aus, „ohne daß der DGB (hier) direkt hervorgetreten wäre". Geschäftsbericht des Bundesvorstandes des DGB 1950-1951, Düsseldorf 1952, S. 34.
57 Vgl. Weinert, Das Ende der Gemeinwirtschaft (Anm. 4); I. Haag, Das „Ende der Gemeinwirtschaft" als Folge gewerkschaftlicher Widersprüche und Konflikte im Nachkriegsdeutschland. Berliner Arbeitshefte und Berichte zur sozialwissenschaftlichen Forschung Nr. 98/1995.
58 Vgl. hierzu ebenda.
59 Zit. n. Weinert, Das Ende der Gemeinwirtschaft (Anm. 4), S. 106.
60 Vgl. ebenda, S. 109ff.
61 J. Brecht, Die Leistungen der gemeinnützigen Wohungsunternehmen in der Wohnungsversorgung und im Städtebau, in: Allgemeiner Deutscher Bauvereinstag 1957. Städtebau durch Wohnungsunternehmen, Köln 1960, S. 253.
62 Rechnungshof Hamburg, Gutachten über die Aufgabenwahrnehmung der beteiligten Hamburger Behörden bei der Aufsicht über die „Neue Heimat", Hamburg 1983, S. 9.
63 Ebenda.
64 Vor dem Bundesausschuß des DGB im Jahre 1961 rechtfertigte Heinrich Plett diese Expansion mit der „uralten Solidaritätsidee" der Gewerkschaften und der europäischen Integration. „Ich meine, wir sollten übelegen, da eine Unternehmensgruppe unserer Prägung weder im europäischen Raum noch im amerikanischen Ausland existiert, ob wir nicht allein durch unser Dasein verpflichtet sind, an solchen Aufgaben mitzuwirken." Zit. n. Weinert, Das Ende der Gemeinwirtschaft (Anm. 4), S. 150f.
65 Vgl. ebenda, S. 150f.
66 Vgl. H.-J. Schulz, Die Ausplünderung der Neuen Heimat, Frankfurt a.M. 1987, S. 35 f.
67 Parlamentarischer Untersuchungsausschuß der Bürgerschaft der Freien und Hansestadt Hamburg zur Überprüfung der Aufsichtstätigkeit der Behörden gegenüber der Geschäftstätigkeit der Unternehmensgruppe Neue Heimat, Hamburg 1986, Drucksache 11/5900; im folgenden zit. als PUA-Bericht, S. 149.
68 Vgl. hierzu Axel Schildt in diesem Band.
69 PUA-Bericht (Anm. 67).
70 Ebenda.

71 Vgl. Rechnungshof Hamburg 1983, S. 14. Bis 1982 traf dies auch für die Aufsichtsräte dieser Gesellschaften zu, die erst unter dem Eindruck der vom „Spiegel" seit 1982 publizierten Gesetzesverstöße und persönlichen Bereicherungen durch Mitglieder des Vorstandes und der Aufsichtsräte rückgängig gemacht wurde. Vgl. Beschlußempfehlung und Bericht des 3. Untersuchungsausschusses „Neue Heimat", Deutscher Bundestag, Bundestags-Drucksache 10/6779, Bonn 1987, S. 44.
72 Vgl. G. Himmelmann, Geschichtliche Entwicklung der öffentlichen Wirtschaft, in: H. Brede/A. v. Loesch (Hrsg.), Die Unternehmen der öffentlichen Wirtschaft in der Bundesrepublik Deutschland, Baden-Baden 1986, S. 31-56; zusammenfassend I. Haag, Drei Varianten staatlicher Beteiligung und die Strategien ihrer Kontrolle in der Bundesrepublik Deutschland im historischen Abriß, in: N. Diederich/I. Haag/G. Cadel, Kontrolle öffentlicher Unternehmen. Die Steuerung und Überwachung wirtschaftlicher Beteiligungen des Staates durch Exekutive, Legislative, Rechnungshof und Wirtschaftsprüfer. Berliner Arbeitshefte und Berichte zur sozialwissenschaftlichen Forschung Nr. 89/1994, S. 44-73.
73 Vgl. Himmelmann, Geschichtliche Entwicklung (Anm. 72).
74 Die Geschichte des Scheiterns dieses Engagements und des Versagens von Kontrollstrukturen schildert ausführlich W. Seibel, Funktionaler Dilettantismus. Erfolgreich scheiternde Organisationen im „Dritten Sektor" zwischen Markt und Staat, Baden-Baden 1992, S. 163-178.
75 Ebenda, S. 267.
76 D. Hoffmann, Der Fall „Neue Heimat", in: Zeitschrift für öffentl. und freigemeinwirtschaftl. Unternehmen, Heft 4/1987, S. 346.
77 Ebenda.
78 Ebenda.
79 Ebenda, S. 347.
80 Auch Diether Hoffmann, der bis 1982 Vorstandsvorsitzender der BfG und bis 1986 in gleicher Funktion bei der Neuen Heimat tätig war, betont die Bedeutung dieser akteursorientierten Kooperationsstrukturen. Vgl. ebenda, S. 345.
81 Vgl. H. Jenkis, Die gemeinnützige Wohnungswirtschaft, in: Kommentar zum Wohnungsgemeinnützigkeitsgesetz mit der WGG-Aufhebungsgesetzgebung, hrsg. von H. Jenkis, Hamburg 1988.
82 M. R. Lepsius, Interessen, Ideen, Institutionen, Opladen 1990.

Thord Strömberg

Die Baumeister des Folkhems. Lokale Wohnungsbaupolitik in Schweden

In der Nachkriegszeit erhielten die schwedischen Gemeinden eine wichtige Rolle in der Wohnungsbaupolitik. Zwar legte der Reichstag den finanziellen Rahmen fest, aber die Kommunalpolitiker hatten das Recht zu entscheiden, was gebaut wurde, wo die Gebäude stehen sollten und wer schließlich den Bau ausführen sollte. Sofern sie sich dafür entschieden, in kommunaler Regie zu bauen, konnten sie im Prinzip auch über die Wohnungsvergabe bestimmen und die Wohnungsinhaber auswählen.

Im folgenden werde ich zunächst darstellen, wie und warum die Gemeinden zu Hauptakteuren der Wohnungsbaupolitik wurden, und anschließend schildern, wie sich die formalen Entscheidungsprozesse im ersten Vierteljahrhundert nach dem Krieg entwickelten. Das Hauptinteresse gilt der Frage nach dem Handlungsspielraum der Gemeinden. In welchem Maß konnten sie die formalen Möglichkeiten nutzen und die Entwicklung steuern, so daß ihre eigenen Ziele realisiert wurden?

1. Die Rolle der Gemeinden in der Wohnungsbaupolitik

In Schweden hat die lokale Selbstverwaltung eine lange Tradition. Durch die (erste) Gemeindeverordnung von 1862 wurde den damals zirka 2500 Städten und Gemeinden die Aufgabe übertragen, sich um ihre gemeinsamen Ordnungs- und Haushaltsangelegenheiten zu kümmern. Der Reichstag betonte allerdings, daß die kommunale Tätigkeit nicht in die staatlichen Aufgabenbereiche eingreifen dürfe. Überdies durften die Gemeinden in Bereiche, die traditionell als Privatangelegenheit galten, nur in gewissen Grenzen intervenieren. Es galt der Grundsatz, daß die Gemeinden sich lediglich um Angelegenheiten kümmern sollten, von denen alle Einwohner einen Nutzen hatten.[1]

Die Wohnungsfrage galt lange Zeit als Privatsache; erst nach dem Ersten Weltkrieg wurde sie zögernd zu einer politischen umdefiniert. Im Ersten Weltkrieg hatte sich die ohnehin prekäre Wohnsituation für die Ärmsten radikal verschlechtert. Der Wohnungsbau stockte und die Mieten schossen in die Höhe. In dieser Situation waren gemeinschaftliche Lösungen gefragt: Die Gemeinden erhielten während einiger Jahre staatliche Unterstützung, um Neubauwohnungen errichten zu können, und der Reichstag verabschiedete ein Gesetz, um allzu kräftige Mieterhöhungen zu verhindern. In den größten Städten wurden Mietervereine gegründet, die sich 1923, als die Mietenregulierung wieder abgeschafft wurde, zum Reichsverband (HGF) zusammenschlossen. 1923 wurde auch in enger Zusammenarbeit mit den organisierten Mietern eine landesweite Wohnungsbaugenossenschaft (Hyresgästernas sparkasse och byggnadsförening, abgekürzt HSB) gegründet. Das Organisationsmodell dieses Mieter-Bausparvereins beruhte auf Erfahrungen des Berliner Sparkassen- und Bauvereins und setzte voraus, daß die Mitglieder ein relativ hohes Eigenkapital investierten.[2]

Der HSB wurde nach dem Ersten Weltkrieg zu einem wichtigen Akteur und Instrument der Wohnungsbaupolitik, während sich die Gemeinden darauf beschränkten, die bescheidenen staatlichen Darlehen zu vermitteln und deren Rückzahlung zu garantieren.[3] Die wohnungspolitischen Reformen der dreißiger Jahre stärkten den HSB, in den einen Regionen mehr, in den anderen weniger. In Gemeinden, in denen es den bedürftigen Gruppen nicht gelang, ihr Anliegen in den politischen Versammlungen zur Sprache zu bringen, und in Gemeinden, in denen es dem HSB noch nicht gelungen war, einen Ortsverein zu gründen, zögerten die Kommunalpolitiker, staatliche Darlehen zu vermitteln, da dies mit einem finanziellen Risiko verbunden war. Selbst in Gemeinden mit sozialdemokratischer Mehrheit und etablierten HSB-Vereinen fielen die Ergebnisse der Politik sehr verschieden aus, wie der Vergleich der beiden mittelschwedischen Städte Örebro und Norrköping zeigt. In Norrköping gründeten die Stadt und der örtliche HSB-Verein eine gemeinsame Stiftung für den Bau und die Verwaltung von Mehrfamilienhäusern für finanzschwache kinderreiche Familien und Rentner, die bei Kriegsende fast 600 Wohnungen verwaltete. In Örebro dagegen mußte sich der HSB-Ortsverein damit begnügen, in Zusammenarbeit mit der Gemeinde 18 Eigenheime für kinderreiche Familien zu bauen.[4]

Die neue Wohnungsbaupolitik, die 1946 in einer Reihe von Reichstagsbeschlüssen festgeschrieben wurde, hatte einen völlig anderen Charakter als diejenige der Zwischenkriegszeit. Jetzt handelte es sich darum, den Wohnungsstandard prinzipiell für alle Einwohner zu verbessern. Gleichzeitig wurde die Wohnungsfrage mit anderen staatlichen Aufgabenbereichen, insbesondere der Konjunktur- und Arbeitsmarktpolitik verknüpft. Die Rolle der Städte und Gemeinden in diesem Zusammenhang war alles andere als geklärt.

Im Nachkriegsprogramm der Sozialdemokratischen Partei, das so konkret und auf die Erfordernisse der Tagespolitik zugeschnitten war, daß es der sozialdemokratischen Mehrheit, die im Sommer 1945 die Regierung antrat, als Handlungsprogramm dienen konnte, wurden die Städte und

Gemeinden aufgefordert, Bauunternehmen und Wohnungsgesellschaften zu bilden. Längerfristig wurde die Übernahme der privaten Miethäuser durch die Städte und Gemeinden angestrebt.[5] Im ersten Abschlußbericht des sozialen Wohnungsbaukomitees wurde diese Vision konkretisiert, und der Reichstag legte die Spielregeln fest. Im Ausschuß für sozialen Wohnungsbau („Bauausschuß") hatte der Geschäftsführer des HSB erfolgreich dafür gekämpft, den Wohnbaugenossenschaften die gleichen günstigen Darlehensbedingungen wie den kommunalen Wohnungsgesellschaften zu gewähren; die Mehrheit des Reichstages war jedoch anderer Meinung. Bei Häusern in kommunalem Besitz sollten die staatlichen Darlehen 100 Prozent des Anschaffungswertes decken, während sich die privaten Mietshausbesitzer mit Darlehen in Höhe von 95 Prozent bzw. 85 Prozent des Wertes begnügen mußten.[6]

Die Städte und Gemeinden sollten also in Zukunft die Hauptverantwortung für den Bau und die Verwaltung von Mietwohnungen tragen. Es bestand indessen ein tiefverwurzeltes Mißtrauen, ob die Städte und Gemeinden willens und fähig wären, die beschlossene Politik durchzuführen. Dies kam im Regierungsvorschlag zum kommunalen Wohnungsversorgungsgesetz zum Ausdruck, in dem unter anderem die folgenden Rechte und Pflichten festgelegt wurden: 1) Die Städte und Gemeinden sollten künftig das Recht haben, Mittel für die Verbesserung der Wohnverhältnisse zu veranschlagen;[7] 2) die Gemeinden wurden verpflichtet, staatliche Darlehen und Beiträge zu vermitteln; 3) Gemeinden mit mehr als 10.000 Einwohnern wurden verpflichtet, Wohnungsversorgungspläne für den Zeitraum von zehn Jahren auszuarbeiten. Darüber war sich die Mehrheit der Reichstagsabgeordneten einig. Da die Regierung die Gemeinden auf dem Weg der Gesetzgebung zwingen wollte, kommunale Wohnbaugesellschaften zu bilden, schlossen sich indessen mehrere sozialdemokratische Reichstagsabgeordnete der Opposition an. Sie waren der Meinung, daß das Selbstverwaltungsrecht der Gemeinden nicht eingeschränkt werden dürfe. Somit wurde der Vorschlag abgelehnt.[8]

Rasch wurde deutlich, daß sich die Gemeinden nicht von der Gesetzgebung beeinflussen ließen; Wohnungsversorgungspläne in der Art, wie sie der Reichstag verlangt hatte, wurden vielerorts erst Mitte der sechziger Jahre erstellt. Angesichts der starken Abhängigkeit von der staatlichen Finanzierung hatten viele das Gefühl, daß eine längerfristige kommunale Wohnungsbaupolitik ziemlich sinnlos sei; um so mehr, als der Staat die Bedingungen ständig änderte. Dies wurde besonders im ersten Jahrzehnt nach dem Zweiten Weltkrieg deutlich, als der Staat die Wohnungsbaupolitik bewußt dazu nutzte, den Beschäftigungsrückgang auszugleichen und die konjunkturellen Schwankungen abzumildern.[9] Eine längerfristige kommunale Wohnungsbauplanung wurde erst in dem Moment für wirklich sinnvoll erachtet, als sich die staatliche Darlehenspolitik für den Wohnungsbau verstetigte.

2. Steuerungsmittel

„Die Wohnungen werden im Rahmen einer sehr komplizierten Organisation, in der es viele Machtzentren gibt und die durch schwer erkennbare und fragmentierte Verantwortungsverhältnisse gekennzeichnet ist, gebaut und verteilt; und mit Hilfe eines formalen Steuerungssystems, das so komplex ist, daß niemand, den wir getroffen haben, einen klaren Überblick darüber hat, geschweige denn verstanden hat, wie es eigentlich zusammenhängt." So faßte Norman das Verteilungssystem, wie es sich gegen Ende der sechziger Jahre darstellte, zusammen.[10] Hätte seine Untersuchung dem Zeitraum direkt nach dem Ende des Zweiten Weltkriegs gegolten, wäre er kaum zu einem anderen Ergebnis gekommen.

Der Krieg forderte eine staatliche und kommunale Kontrolle der gesellschaftlichen Ressourcen. Für den Wohnungsmarkt bedeutete das u.a., daß die Mietpreise reguliert wurden, daß den Kommunen vorgeschrieben wurde, wieviele Wohnungen jährlich gebaut werden durften, und daß eine Baugenehmigung eingeholt werden mußte, bevor mit dem Neubau begonnen werden konnte. Als die Organisation 1943 voll ausgebaut war, waren fünf Ministerien sowie zahlreiche nachgeordnete Ämter mit Entscheidungen befaßt, die auf die eine oder andere Weise den Wohnungsbaumarkt betrafen. Die Städte und Gemeinden kamen in erster Linie mit zwei Ministerien in Kontakt: Mit dem Verkehrsministerium, das durch die Bezirksverwaltungen und die kommunalen Bauausschüsse für Stadtplanungsangelegenheiten zuständig war, und mit dem Sozialministerium, das die Beschlüsse über den staatlich finanzierten Wohnungsbau koordinierte (Schaubild 1).

Schaubild 1: Beschlußordnung für staatliche Wohnungsanleihen, Betriebsgenehmigung und Stadtplanung 1943-1948

zentrale Ebene	Sozialministerium Bauausschuß		Verkehrs- ministerium
	Arbeitsmarkts- kommission	Wohnungsbaukredit- anstalt/Wohnungsbau- aufsichtsrat	Baudirektion
Bezirksebene	Bezirksarbeitsausschüsse		Bezirksverwaltung
kommunale Ebene	Arbeitsämter	Vermittlungsorgan	Bauamt

Durch organisatorische Veränderungen im Jahre 1948 wurde in erster Linie die Bezirksebene gestärkt, indem dort Wohnungsbauämter eingerichtet wurden. Diese verteilten die finanziellen Mittel unter den Städten und Gemeinden und sorgten dafür, daß die Bestimmungen über die Minimalanforderungen an den Standard von den Bauherren, die staatliche Darlehen anforderten, eingehalten wurden. Bis dahin waren diese Aufgaben von der zentralen Ebene erledigt worden.[11]

Das formale Entscheidungssystem konnte durch informellen Druck beeinflußt werden. Als die Regierung im Frühjahr 1946 den Wohnungsbau aus konjunkturpolitischen Überlegungen zurückfuhr, befürchteten die zuständigen Minister eine Masseninvasion des Regierungssitzes durch Kommunalpolitiker.[12] Einige Jahre später stellte die „Reichsorganisation der Städte und Gemeinden" (Städtetag) einen Ombudsman an, der die Arbeit des Bauausschusses beobachten sollte. Den Städtevertretern sollten damit die oftmals nötigen Reisen in die Hauptstadt für den Besuch der einzelnen Behörden erspart werden.[13] Auch nachdem die Wohnungsbauämter der Bezirksebene dem zentralen Bauausschuß die Aufgabe der Bearbeitung der Darlehensgesuche abgenommen hatten, bestand weiterhin ein enormes Bedürfnis, über einzelne Projekte informell zu verhandeln. Der Umfang und die Intensität dieser Verhandlungen dürfte sogar zugenommen haben, da die räumliche Distanz nun geringer war und die persönlichen Kontakte enger waren.[14]

Der Einfluß der Bezirksebene wurde auch in Planungsfragen gestärkt. Das neue Bebauungsgesetz von 1947 gab den Gemeinden ganz neue Möglichkeiten, die Entwicklung zu steuern. Sie erhielten die Auflage, längerfristige „Generalbebauungspläne" zu entwickeln, die u.a. Angaben über Wohnbau-, Industriebau- und Freizeitgebiete enthalten sollten. Der detaillierte Zonen- und Bebauungsplan war rechtlich viel verbindlicher als früher. Die Grundstücksbesitzer mußten sich bei ihren Bauvorhaben und der Nutzung des Grundstücks strikt an die Gemeindepläne halten. Die Architekten der Bezirksverwaltung erhielten die Aufgabe, die Planung zu beaufsichtigen, zu koordinieren und für einige Bereiche (wie z.B. Verkehrswege und Wasserversorgung) Regionalpläne aufzustellen. Die Entscheidung über einen Bebauungsplan mußte den langen Weg von den kommunalen Bauämtern über den Stadtrat zur Bezirksverwaltung und von dort weiter bis zum zentralen Bauausschuß durchlaufen. Oberste Entscheidungsinstanz war die Regierung. Keine der übergeordneten Instanzen konnte allerdings die Pläne der Städte und Gemeinden ändern; sie konnten sie lediglich ablehnen, wenn sie gegen andere wichtige gesellschaftliche Ziele verstießen. In der Praxis wurde die Entscheidung über gesellschaftlichen und individuellen Nutzen auf der kommunalen Ebene getroffen.[15]

In der Nachkriegszeit waren nur wenige Schweden in der Lage, ohne staatliche Darlehen eine Wohnung zu bauen.[16] Entsprechend heftig war der Kampf um die staatlichen Kredite. Regierungsbezirke sowie Städte und Gemeinden mit starker Exportindustrie wurden eher gefördert. In Städten wie Örebro und Norrköping jedoch, in denen die Binnenindustrie nach Arbeitskräften verlangte, wurde die Wohnungsnot akut.[17] Die Kluft zwischen den Wünschen der Städte und Gemeinden und den Investitionsmöglichkeiten des Staates öffnete sich in der Hochkonjunktur der späten vierziger Jahre immer weiter, als der Beitrag zum Wohnungsbau gesenkt wurde und damit 25 Prozent geringer war als die Kommission für sozialen Wohnungsbau vorgeschlagen hatte. Die Unsicherheit stieg, als die Regierung überdies im laufenden Haushaltsjahr eine Änderung der Verteilungspraxis vornahm, die mit neuen Konjunkturprognosen gerechtfertigt wurde.[18] Die Frage, wie die Kommunalpolitiker die knappen Mittel zwischen verschiedenen Bauherren und Vergabeformen verteilen sollten, wurde brennend.

In der Kommunalwahl 1952 setzten sich sowohl die liberale Volkspartei (Folkpartiet) als auch die Konservative Partei (Högerpartiet) für die Abschaffung der Bauregulierung ein. Auch innerhalb der Sozialdemokratischen Partei plädierten einflußreiche Politiker für die Lockerung des Systems.[19] Dazu kam es dann auch: Anstelle von Mengenvorgaben, die festlegten, wieviele Wohnungen die Gemeinden im Laufe eines Jahres bauen sollten, erhielten die Bezirksbehörden nun Informationen über den Rahmen der Kreditmöglichkeiten.[20]

Während der Staat seine eigenen Planungsambitionen zurückschraubte, verlangte er nun eine erhöhte Planungsbereitschaft der Kommunen. Die bis dahin wirkungslosen Gesetze zur kommunalen Wohnungsbauplanung wurden reaktiviert. Nach dem Abflauen der Hochinflation während des Koreakriegs seien die Voraussetzungen für eine realistische kommunale Wohnungsbauplanung günstig, meinte der Wohnungsbauaufsichtsrat in einem Rundschreiben. Die Gemeinden sollen deshalb, soweit dies noch nicht geschehen sei, in den nächsten Jahren ein wenigstens vorläufig geltendes Wohnungsbauprogramm erstellen.[21]

Als die Niedrigzinspolitik Mitte der fünfziger Jahre aufgegeben wurde, spielte die Wohnungsbaupolitik nicht länger die Hauptrolle als Konjunkturstabilisator.[22] Von nun an war es möglich, längerfristige Wohnungsbauprogramme umzusetzen; aber es sollte noch ein weiteres Jahrzehnt dauern – das „Millionenprogramm" begann erst 1965 –, bis die Anforderungen an die kommunale Planung verschärft wurden.[23] Nachdem in einigen Städten bereits seit mehreren Jahren Versuche mit einem gleitenden Fünfjahresprogramm gemacht worden waren, galten dieselben Anforderungen nun für alle. Gleichzeitig wurden die Städte und Gemeinden aufgefordert, Grundstücke zur Verfügung zu stellen.[24]

Letzteres war ganz entscheidend. Die Befugnisse der Städte und Gemeinden in Sachen Planung hatten sich als unzureichend erwiesen. Natürlich konnten sie unerwünschtes Bauen verhindern, aber einen widerwilligen Grundstückseigentümer konnten sie nicht zur Bebauung zwingen. Das Recht der Städte und Gemeinden, Grundstücke und Immobilien zu enteignen, wurde kaum angewandt, da dies zu kostspielig und mit zeitaufwendigen Verfahren verbunden war. Um einen rationellen und planmäßigen Wohnungsbau zu erreichen, mußten die Kommunen Grundstücke besitzen – darüber war man sich seit Mitte der sechziger Jahre in den zentralen Entscheidungsgremien im klaren.[25] Auf kommunaler Ebene war man schon viel früher zu dieser Einsicht gelangt. Nur wenige Städte und Gemeinden entwarfen indessen allgemeine Bebauungs- und Zonenpläne („Generalpläne"), und noch weniger ließen diese von den Bezirksverwaltungen absegnen. Wenn die Bezirksverwaltung den Generalplan akzeptiert hatte, so war er zwar für die Kommune bindend, der private Grundstücksbesitzer war aber nicht zum Bauen verpflichtet. Wann und wo die Privaten sich für eine Investition entscheiden würden, konnten die Planer lediglich erraten, nicht aber steuern.[26]

3. Das Ergebnis

Den Gemeinden stand es frei, ein eigenes Wohnungsbauunternehmen zu gründen oder dies bleiben zu lassen. Wenn sie sich für letzteres entschieden, konnten sie sich, wie das früher häufig der Fall gewesen war, dafür entscheiden, mit den Wohnungsbaugenossenschaften zusammenzuarbeiten oder tatenlos zuzusehen, wie sich die Dinge entwickelten. Da alle diese Varianten vorkamen, bestanden hinsichtlich des Wohnungsangebots zwischen den Kommunen erhebliche Unterschiede.[27] Die Differenzen sind vor allem durch die lokalen Machtverhältnisse und die dahinter stehenden kulturellen Traditionen zu erklären. Zu diesem Ergebnis kam der Soziologe Göran Lindberg, der allerdings trotz einer großangelegten statistischen Untersuchung die Variationen nicht mit Hilfe von quantitativem Datenmaterial erklären konnte. Immerhin konnte er feststellen, daß kommunal verwaltete Mietwohnungen in größeren Städten stärker verbreitet waren als in anderen Orten, und daß kommunal verwaltete Miethäuser in Gemeinden mit sozialdemokratischer Mehrheit üblich waren. Es gab jedoch viele Ausnahmen.[28]

Welche kulturellen Traditionen und Machtverhältnisse können den Unterschied im Wohnungsangebot von Örebro und Norrköping erklären? Die beiden Städte ähnelten einander in verschiedener Hinsicht: Beide waren für schwedische Verhältnisse recht große Industriestädte mit 60.000 – 90.000 Einwohnern, die aufgrund des kräftigen Zuzugs in den ersten zehn Jahren nach dem Zweiten Weltkrieg beträchtlich wuchsen. Beide wurden von einer stabilen sozialdemokratischen Mehrheit regiert. In bezug auf die Wohn- und Machtverhältnisse gab es indessen von Anfang an deutliche Unterschiede: In Norrköping waren die Wohnverhältnisse schlechter, die Einwohner ärmer und die Stellung der Sozialdemokraten stärker.[29] Die Politiker entschieden sich hier für die Förderung von Miethäusern in kommunalem Eigentum. Ihre Kollegen in Örebro halfen (Tabelle 1) dagegen mit erheblichen Investitionen der Gemeinde den finanzschwachen Einwohnern.

Tabelle 1: Die Zusammensetzung des Wohnungsbestandes in Örebro und Norrköping 1965 (in Prozent)

Besitzverhältnisse	Örebro	Norrköping
Städtische Mietwohnungen	30,8	21,1
Genossenschaftliche Wohnungen	9,1	19,1
Mietwohnungen und Einfamilienhäuser in Privatbesitz	60,0	59,6

(Quelle: Strömberg 1984, S. 112.)

In Örebro wurden die Wohnungsbaugenossenschaften wegen der bevorzugten Förderung von kommunal verwalteten Miethäusern an den Rand gedrängt. Der Vergleich mit den Zahlen für ganz Schweden zeigt, daß Örebro damit eher ein Ausnahmefall war. Das Verteilungsmuster in Norrköping deckte sich dagegen einigermaßen mit dem für ganz Schweden (Tabelle 2). Während des „Millionenprogramms", als der Wohnungsbau in Schweden einen quantitativen Weltrekord erreichte, verstärkte sich die Tendenz zum kommunalen Wohnungsbau (Tabelle 3).

Tabelle 2: Die Zusammensetzung des Wohnungsbestandes in Schweden 1960-1975 (in Prozent)

Besitzverhältnisse	1960	1970	1975
Kommunale Mietwohnungen	9,0	17,0	20,0
Genossenschaftliche Wohnungen	11,0	14,0	14,0
Mietwohnungen und Einfamilienhäuser in Privatbesitz	76,0	65,0	62,0
Andere	4,0	4,0	4,0

Quelle: Strömberg 1992, S. 263.

Tabelle 3: Zusammensetzung der Neubauten in Örebro und Norrköping 1965-1975 (in Prozent)

Besitzverhältnisse	Örebro	Norrköping
Städtische Mietwohnungen	59,0	38,0
Genossenschaftliche Wohnungen	11,0	16,0
Mietwohnungen und Einfamilienhäuser in Privatbesitz	30,0	46,0

(Quelle: O. Sjölin und A. Johansson, Vilka byggde vad?, S. 67)

Unter sozialdemokratischen Wohnungsbaupolitikern ebenso wie unter den sozialdemokratisch gesinnten Architekten und Wohnungsbauexperten galt Örebro als „Musterstadt". Wohnungsbauforscher sind der einhelligen Meinung, daß die sozialdemokratische Idee des sozialen Wohnungsbaus hier konsequent ausprobiert wurde.[30]

4. Interessen, Kräfte und Bündnisse im Zentrum und in den Kommunen

Wissenschaftler, die die schwedische Wohnungsbaupolitik auf der Ebene der Zentrale untersuchten, konstatierten, daß sich die Beteiligten in zwei Interessenkoalitionen zusammenfanden. Auf der einen Seite stand die sogenannte Interessenkoalition, die, mit der Sozialdemokratischen Partei im Mittelpunkt, die Interessen der Wohnungsbaugenossenschaften, der organisierten Mieter und der Bauarbeiterorganisationen koordinierte. Diese Koalition stand geschlossen hinter der Auffassung, daß eine starke gesellschaftliche Steuerung der Produktion und Konsumtion von Wohnungen preistreibende Spekulationen verhindern würde. Auf der anderen Seite stand die sogenannte Wirtschaftskoalition, deren Vertreter in der „Baudelegation" der Wirtschaft versammelt waren. Ihr gehörten eine Reihe privater Wirtschaftsorganisationen an – und zwar nicht nur solche, die direkt mit dem Wohnungsbau zu tun hatten, sondern beispielsweise auch der Schwedische Arbeitgeberverband. Politisch wurden die Interessen dieser Koalition in erster Linie von der Konservativen Partei (Högerpartiet) vertreten, auch die liberale Volkspartei (Folkpartiet) nahm jedoch am Streit um den Schutz der Unternehmerinteressen teil.[31]

In den politischen Diskussionen, die auf zentraler Ebene geführt wurden, befehdeten sich diese Koalitionen heftig, besonders 1949, als die sogenannte Planwirtschaftsdebatte ihren Höhepunkt erreichte.[32] Als man dann aber auf lokaler Ebene zur konkreten Umsetzung schreiten sollte, zeigte es sich, daß beide Koalitionen trotz ihrer inneren ideologischen Gemeinsamkeiten nicht geschlossen handelten. Die der „Wirtschaftskoalition" angehörenden Vertreter der Industrie waren lediglich daran interessiert, daß die Wohnungen zum richtigen Zeitpunkt und am richtigen Ort gebaut wurden. Wer sie baute und verwaltete, war für sie nebensächlich. Die privaten Bauherren interessierten sich nicht allein für den Wohnungsbau, sondern verfolgten ihre Ziele auch durch den Bau und die Verwaltung von Geschäftsgebäuden in der Innenstadt, für die die staatlichen Mietpreisregulierungen nicht galten. Unter den gegebenen wirtschaftlichen Voraussetzungen waren die Wohnungsbaugenossenschaften und die kommunalen Wohnungsbaugesellschaften die wichtigsten Partner für die Industrie.

Während des Krieges, als der HSB, gleich wie die privaten Bauherren, die Wohnbautätigkeit bremste, gründete die Gewerkschaft der Bauarbeiter ein eigenes genossenschaftliches Wohnungsbauunternehmen, „Riksbyggen". Gleichzeitig wurde das gewerkschaftseigene genossenschaftliche Bauunternehmen „BPA", das in „Riksbyggen" einen treuen Kunden erhalten sollte, wieder zum Leben erweckt. Das Hauptinteresse dieser beiden Unternehmen galt der Arbeitsbeschaffung für die gewerkschaftlich organisierten Bauarbeiter.[33] Die Mietervereine waren ihrerseits in erster Linie am verstärkten Ausbau des kommunalen Mietwohnungsbestandes interessiert. Der HSB wollte das Wachstum der eigenen Organisation durch den Bau und die Verwaltung von Eigentumswohnungen für seine Mitglieder sicherstellen.[34] Die Interessen überschnitten sich, und die Machtverhältnisse, die sich innerhalb der lokalen Interessenkoalitionen

entwickelten, beeinflußten die Ergebnisse der Wohnungsbaupolitik.
In Norrköping war die Stadtverwaltung in drei Abteilungen unterteilt.[35] Im Liegenschaftsamt, das für Wohnungsbaupolitik zuständig war, hatte der Sozialdemokrat Einar Nilsson von 1937 bis 1955 den Vorsitz. Als die Stadt 1946 beschloß, eine Stiftung für die Verwaltung von kommunalen Mietwohnungen einzurichten, übernahm Nilsson das Amt des Geschäftsführers, das er für viele Jahre behielt. Den Vorsitz der Finanzverwaltung, die das politische Zentrum der städtischen Verwaltung bildete, hatte während ungefähr desselben Zeitraums (1941-1954) der Sozialdemokrat Arvid Karlsson inne. Nilsson und Karlsson vertraten zwei verschiedene Flügel der Interessenkoalition in Norrköping. Nilsson war, bevor er Geschäftsführer der Wohnungsbaustiftung wurde, Vorarbeiter bei der BPA gewesen. Karlsson hatte mehrere Jahre als Vorsitzender des Vertrauensrats des HSB gewirkt, umgeben von vielen einflußreichen sozialdemokratischen Politikern, die in den dreißiger Jahren, als sich die Stadt zur Förderung des sozialen Wohnungsbaus entschlossen hatte, den HSB um Unterstützung gebeten hatten.

In der landesweiten Wohnungserhebung von 1933 wurde Norrköping als Stadt mit schlechten Wohnungsverhältnissen bezeichnet; unter den 88 untersuchten Städten gab es lediglich eine Stadt, die noch schlechter abschnitt. Dieses Untersuchungsergebnis führte dazu, daß die Mietervereine verstärkt Mitglieder mobilisierten und ihren politischen Einfluß geltend machten. Experten der Sozialverwaltung wurden herbeigerufen und neue detaillierte Untersuchungen der Verhältnisse durchgeführt. Auf Initiative des Mietervereins und in enger Zusammenarbeit mit der sozialdemokratischen Ortsgruppe richtete die Stadt 1938 ein Wohnungsversorgungskomitee ein, dessen politische Ausrichtung ziemlich eindeutig war. Der HSB war also, lange bevor sich im Land der soziale Wohnungsbau ankündigte, fest in der kommunalen Wohnungsbaupolitik von Norrköping etabliert.

Im Krieg wurde bald deutlich, daß die vom HSB beeinflußte und mitgetragene Wohnungsbaupolitik nicht die gewünschten Effekte brachte und auf Grenzen stieß. 1942 stellte der Vorsitzende des Wohnungsversorgungskomitees mit einem resignierten Beiklang fest, daß hauptsächlich Genossenschaftshäuser gebaut würden, wofür die einzelnen Einlagen beibringen müßten, aber keine Mietshäuser. Zwar wurden nun die Einlagen subventioniert, so daß es sich mehr Einwohner leisten konnten, Mitglied einer Wohnungsbaugenossenschaft zu werden. Aber die kommunalen Subventionen wurden als Notlösung betrachtet, und der Aufsichtsrat des HSB war nicht bereit, seine Grundeinstellung zu ändern. Man wollte der Idee vom Wert der eigenen Einlagen und der gemeinsamen Verantwortung nicht untreu werden. Das bedeutete, daß die finanzschwachen Gruppen ausgeschlossen wurden.

In der sozialdemokratischen Ortsgruppe brachten sowohl die offiziellen Repräsentanten der Mietervereine als auch einzelne Parteimitglieder ihre Unzufriedenheit mit der hohen Einlage und den hohen Mieten der Wohnungsbaugenossenschaften zum Ausdruck. Daß etwas geschehen mußte, erkannten auch die Vertreter der Interessenkoalition. Das Nachkriegsprogramm der Arbeiterbewegung, das im Herbst 1943 in mehreren Sitzungen diskutiert wurde, gab die Richtung vor und den radikalen Sozialdemokraten Rückenwind. Die Initiative ließ jedoch bis zum Frühjahr 1945 auf sich warten. In einem gemeinsamen Antrag im Stadtrat verlangten der Vorsitzende der Ortsgruppe, Gustav Larsson, und David Malmberg, Mitglied des HSB-Vertrauensrates, daß die Stadt entweder selbst oder durch ein gemeinnütziges Unternehmen in einem geeigneten Stadtteil einen größeren zusammenhängenden Wohnungsbestand errichten und verwalten sollte; etwa 600 Wohnungen, die in erster Linie den Bedarf von mittellosen und minderbemittelten Personen decken sollten.

Bei dieser Gelegenheit kam zum Vorschein, daß die Interessenkoalition gespalten war. Der wichtigste kommunale Parteirepräsentant der Sozialdemokraten, der Veteran Arvid Karlsson, weigerte sich, den Antrag zu unterschreiben. Die sozialdemokratische Stadtratsmehrheit unterstützte die Antragsteller, denen geraten wurde, mehrere Personen unterschreiben zu lassen, damit der Eindruck entstehe, es handele sich um einen Gruppenantrag. Das Motiv von Arvid Karlsson war ganz einfach. Zwar ermöglichte der Antrag die kommunale Förderung in Zusammenarbeit mit dem HSB, aber die Mietshausverwaltung der Gemeinde lehnte eine derartige Lösung kategorisch ab. Außerdem hatte der Leiter des Liegenschaftsamtes, der höchste städtische Beamte auf diesem Gebiet, dem Geschäftsführer des HSB unter der Hand versprochen, daß die Genossenschaft im Gebiet von Västra Såpkullen bauen dürfe – dem im Auftrag genannten Grundstück, das in kommunalem Besitz war. Karlsson kämpfte eindeutig für die Interessen des HSB.

Nun folgte eine lange Pause im Entscheidungsprozeß, die offiziell damit begründet wurde, daß man auf die Ergebnisse des Gutachtens des Bauausschusses für sozialen Wohnungsbau wartete. Tatsächlich mußten allerdings auch die Fronten innerhalb der Interessenkoalition geklärt werden, in der niemand an einem öffentlichen Konflikt interessiert war. Der HSB plante derweil weiter, als ob das inoffizielle Versprechen des Leiters des Liegenschaftsamtes schon in Kraft getreten wäre, und verlangte in einem scharfen Schreiben, daß ihm mindestens 25 Prozent der künftigen städtischen Bauquote garantiert werden müßten.

Im Februar 1946 einigte sich das Wohnungsbauversorgungskomitee endlich auf einen Vorschlag. Die Stadt sollte zusammen mit dem HSB eine Stiftung zur Verwaltung der Mietwohnungen gründen. Aber jetzt reagierten die Gegner des HSB. Das Mißtrauen gegenüber dem HSB war so groß, daß der Vorsitzende der sozialdemokratischen Ortsgruppe Einspruch gegen den Vorschlag erhob. Der Sprecher der sozialdemokratischen Partei verlangte eine rein kommunale Wohnungsbaustiftung ohne den HSB. Im Komitee erhielt er zwar bloß halbherzige Unterstützung von einem seiner Parteigenossen, als aber die Frage einen Monat später in der städtischen Verwaltung behandelt wurde, zeigte sich, daß sich alle der HSB-kritischen Linie angeschlossen hatten. Und dies, obwohl ein Drittel der Mitglieder des Finanzausschusses dem Vertrauensrat des HSB angehörten. Als die Frage schließlich im Stadtrat behandelt wurde, stimmte niemand für die Ablehnung des Antrags. Bloß ein bürgerlicher Vertreter wollte sich vergewissern, ob die Entscheidung bedeute, daß die Stadt für eine Armenhauskundschaft baue. Niemand widersprach ihm.

Der rasche Szenenwechsel deutete zum einen darauf hin, daß die Politiker in Norrköping den Vorsitzenden der sozialdemokratischen Ortsgruppe als Sprecher einer 'stillen Mehrheit' unzufriedener Bürger betrachteten. Zum anderen ist es höchst wahrscheinlich, daß der entscheidenden Beschlußrunde Verhandlungen darüber vorausgegangen waren, wie die Bauquote in Zukunft verteilt werden sollte. Das Verhandlungsergebnis wurde jedoch umgehend vom Geschäftsführer der kommunalen Stiftung, Ernst Nilsson, in Frage gestellt. Er war der Meinung, daß auf städtischen Grundstücken lediglich städtische Miethäuser gebaut werden dürften. Dies war eine sehr umstrittene Ansicht, besonders in einer Zeit, in der die Entscheidung über das zweite, entschieden größere Projekt der Stiftung fallen sollte. Im Ljuragebiet wollte die Stiftung 1.419 Wohnungen bauen, d.h. doppelt so viele wie in Västra Såpkullen. Nach einem zweijährigen, teilweise öffentlich ausgetragenen Konflikt innerhalb der Interessenkoalition, wurde die Fläche so verteilt, daß die Stiftung sich um knapp die Hälfte kümmerte, während HSB und „Riksbyggen" über ein Drittel der Fläche verfügen konnten. Der Rest wurde von privaten Bauherren bebaut, die aber, da sie kein Interesse hatten, unter den gegebenen wirtschaftlichen Bedingungen Mietshäuser zu verwalten, ihren Anteil, noch bevor die Häuser fertiggestellt waren, an die kommunale Stiftung verkauften. Die Entscheidung war richtungsweisend. Obwohl Konflikte auch weiterhin aufkamen, so waren die Ergebnisse von nun an voraussagbar; eine neue Machtbalance war geschaffen worden, in der sich sowohl die Stiftung „Hyresbostäder", als auch der HSB und „Riksbyggen" sicher fühlen konnten.

In Örebro verlief die Entwicklung genau umgekehrt.[36] Zwar entschied auch hier der Stadtrat 1946 aufgrund gründlicher Überlegungen und Untersuchungen, eine rein kommunale Wohnungsbaustiftung zu gründen, aber die Machtverhältnisse innerhalb der Interessenkoalition waren im Vergleich zu Norrköping ganz anders. Entsprechend war auch das Ergebnis verschieden. In Örebro existierte nur ein wohnungspolitisches Machtzentrum, nämlich in der Person des Oberlehrers und Sozialdemokraten Otto E. Andersen, der auch Vorsitzender in den beiden zentralen Abteilungen der Stadtverwaltung war. Andersen war seit den zwanziger Jahren der unumstrittene Vorkämpfer in Sachen Wohnungsbaupolitik. Als der Wohnungsbau im Zusammenhang mit dem Kriegsausbruch zum Stillstand kam, ergriff der Mieterverein die Initiative für ein Komitee, das die Kommunalpolitiker davon überzeugen sollte, ihn wieder in Gang zu bringen. Zum Vorsitzenden wurde Otto E. Andersen ernannt, der daher in der Hauptsache mit sich selbst zu verhandeln hatte.

Der HSB hatte es in Örebro noch nicht geschafft, seine Tätigkeit zu intensivieren. Anfang der vierziger Jahre bekam er außerdem Konkurrenz von „Riksbyggen". Das relativ große Angebot an genossenschaftlichen Wohnungen, die auf diese Weise während der ersten Kriegsjahre gebaut wurden, befriedigte die Nachfrage schnell. Im Herbst 1943 bat die lokale Abteilung von „Riksbyggen" die städtische Verwaltung, die Stadt möge die Einlagen für ein weiteres Projekt in der Stadt subventionieren, denn es scheine fast, als ob es nicht mehr genügend zahlungskräftige Interessenten gäbe.

Otto E. Andersen hatte zwar 1933 die Etablierung des HSB in der Stadt unterstützt und war bis in die vierziger Jahre Mitglied des Vertrauensrates, aber ein Enthusiast des genossenschaftlichen Wohnungsbaus war er wohl kaum. Er war der Meinung, daß die Wohnungsbaugenossenschaften nicht für die Schwachen der Gesellschaft bauten. Es sei kein größeres politisches Verdienst, in der Leitung des HSB oder von „Riksbyggen" zu sitzen. Diese Genossenschaften hatten daher trotz eifrigster Versuche Schwierigkeiten, bedeutende Politiker für ihre Reihen zu gewinnen.

Als sich die sozialdemokratische Mehrheit in Örebro entschied, städtische Mietwohnungen zu fördern, gab es so gut wie keinen Widerstand innerhalb der Interessenkoalition. Das erste Projekt in „Rosta" sollte rund 1.300 Wohnungen umfassen, und die Politiker schrieben dafür einen Architektenwettbewerb aus, bei dem sie selbst den Glückstreffer zogen. Der Vorschlag des Gewinners orientierte sich an Konzeptionen der modernen Architektur, und die Größe des Gebietes erlaubte soziale Experimente. Die klar ausgesprochene Zielsetzung lautete, daß ein Wohngebiet für alle Gesellschaftsschichten entstehen sollte.

Die skizzierten Fallstudien über Norrköping und Örebro verweisen auf einen alten Konflikt innerhalb der Arbeiterbewegung, nämlich zwischen den „Selbstverwaltern" und den „Kommunalsozialisten".[37] In einer Zeit, als keine Hilfe von Staat oder Kommune zur Verfügung stand, war die Selbstverwaltung die einzige erfolgreiche Strategie. Das Ergebnis waren genossenschaftliche Institutionen, in denen Solidarität und Übernahme von Verantwortung ihren politischen Ausdruck fanden. Die Solidarität beschränkte sich jedoch auf diejenigen, die sich selbst und gegenseitig helfen konnten. Diese Begrenzung wurde von den Kommunalsozialisten nicht akzeptiert, und die neue Wohnungsbaupolitik, die nach dem Krieg lanciert wurde, kam ihnen entgegen. Von nun an war es dem Staat und den Kommunen möglich, Verantwortung für diejenigen zu übernehmen, die sich nicht selbst helfen konnten. Aber der Erfolg der Kommunalsozialisten war nicht unbegrenzt. In Gemeinden, in denen in den dreißiger Jahren Wohnungsbaugenossenschaften gefördert worden waren, verhinderten die Gegensätze innerhalb der Interessenkoalitionen die Durchsetzung der neuen Wohnungsbaupolitik. Örebro wurde in der Nachkriegszeit sozialdemokratische „Musterstadt", weil es vorher ein negatives Musterbeispiel gewesen war.[38]

5. Ausblick: Urbane Regime

Die Mitglieder der Interessenkoalition konnten natürlich nicht ohne Hilfe Außenstehender bauen. Sie mußten sich um die Zusammenarbeit mit den Banken kümmern, um während der Bauphase Kredite zu erhalten, mit den Beamten der Bezirksverwaltung und den Behörden sprechen, damit die Bebauungspläne und Darlehensgesuche anerkannt wurden, und die Grundstücks- und Immobilienbesitzer davon überzeugen, zu investieren oder an jemanden zu verkaufen, der zum Kaufen und Bauen bereit war. Zusammen bilden diese Akteure eine Art „urbanes Regime", das notwendig ist, um Entscheidungen zu fällen und umzusetzen.[39] Mit anderen Worten: die Macht über den Wohnungsbau in einer Kommune wird nicht in den politischen Wahlen verteilt, sondern setzt eine informelle, aber relativ stabile Zusammenarbeit zwischen verschiedenen institutionellen Akteuren voraus. Die Zusammenarbeit basiert stärker auf Solidarität, Loyalität, Vertrauen und gegenseitiger Unterstützung als auf hierarchischen Entscheidungsstrukturen und Verhandlungen. Je fragmentierter und komplexer die Entscheidungssituation ist, desto wichtiger ist die Zusammenarbeit. Der Akteur, dem es am besten gelingt, längerfristig funktionierende Beziehungen aufzubauen, erreicht am meisten.[40]
Der Vergleich zwischen Norrköping und Örebro läßt kaum Zweifel

aufkommen, welches „urbane Regime" effizienter war. Otto E. Andersens Nachfolger als führender Örebroer Wohnungsbaupolitiker, der Sozialdemokrat Harald Aronsson, verschaffte sich in kurzer Zeit eine starke Stellung im politischen Leben. Die Anzahl der notwendigen Kooperationspartner nahm Mitte der fünfziger Jahre, als Aronsson sämtliche Vorsitze in den kommunalen Gremien erobert hatte, rasch ab. Er war damals bereits seit vielen Jahren Vorsitzender der sozialdemokratischen Ortsgruppe und behielt seine Stellung als Geschäftsführer der Stiftung „Hyresbostäder" während seiner nahezu zwanzigjährigen kommunalpolitischen Tätigkeit. Er war zweiter Vorsitzender der Sparkasse, und einen Nachmittag pro Woche saß er in der städtischen Wohnungsvermittlung, deren Vorsitzender er war, und hörte den Leuten zu, die außer der Reihe eine Wohnung in der Stiftung „Hyresbostäder" haben wollten.[41]

Wenn die politische Macht so konzentriert war, war es etwa für die privaten Baumeister sehr einfach zu wissen, an wen sie sich wegen Wohnungsbauvorhaben zu wenden hatten. Bereits im ersten Jahr wurde unter dem Vorsitz von Harald Aronsson in der Stadtverwaltung ein „Bauverband" gegründet, in dem Aronsson natürlich Vorsitzender wurde. Ein Protokoll wurde nicht geführt, und die Stadtverwaltung wies ausdrücklich darauf hin, daß es die Aufgabe des Vorsitzenden sei, Kontakte mit den Baumeistern zu unterhalten. Im „Bauverband", der ein Verbindungsglied zwischen allen Bauinteressen war, gab es keinen Platz für andere Mitglieder der Interessenkoalition, außer für die, die Aronsson vertrat.

Die Entscheidungen, die im „Bauverband" gefällt wurden, hatten die besten Aussichten realisiert zu werden, da Aronsson auch den Bauprozeß vollständig unter Kontrolle hatte. Im Unterschied zur Situation in den meisten anderen Gemeinden, gab es in Örebro so gut wie keine preistreibende Konkurrenz um das Bauland. In der Regel kaufte Aronsson die Grundstücke im Namen der städtischen Wohnungsbaustiftung; im Anschluß daran verteilte er sie 'gerecht'. Als der HSB, der sich von Aronsson lange ungerecht behandelt gefühlt hatte, 1960 gegen die Regeln verstieß und ein großes Grundstück kaufte, das gemäß dem nie abgesegneten Generalbebauungsplan als Bauland ausgewiesen war, demonstrierte Aronsson die Bedeutung seines urbanen Regimes, indem er sich weigerte, das Gebiet weiterhin als Bauland zu deklarieren. Erst als der HSB sich bereit erklärte, der Wohnungsvermittlung Wohnungen auf dem Gebiet zur Verfügung zu stellen und sich in Zukunft der etablierten Beschlußordnung zu fügen, lenkte Aronsson ein.

Betrachten wir noch kurz die komplizierteren Entscheidungsprozesse, die der Sanierung der heruntergekommenen Bauten in den schwedischen Innenstädten vorausgingen. Alle Beteiligten waren sich seit Beginn der dreißiger Jahre darüber einig, daß in den zentralen Gebieten der Innenstädte ein großer Sanierungsbedarf bestand. Schon 1938 hatte die staatliche soziale Wohnungsbaukommissio, die Problemstellung formuliert. Es sei zu prüfen, wie die Elendsviertel der Städte und der größeren Gemeinden durch moderne Bauten ersetzt werden könnten.[42] Aber im Unterschied zum Vorschlag des Gutachtens, neue Wohnungen zu bauen, war das Ergebnis des „Sanierungsgutachtens" eine Enttäuschung. Der Widerstand gegen den Vorschlag, den Gemeinden Zwangsmittel zuzuweisen, um die kleinen Immobilienbesitzer zur Zusammenarbeit in den Innenstädten zu bewegen, war zu stark. Die Regierung nahm davon Abstand, eine Regierungsvorlage, die auf dem radikalen Vorschlag des Gutachtens basierte, einzubringen.[43] In Örebro gelang es trotzdem bereits in den fünfziger Jahren, eine umfassende Sanierung der Innenstadt durchzuführen.

Geschäfts- und Bürolokale waren von der Mietpreisregulierung ausgenommen und deshalb für die privaten Kapitalbesitzer attraktiv. Während sie darauf warteten, daß die neuen Bebauungspläne ihnen die Möglichkeit geben würden, profitable und groß angelegte Geschäftslokale zu bauen, weigerten sie sich in der Regel, die Liegenschaften und Grundstücke einander oder der Stadt zu verkaufen. In Örebro war dies nicht der Fall. Mit Immobilien, die die Stiftung „Hyresbostäder" am Rande des Zentrums gekauft hatte, verfügte Harald Aronsson über ein Tauschmittel und mit der Kontrolle über die Planung über ein Machtmittel. Auf dieser Grundlage schloß er komplizierte Tauschgeschäfte mit privaten Immobilienbesitzern ab. Diese konnten sich darauf verlassen, daß Aronsson sein Versprechen über die künftige Nutzbarmachung der eingetauschten Immobilien halten konnte. Der Preis, den sie dafür bezahlen mußten, bestand darin, daß sie Aronssons Pläne nicht sabotieren durften und die Stiftung „Hyrebostäder" über das neue Geschäftszentrum bestimmen konnte, das in den Jahren 1956-1965 entstand.[44]

Norrköping folgte auch in diesem Zusammenhang einem anderen Muster, das indessen in Schweden das übliche war. Die Sanierung kam hier nicht in Gang, bis eine Anzahl privater Baumeister sich in den siebziger Jahren in einer großen Immobiliengesellschaft zusammenschloß. Mit schnellen und umfangreichen Gebäudekäufen gelang es der Gesellschaft, die sich von den Politikern nicht in die Karten blicken ließ, große Teile der Innenstadt in ihren Besitz zu bringen. In langwierigen und konfliktreichen Verhandlungen mußten die Politiker nachträglich versuchen, ihre Ansichten über die Planung des künftigen Zentrums einzubringen.[45]

Die Unterschiede in den Ergebnissen der Wohnungsbaupolitik zwischen den einzelnen Städten und Gemeinden können also zum großen Teil mit den Dominanzverhältnissen im jeweiligen urbanen Regime erklärt werden. In Örebro wurde die kommunalsozialistische Vision verwirklicht, da das Regime eindeutig von den Vertretern der städtischen Wohnungsbaustiftungen beeinflußt wurde. Anderswo lebte die Selbstverwaltungsvision weiter. In Malmö, einer Stadt mit sehr starken genossenschaftlichen Traditionen, nahmen die Vertreter der Wohnungsbaugenossenschaften eine führende Position in der Konstellation der Akteure ein, die die Wohnungsbaupolitik der Nachkriegszeit verwirklichen sollten. Örebro und Malmö glichen sich insofern, als das jeweilige Regime äußerst stabil und stark war. Die Akteure mußten nicht damit rechnen, daß sich die Machtbalance im entsprechenden Regime verändern würde und konnten deshalb längerfristig planen. Im Unterschied zur Situation in Norrköping, wo private Großbaumeister die Beschlußfassung blockieren konnten, wurden alle wichtigen Akteure ins Regime eingebunden.[46]

Damit ist nicht gesagt, daß ein effektives Regime besonders gut in der Bevölkerung verankert sein muß. „If capacity to govern is achieved, if things get done, then power has been successfully exercised and to a degree it is irrelevant whether the mass of the public agreed with, or even knew about, the policy initiative."[47] Die zentral formulierte Wohnungsbaupolitik ließ genügend Platz für eine variierende Praxis. Auch wenn diese im nachhinein auf einer ideologischen Skala plaziert werden kann – von Selbstverwaltung bis zum Kommunalsozialismus –, war sie kaum das Ergebnis offener politischer Debatten. Lokale Wohnungsbaupolitik muß statt dessen als Folgeerscheinung von historisch ererbten Machtverhältnissen gesehen werden.

(Aus dem Schwedischen übersetzt von Silke Neunsinger. Bearbeitet von Hannes Siegrist.)

1 Siehe z.B. T. Jansson, Agrarsamhällets förändring och landskommunal organisation, Uppsala 1987, S. 24ff. und H. Gustafsson, Kommunal frihet och nationell samling, Stockholm 1987, passim. Die Landgemeinden (2396) waren in der Regel sehr klein. Die durchschnittliche Einwohnerzahl betrug 1500 Personen. 1953 bzw. 1974 wurden viele Gemeinden zusammengefaßt.
2 L. Gustafson, HSB under femtio år – en organisationsstudie, HSB:s Riksförbund, Stockholm 1974, S. 13ff. Die Einlage betrug zwischen fünf und zehn Prozent der Baukosten. (L. Gustafson [Anm. 1], S. 32). Über den beständigen Einfluß der Weimarer Republik und Wiens siehe P. Nyström, Goda bostäder åt alla, Föredrag vid Göteborgs stadsbyggnadskontors bostadspolitiska konferens den 28 oktober 1987, in: Arkiv, Nr. 41-42, S. 90.
3 Th. Strömberg, The Politicization of the Housing Market, in: K. Misgeld/K. Molin/K. Åmark (Hrsg.), Creating Social Democracy. A Century of the Social Democratic Labour Party in Sweden, Virginia 1992, S. 245f.
4 Th. Strömberg, Kommunalsocialismen inför verkligheten, Örebro Studies 2, Malmö 1984, S. 47f. und 77f.
5 Arbetarrörelsens efterkrigsprogram, Stockholm 1944, S. 23f. und 92-102. Vergleiche das wohnungspolitische Nachkriegsprogramm: Utrota bostadsnöden.
6 Siehe den Beitrag von Mats Franzén in diesem Band.
7 Dieses Recht war früher mit Hinweis auf die Bestimmungen in der Gemeindeverordnung in Frage gestellt worden, daß sich die Gemeinden lediglich um „ihre gemeinsamen Ordnungs- und Haushaltsangelegenheiten kümmern" sollten. Diese Bestimmung wurde nun gestrichen. A. Gustavsson, Kommunal självstyrelse, Lund 1977.
8 Proposition 1947, Nr. 259 § 3 und A.-K. Hatje, Bostadspolitik på förändrade villkor: en studie om den statliga bostadspolitikens mål och medel under 1940-och 1950-talen. Rapport 5/78. Planeringsmetodik, Tekniska Högskolan, Stockholm 1978, S. 74f.
9 A. Lindbeck, Hyreskontroll och bostadsmarknad, Uppsala 1972, S. 66 und B. Södersten, Bostadsförsörjning och bostadspolitik under efterkrigstiden, in: B. Södersten (Hrsg.), Svensk ekonomi, Stockholm 1970, S. 211.
10 R. Normann, Effektiv samhällsplanering eller kontrollerad slumpprocess? En systemstudie av bostadskvoteringen, Lund 1972, S. 19.
11 G. Ekdahl/J. Gustavsson, Den nya bostadspolitiken, Stockholm 1949, S. 46-60 und L. Friberg, Styre i kristid. Studier i kristidsförvaltningens organisation och struktur 1939-1945, Stockholm 1973, S. 323ff.
12 K. Zetterberg, Bostadspolitik på förendrade villkor. En studie i den bostadspolitiska debatten i dagspress och tidskrifter 1945-1960. Rapport 6/78. Planeringsmetodik, Tekniska Högskolan, Stockholm 1978, S. 12.
13 Svenska Stadsförbundets tidskrift 1948, S. 20.
14 L. Thorslund schildert anhand von mehreren Beispielen wie solche Verhandlungen vonstatten gehen konnten. Humanism mot rationalism. Mora 1890-1970: Om två förhållningssätt och deras betydelse i småstadens planeringshistoria, in: Studia Historica Upsaliensia 177, Stockholm 1995, Siehe besonders S. 272-278.
15 A. Khakee, Kommunal planering i omvandling 1947-1987. Gerum nr. 13, Umeå 1989, S. 9f. und P. Holm, Samhällsplanering och bostadspolitik, Stockholm 1958, S. 20-33.
16 Siehe den Beitrag von Mats Franzén in diesem Band.
17 Th. Strömberg, Kommunalsocialismen (Anm. 4), Kap. IV und V.
18 Zetterberg, Bostadspolitik (Anm. 12), S. 12-23 und 47ff.; Lindbeck, Hyreskontroll

(Anm. 9), S. 26ff.; K. Boberg, Bostad och kapital, Verandi debatt Nr. 74, Lund 1974, u.a. S. 80; L. Lewin, Planhushållningsdebatten, Uppsala 1967, S. 343; L. Holm, Land i sikte. Korta och långa perspektiv i samhällsplaneringen, Stockholm 1971, S. 43f.

19 Zetterberg, Bostadspolitik (Anm. 12), S. 56ff. Der neue Sozialminister Gunnar Sträng gehörte zu den Sozialdemokraten, die für eine Marktanpassung argumentierten.

20 Svenska Stadsförbundets tidskrift 1953, S. 149ff., S. 277 und S. 509f. Vgl. L. Friberg, Styre i kristid (Anm. 11), S. 296ff. und Zetterberg, Bostadspolitik (Anm. 12), S. 105.

21 Rundschreiben des Wohnungsbauaufsichtsrates, 27/2 1953, veröffentlicht in der Svenska Stadsförbundets tidskrift 1953, S. 1499ff. Vgl. SOU 1965: 32, 300 betreffs des Zusammenhanges zwischen Konjunkturplanung und Wohnungsbauplanung.

22 Södersten, Bostadsförsörjning och bostadspolitik (Anm. 9), S. 211 und Boberg, Bostad och kapital (Anm. 18), u.a. S. 82f.

23 Zum Millionenprogramm siehe den Beitrag von Mats Franzén in diesem Band.

24 SOU 1965: 32, S. 301f.

25 L. Holm, Land i sikte (Anm. 18), S. 24f. Vgl. Plan Nr. 4-5, 1956, die zeigen, daß man sich in Architektenkreisen bereits früh über dieses Problem bewußt war.

26 Khakee, Kommunal planering (Anm. 15), S. 9.

27 Johansson und Borgäs zeigen die Unterschiede in der Entwicklung zwischen 1945 und 1960 auf (besonders in Kap. 4), B. Johansson/L. Borgäs, Bostäder och boendeförhållanden i Sverige 1945-1960, Lund 1968.

28 G. Lindberg, SABO-företagens beroende av sin omvärld, Stockholm 1982, S. 49 und 131f.

29 Strömberg, Kommunalsocialismen (Anm. 4), S. 41.

30 Siehe z.B. Architektur, Nr. 6, 1979.

31 S. Gustavsson, Housing, Building and Planning in: L. Lewin/E. Wedung (Hrsg.), Politics as Rational Action. Essays in Public Choice and Policy Analysis, Dordrecht/Boston/ London 1980, S. 180f.; B. Heady Housing Policy in the Developed Economy. The United Kingdom, Sweden and the United States, London 1978, S. 20, 44 und 60; samt Zetterberg, Bostadspolitik (Anm. 12), S. 5f. Zur „Wirtschaftskoalition" siehe Boberg, Bostad och kapital (Anm. 18), S. 120, und G. Esping-Andersen, Social Class, Democracy and State Policy. Party Policy and Decomposition in Denmark and Sweden, Kopenhagen 1980, S. 541f.

32 Allgemein zur Planwirtschaftsdebatte; Lewin, Planhushållningsdebatten (Anm. 18), S. 263-348. Zum Stellenwert der Grundstücks- und Wohnungsbaupolitik in der Debatte: Zetterberg, Bostadspolitik (Anm. 12), S. 27f. und 85-93.

33 E. Rudberg, Uno Åhrén. En föregångsman inom 1900-talets arkitektur och samhällsplanering, Byggforskningsrådet, T 11,1981, S. 158ff.

34 Mehr dazu siehe Strömberg, Kommunalsocialismen (Anm. 4), S. 56ff.

35 Der Abschnitt basiert auf ebenda, S. 75-87.

36 Der Abschnitt basiert auf ebenda, S. 42-63.

37 J. Millbourn, Rätt till maklighet. Om den svenska socialdemokrations läroprocess 1885-1902, Stockholm 1990, S. 62, 78-83, 142ff. und 359ff.

38 Die Ergebnisse von Göran Lindbergs umfassender Untersuchung zeigen, daß dies allgemein zutrifft.

39 Für eine Übersicht über die „Regimetheorie" vgl. G. Stoker, Regime Theory and Urban Politics, in: D. Judge/G. Stocker/H. Wolman (Hrsg.), Theories of Urban Politics, London 1995, bes. S. 57-60.

40 Ebenda, S. 49.

41 Th. Strömberg, Folkhemmets familjefader, in: Bebyggelsehistorisk Tidskrift, nr. 28, 1994, S. 107-113.
42 Die Untersuchungsdirektiven zitiert nach SOU 1981: 100, S. 100.
43 Hatje, S. 12f. und SOU 1981: 100, S. 111f.
44 Strömberg, Kommunalsocialismen (Anm. 4), S. 54.
45 Ebenda, S. 87.
46 Zur Wohnungsbaupolitik in Malmö vgl. P. Billing/L. Olsson/M. Stigendal, Malmö – Our Town. Local Politics in Social Democracy, in: K. Misgeld/K. Molin/K. Åmark (Hrsg.) Creating Social Democracy. A Century of the Social Democratic Labor Party in Sweden, Virginia 1992, S. 127-138.
47 Stoker, Regime Theory (Anm. 39), S. 60.

Siegfried Grundmann

Der Einfluß der Standortwahl des Wohnungsbaus auf die räumliche Umverteilung der Bevölkerung in der DDR

1. Daß die DDR ein planwirtschaftlich verfaßtes System gewesen ist, gilt als evident. Daran ist richtig, daß es einen solchen Anspruch gab und das Politbüro der SED sich angemaßt hat, faktisch in allen Angelegenheiten – auch wenn es sich um das Warenangebot in einem konkreten Geschäft gehandelt haben mag – entscheidungsbefugt zu sein. Folgerichtig wurde die „Partei- und Staatsführung" im Jahre 1989/1990 für alle Probleme und Defekte der DDR verantwortlich gemacht.
2. Zur Charakteristik des Systems gehört auch, daß es eine Planwirtschaft unter den Bedingungen von ständig knappen Ressourcen gewesen ist – vom Gründungsjahr bis zum Ende der DDR. Die Knappheit der Ressourcen fungierte einerseits als Begründung für die Notwendigkeit der Planung; sie war andererseits zugleich eine Ursache der permanenten „Präzisierung" – also auch der Nichterfüllung – von früher beschlossenen Plänen.
3. Der Anspruch, alles planen zu müssen und zu können, ist das eine, die Wirklichkeit das andere. Ressourcenmangel und die Unfähigkeit, auf unvorhergesehene Ereignisse – selbst auf ungewöhnliche Wetterverhältnisse – flexibel reagieren zu können, haben Pläne permanent zerstört. Weil der Plan keine nicht verplanten Ressourcen übrigließ, wurden immer wieder „Löcher gestopft" und gleichzeitig andere aufgerissen. Was vom Plan geblieben ist, war die Farce eines Plans; insofern dokumentiert das Ergebnis der Planung die Ohnmacht der Planer. Das Planungssystem der DDR war partiell das Gegenteil von Planung: ein chaotisches System.

Die Prognoseabteilung der Bauakademie der DDR stellte 1988 fest: „Von der in der laufenden statistischen Berichterstattung ausgewiesenen Entwicklung sind 44 Prozent des Zuwachses der Produktion des Bauwesens im Zeitraum 1980 bis 1987 auf eine nachträgliche Planpräzisierung zurückzuführen. ... Durch ständige Bilanzeingriffe werden teilweise bis zu 70 Prozent der Produktionsvorbereitung unwirksam."[1] Plankorrekturen waren der Regelfall. Im übrigen wurden die Pläne erst dann zur Beschlußfassung vorgelegt, als das Planjahr längst begonnen hatte. Zur Unsicherheit trug bei, daß die „Abteilung Bauwesen" im Zentralkomitee der SED faktisch ein zweites Bauministerium und dem eigentlichen Ministerium gegenüber weisungsbefugt gewesen ist. (Die Abteilungsleiter im Zentralkomitee der SED hatten den inoffiziellen Status eines Ministers, konnten ihn also zu sich bestellen, Aufträge erteilen und Rechenschaft von ihm verlangen).

4. Entgegen der damals gängigen Lehrmeinung hat die Planwirtschaft der DDR Zukunft nicht gestaltet, sondern zerstört. Die DDR hat mehr verbraucht als produziert. Die materielle Basis des Systems wurde auf diese Weise ausgehöhlt. Die Beschaffenheit der Infrastruktur, die Qualität des Gebauten, der Zustand insbesondere der Altbauwohngebiete und der Kleinstädte, sind Belege dafür.

„Das strukturell gut ausgebaute Wassernetz der DDR verliert infolge Überalterung permanent 30 Prozent des Wassers. Hinzu kommt, daß nicht nur 12 Prozent des Abwassernetzes abgeschrieben sind und von 7565 Gemeinden nur 1065 Kläranlagen besitzen, auch ein Drittel der Kläranlagen ist erheblich geschädigt und verursacht bedeutende Umweltbelastungen. Dazu kommt, daß 45 Prozent des Abwassers, ohne hierbei die Industrie mit einzubeziehen, ungeklärt abgeleitet werden. Trennsysteme fehlen in Größenordnungen. Das Abwassernetz bedarf deshalb de facto einer Verdoppelung seiner jetzigen Netzlänge. Im relativ dichten Straßennetz der DDR liegen die Anteile an den Bauzustandsstufen III und IV bei Autobahnen und kommunalen Straßen über 50 Prozent. Die Fortsetzung der Instandsetzungspraxis der achtziger Jahre würde zwei Drittel des gesamten Straßennetzes bis zum Jahre 2000 in die Bauzustandsstufe IV, also fast unbrauchbar, versetzen."[2]

Selbst wo negative Folgen bestimmter Pläne abzusehen waren, wurden bessere Einsichten nicht zum Input von Planung gemacht. Man hat sich selbst und dem Volk verschwiegen, daß ein hoher Preis zu zahlen war.

5. Folgerichtig wäre auch zu unterscheiden zwischen den proklamierten Zielen der Planung und den erreichten Ergebnissen. Man muß den Politikern keine bösen Absichten und Lügen unterstellen – was nicht heißt, daß es das nicht gab. Man darf vielmehr annehmen, daß sie meistens selbst geglaubt haben, was sie sagten. Um so interessanter ist die Gegenüberstellung von Absicht und Ergebnis ihres Tuns.

Ich will im folgenden versuchen, das alles am Beispiel einer speziellen Problematik zu belegen. Mein Beitrag soll sich befassen mit dem „Einfluß der Standortwahl des Wohnungsbaus auf die räumliche Umverteilung der Bevölkerung in der DDR". Ich werde mich dabei aus Gründen, die noch zu nennen sind, auf die Jahre von 1971 bis 1989 konzentrieren. Trotzdem sollen die vorhergehenden Jahre nicht völlig ausgeklammert werden.

1. Ziele des Wohnungsbaus nach 1971

Ausgehend von ihrem VIII. Parteitag im Jahre 1971 hatte sich die SED das Ziel gesetzt, bis zum Jahre 1990 die Wohnungsfrage als soziales Problem zu lösen. Wie in anderen Fällen wurde der Parteibeschluß automatisch in einen Beschluß des Ministerrates der DDR umgewandelt.

Es war in den siebziger Jahren für den Ministerrat üblich geworden, „Beschlüsse des Politbüros oder des Sekretariats des ZK der SED unmittelbar wörtlich zu übernehmen. Änderungen oder Ergänzungen waren nicht erwünscht. Es gab in den staatlichen Beschlüssen folgende Standardformulierung: 'Der Beschluß des ... über ... vom ... gilt gleichzeitig als Beschluß des Ministerrates der DDR.' Ein Widerspruchsrecht ... gab es nicht. Es war ... schwer, selbst sachlich Falsches ... noch korrigieren zu können. Andererseits waren wichtige Beschlüsse, z.B. das PKW-Programm, nie der Regierung vorgelegt worden. Mitarbeiter im Apparat des ZK, der Bezirks- und der Kreisleitungen [der SED – S.G.] (also noch nicht einmal die gewählten Leitungen) bestimmten oft selbstherrlich und arrogant gegenüber Ministerien, Ratsvorsitzenden, General- und Betriebsdirektoren und griffen massiv in deren Verantwortung ein."[3]

Ein Für und Wider stand somit nicht zur Diskussion – also auch nicht die Frage nach der Realitätsnähe des Beschlusses und den Kosten seiner Umsetzung.

Obwohl die „Lösung der Wohnungsfrage als soziales Problem bis zum Jahre 1990" eine zentrale sozialpolitische Zielstellung der SED gewesen ist, wird man in den Dokumenten der SED vergeblich nach einer vom Politbüro abgesegneten Definition suchen. Auf den verschiedenen Leitungsebenen und von Jahr zu Jahr anders wurde so eine Begriffsbestimmung produziert, die möglichst Wünschen der Bevölkerung entsprach, andererseits am Machbaren orientiert war. Zuletzt war das hehre Ziel faktisch auf die Losung „Jedem Haushalt eine Wohnung, die den Erfordernissen 'warm, sicher und trocken' entspricht", zusammengeschrumpft. Erklärungsnöte sind zweifellos auch dadurch entstanden, daß die SED – begünstigt durch eine finale Geschichtsauffassung – die Meinung vertreten hat, daß sich ein soziales Problem zu einem bestimmten Zeitpunkt für alle Zeiten lösen ließe. Wie dem auch sei: eine spürbare Verbesserung der Wohnbedingungen wurde darin immer verstanden.

Diese Anfang der siebziger Jahre formulierte Zielsetzung hatte vor allem folgende Gründe:
1. Ende der sechziger Jahre war der Wohnungsbau in der DDR auf ein lange nicht gekanntes Maß geschrumpft. Mit 53.366 Neubauwohnungen war 1966 das seit 1958 tiefste Niveau erreicht[4] (Tabelle 1 und Schaubilder 1-3). Das Jahr 1966 kann aber noch in anderer Beziehung als Zäsur

Tabelle 1

Wohnungsbau im Gebiet der ehemaligen DDR 1949 –1990

Jahr	Fertiggestellte Wohnungen in Wohn- und Nichtwohngebäuden			
	Insgesamt	Neubau	Prozent Neubau	Insgesamt minus Neubau
1949	29825			
1950	30992			
1951	61040			
1952	47589			
1953	32296			
1954	34740			
1955	32830			
1956	32849			
1957	61125			
1958	63466	49561	78,1	13905
1959	79953	67314	84,2	12639
1960	80489	71857	89,3	8632
1961	92009	85580	93,0	6429
1962	87249	80139	91,9	7110
1963	75968	69321	91,3	6647
1964	76615	69345	90,5	7270
1965	68162	58303	85,5	9859
1966	65278	53366	81,8	11912
1967	76318	59107	77,4	17211
1968	75987	61863	81,4	14124
1969	70311	56547	80,4	13764
1970	76088	65786	86,5	10302
1971	76020	64911	85,4	11109
1972	85901	69552	81,0	16349
1973	96218	80725	83,9	15493
1974	102468	87530	85,4	14938
1975	107347	95133	88,6	12214

1976	111158	99558	89,6	11600
1977	113846	103278	90,7	10568
1978	114173	104641	91,7	9532
1979	110446	101188	91,6	9258
1980	111933	102209	91,3	9724
1981	120545	110916	92,0	9629
1982	117375	110823	94,4	6552
1983	118592	107258	90,4	11334
1984	117470	103655	88,2	13815
1985	115722	99129	85,7	16593
1986	116545	100067	85,9	16478
1987	109754	91896	83,7	17858
1988	104666	93472	89,3	11194
1989	92347	83361	90,3	8986
1990	62468	60055	96,1	2413

Datenbasis:
Statistisches Bundesamt. Sonderreihe mit Beiträgen für das Gebiet der ehemaligen DDR. Heft 2. Wohnungsbau und Wohnungsbestand 1970 bis 1990, Wiesbaden 1993, S. 11.

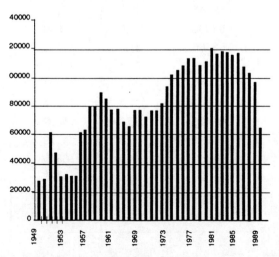

Schaubild 1:
Wohnungsbau insgesamt

Der Einfluß der Standortwahl des Wohnungsbaus 153

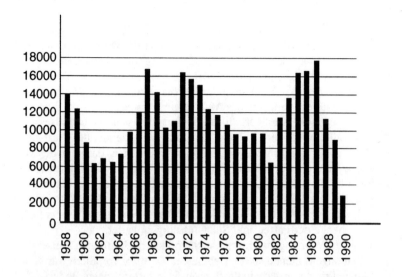

Schaubild 2: Wohnungsbau insgesamt minus Neubau

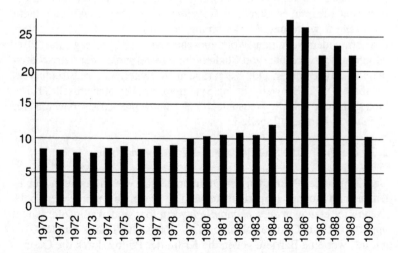

Schaubild 3: Wohnungsneubau in Ostberlin in % zu Neubau insg.

gelten. Damals war der Wohnungsneubau in den Zentren der kriegszerstörten Städte faktisch abgeschlossen. Nach langer Diskussion und Vorbereitungszeit war damals auch der Übergang zum industriemäßig betriebenen Wohnungsbau (in der DDR ein Synonym dafür: „die Platte") vollzogen.[5] Die Unzufriedenheit der Bevölkerung mit den Wohnverhältnissen war auf ein bedrohliches Ausmaß angewachsen.

2. 1971 endete die Ära Ulbricht. Erich Honecker wurde Generalsekretär des Zentralkomitees der SED und dann auch Vorsitzender des Staatsrates der DDR. Die Hervorhebung sozialpolitischer Ziele, darunter der verstärkte Wohnungsbau, sollte den Beginn einer neuen Ära markieren. Tatsächlich haben solche Maßnahmen zeitweilig zu einer größeren Akzeptanz des Systems in der Bevölkerung beigetragen, andererseits hat die Bevölkerung periodisch (insbesondere aus Anlaß von Parteitagen der SED) auf Geschenke der Partei- und Staatsführung gewartet.

Daß der Wohnungsbau immer auch volkswirtschaftlichen Zielsetzungen (Planungen) dienen sollte, steht außer Zweifel. Vor allem war damit die Ansiedlung von Arbeitskräften an Standorten hohen Bedarfs (Investitionsschwerpunkten) gemeint. Ohne die Bereitstellung einer Wohnung bzw. einer qualitativ besseren Wohnung war mit dem Zuzug bzw. dem dauerhaften Verbleib von Arbeitskräften nach bzw. in der jeweiligen Region nicht zu rechnen. Insofern war die Standortwahl des Wohnungsbaus eine Widerspiegelung volkswirtschaftlicher Prioritäten – insbesondere solcher, die auf eine Erweiterung des Arbeitskräftepotentials in bestimmten Kreisen, Städten und Gemeinden gerichtet waren und damit auch eine Erweiterung des Wohnungsbestandes erforderlich machten. Insofern widerspiegelt der Wohnungsbau und die darauf gegründete Bevölkerungsentwicklung von Städten die Schwerpunkte der Wirtschaftsplanung. „Eisenhüttenstadt" ist geradezu ein Synonym für „Eisenhüttenkombinat Ost"; „Schwedt" ist ein Synonym für „Petrolchemisches Kombinat Schwedt", „Halle-Neustadt" für „Leunawerke", „Hoyerswerda" für „Schwarze Pumpe" (Tabelle 2).

2. Kriterien für die Standortwahl des Wohnungsbaus

Das „Primat der Politik vor der Ökonomie" galt wie auf anderen Gebieten auch im Wohnungs- und Städtebau. Die Frage, ob und inwiefern politische Zielsetzungen *auch ökonomisch* vertretbar sind, war insofern nicht opportun und im Grunde belanglos. Das „Primat der Politik vor der Ökonomie" war eine Barriere gegen die Kritik der Politik durch die Ökonomie. Die Politik war der Rahmen, innerhalb dessen sich ökonomische Überlegungen bewegen konnten. Das gilt selbstverständlich auch für den

Der Einfluß der Standortwahl des Wohnungsbaus 155

Tabelle 2

Veränderung der Bevölkerungszahl von Kreisen der DDR in ausgewählten Zeiträumen

Rangfolge für 1988 zu 1981	Kreis	Veränderung auf Prozent	Rangfolge für 1981 zu 1971	Kreis	Veränderung auf Prozent	Rangfolge für 1971 zu 1950	Kreis	Veränderung auf Prozent
1	Neubrandenbg. (St.)	113,4	1	Halle-Neustadt	260,2	1	Schwedt/Oder	469,0
2	Suhl Stadt)	113,0	2	Neubrandenbg. (St.)	173,2	2	Eisenhüttenst. (St.)	449,8
3	Greifswald (Stadt)	111,7	3	Schwedt (Oder	149,4	3	Neubrandenbg. (St.)	200,2
4	Eisenhüttenstd. (St.)	110,9	4	Suhl (Stadt)	141,7	4	Hoyerswerda	186,7
5	Cottbus (Stadt)	110,8	5	Cottbus (Stadt)	138,2	5	Rostock (Stadt)	148,7
6	Berlin (Ost)	110,5	6	Greifswald (Stadt)	129,7	6	Cottbus (Stadt)	138,0
7	Frankfurt (Stadt9	108,5	7	Frankfurt (Stadt)	125,6)	7	Calau	129,0
8	Potsdam	107,8	8	Schwerin (Stadt)	125,5)	8	Suhl (Stadt)	126,6
9	Rostock (Stadt)	107,6	9	Weißwasser	123,4	9	Stralsund	122,6
10	Schwerin (Stadt)	106,9	10	Jena (Stadt)	119,1	10	Wismar (Stadt)	117,8
11	Rostock	106,5	11	Potsdam (Stadt)	119,0	11	Frankfurt (Stadt)	116,2
12	Gera (Stadt)	106,3	12	Rostock (Stadt)	118,8	12	Brandenburg (Stadt)	114,3
13	Wittstock	105,9	13	Guben	116,3	13	Gera (Stadt)	113,1
14	Weißwasser	105,1	14	Gera (Stadt)	113,7	14	Riesa	112,5
15	Jessen	104,3	15	Erfurt (Stadt)	107,9	15	Weißwasser	110,4
...	...	...	...	...	...	...	...	...
...	...	...	...	...	...	...	...	...
203	Meißen	94,5	203	Werdau	87,0	203	Teterow	78,5
204	Görlitz-Land	94,5	204	Saalkreis	87,0	204	Grevesmühlen	78,4
205	Hohenmölsen	94,4	205	Greifswald	86,8	205	Demmin	78,0
206	Schmölln	94,3	206	Roßlau	86,8	206	Stralsund-Land	77,9
207	Altenburg	94,3	207	Altentreptow	86,7	207	Angermünde	77,6
208	Zeitz	94,2	208	Stralsund-Land	86,8	208	Annaberg	77,0
209	Anklam	94,2	209	Leipzig-Land	85,8	209	Haldensleben	76,9
210	Dresden-Land	94,1	210	Schmölln	85,6	210	Oschersleben	76,7
211	Stralsund-Land	93,9	211	Neubrandenburg	85,4	211	Kyritz	76,1
212	Demmin	93,9	212	Weißenfels	85,1	212	Altentreptow	76,0
213	Zwickau-Land	92,9	213	Eisleben	95,0	213	Salzwedel	75,5
214	Freital	92,9	214	Demmin	95,0	214	Hohenmölsen	75,2
215	Eisleben	92,9	215	Hohenmölsen	84,8	215	Wanzleben	73,0
216	Leipzig-Land	92,4	216	Angermünde	84,6	216	Schwarzenberg	60,2
217	Merseburg	91,2	217	Strasburg	84,5	217	Halle-Neustadt	

Wohnungs- und Städtebau. Wir hätten also erst zu fragen, welche primär *politischen Interessen* für den Umfang und die Standortwahl des Wohnungsbaus entscheidend waren. Maßgeblich war vor allem das Interesse an einer Festigung der politischen Macht. Und eben das – die Festigung der Macht – wurde von der politischen Klasse in der DDR gleichgesetzt mit der Kontrolle über alle Bereiche des gesellschaftlichen Lebens. Das wiederum war verbunden sowohl mit der quantitativen Ausweitung des Machtapparates als auch mit der personellen, sachlichen und territorialen Konzentration der Macht. Ein spezifischer und übersteigerter Ausdruck des Machtmonopols der Partei war auch, daß der Generalsekretär, die Bezirks- und Kreissekretäre der Partei bemüht waren, durch eine entsprechende Standortwahl des Wohnungs- und Gesellschaftsbaus 'ihrer' Residenz neuen Glanz zu verleihen. Auch darum wurden die Hauptstadt Berlin (Ost), die Bezirksstädte und nach ihnen die Kreisstädte zu den wichtigsten Standorten des Wohnungs- und Gesellschaftsbaus.

Eine primär politisch motivierte Entscheidung, die kurz nach der Gründung der DDR getroffen wurde und die räumliche und insbesondere Stadtentwicklung der DDR maßgeblich geprägt hat, war die Abschaffung der Länder und die Bildung von Bezirken im Jahre 1952. Daß es sich dabei primär um eine *politisch* motivierte Entscheidung handelte, kommt insbesondere darin zum Ausdruck, daß in einigen Fällen solche Städte zur Bezirksstadt (Bezirkshauptstadt) bestimmt wurden, die zunächst weniger gute Voraussetzungen für die Wahrnehmung dieser Funktion hatten als andere Städte im jeweiligen Bezirk. Zu nennen wäre hierbei vor allem die Nominierung von Neubrandenburg anstelle der infrastrukturell, aber eben nicht politisch (historisch) besser geeigneten Stadt Neustrelitz. Das Gebiet von Neustrelitz war einstmals ein Herzogtum und damit alles andere als ein 'Zentrum der Arbeiterklasse'.

Das Primat der Politik vorausgesetzt, konnte und sollte sich der Wohnungsbau an wichtigen volkswirtschaftlichen Prämissen orientieren, wobei aber auch an dieser Stelle gesagt werden muß, daß wesentliche ökonomische Erfordernisse die direkte Transformation politischer Gegebenheiten waren. Zu erwähnen wäre dabei vor allem die sozialräumliche Umprogrammierung des Territoriums der DDR infolge der Spaltung Deutschlands und der Integration der DDR in das von der Sowjetunion beherrschte osteuropäische Wirtschaftssystem. Aus der einstmals dominierenden West-Orientierung des Gebiets der DDR wurde nun eine dominierende Ost-Orientierung, verbunden mit einem entsprechenden Ausbau der Industriestandorte längs der Oder-Neiße-Grenze und dem Ausbau der Seeverkehrs- und Hafenwirtschaft. Der Hafen Rostock mußte die verlorene Anbindung an die Häfen Hamburg und Stettin ersetzen. Eisenhüttenstadt (zunächst „Stalinstadt" genannt) wurde zu einem Standort der Verhüttung von sowjetischem Eisenerz bei Verwendung von polnischer Steinkohle. Endpunkt der Erdölleitung aus der Sowjetunion war zunächst die Stadt Schwedt und das dort errichtete Petrolchemische Kombinat. So gesehen waren die Städte Rostock, Eisenhüttenstadt und Schwedt 'Gewinner' der Spaltung Deutschlands. Eine Folge der Spaltung und der Einbindung in das sozialistische Wirtschaftssystem war auch, daß die Braunkohle zur wichtigsten Energie- und Brennstoffbasis der DDR wurde und überhaupt der Nutzung einheimischer Rohstoffe erhöhte Beachtung geschenkt werden mußte. Markantes Beispiel dafür war der Bau des Kombinates „Schwarze Pumpe" im Lausitzer Braunkohlengebiet und der umfangreiche Wohnungsbau in der Stadt Hoyerswerda (Tabelle 2).

Umfangreiche Investitionen und Produktionswachstum waren in der DDR immer auch mit der massenhaften Schaffung von Arbeitsplätzen und Großbetrieben verbunden. Das war einerseits die Kehrseite des Zurückbleibens im wissenschaftlich-technischen Niveau der Produktion, andererseits aber auch Resultat einer Denkweise, für die nur 'sozialistisch' war, was auch groß war. „Je größer, je sozialistischer" könnte man das Prinzip nennen, wonach sich die Planung in der DDR (wie auch in den anderen osteuropäischen Ländern) richtete. Der Großbetrieb war das seit Lenin gedachte und praktizierte Modell der sozialistischen Gesellschaft. Kleinbetriebe wurden von vornherein als Relikt der Vergangenheit und 'ineffektiv' verworfen. Folglich wurde auch die 'Zersplitterung der Bauproduktion' auf kleine und räumlich oft weit voneinander entfernte Kombinatsbetriebe immer wieder als ein Makel beklagt und nicht als Chance begriffen.

Zu einem wesentlichen Kriterium des Wohnungsbaus und seiner Standortwahl wurde in den siebziger Jahren aber auch die innerzweigliche Effizienz und Technologie des Bauwesens. Das gilt vor allem für den Wohnungsbau auf dem Gebiet von Städten bzw. von Kreisen der DDR – mit anderen Worten: für die Aktionsräume im Alltag der Menschen und damit überall dort, wo der fällige Wohnungs- bzw. Wohnortwechsel nicht zwangsläufig auch einen Wechsel der Arbeitsstelle zur Folge hatte. Infolge der Standortwahl des Wohnungsbaus wurden so aus Pendlern Nichtpendler oder aus Arbeitspendlern Nichtpendler. Es änderte sich der Standort der Wohnung, nicht des Arbeitsplatzes.

Vorrangige Kriterien der Leistungsbewertung im Bauwesen waren 1. die Bruttoproduktion (also nicht der jeweils erbrachte Wertzuwachs) und 2. der einmalige Aufwand – die Entstehungskosten eines Bauwerks, nicht der laufende Aufwand (die Bewirtschaftungskosten). Die Interessen der

Baukombinate waren letztendlich wichtiger als die Interessen der Volkswirtschaft, der Städte und Kommunen. Der 'Auftragnehmer' hatte mehr zu sagen als der 'Auftraggeber'. Es galt, mit begrenzten Mitteln in kurzer Frist sehr viele Wohnungen zu bauen. So löblich das Ziel einer raschen Verbesserung der Wohnbedingungen in der DDR gewesen ist – die permanente Einsparung von Material mußte dazu führen, daß sowohl die soziale als auch die bauliche Qualität der Produkte sank.

Um viele Wohnungen zu erstellen, wurde die Größe und die Ausstattung der Neubauwohnungen reduziert, darüber hinaus auch die infrastrukturelle Ausstattung der Neubauwohngebiete. Weit über dem realen Bedarf lag der Bau von Einraumwohnungen. „Während sich die Zahl und der Anteil der 1-Raum-Wohnungen in den siebziger Jahren erheblich verringerte, wuchs die Zahl von 525.754 am 31.12.1981 auf 555.415 am 31.12.1984; der Prozent-Anteil an der Gesamtzahl der Wohnungen erhöhte sich von 8,0 auf 8,1 Prozent."[6] Eine Folge dieser Entwicklung war, daß zuguterletzt die Wohnungen dort am kleinsten waren (bzw. blieben), wo die meisten Neubauwohnungen erbaut wurden und die Deckung des Wohnungsbedarfes von Haushalten am schnellsten vorangeschritten war. In vielen Fällen, darunter auch in einigen Stadtkreisen wie z.B. Görlitz, war die formelle Deckung des Wohnungsbedarfes der Haushalte allerdings weniger ein Ergebnis des Wohnungsbaus als vielmehr der Abwanderung.

Jedes Mehr an gestalterischer Qualität, wurde mit einem Weniger an Wohnfläche erkauft. Woran aber nicht gerüttelt werden durfte, war die per Plan vorgegebene Zahl von Wohnungen. Je näher das Jahr 1990 heranrückte, um so mehr wurde die Größe der Wohnungen der Losung „Jedem Haushalt eine Wohnung" geopfert.

Daß sich die Zahl und der Anteil der Einraumwohnungen in den siebziger (und noch in den achtziger) Jahren trotzdem verringert hat, ist nicht aus dem Wohnungsneubau, indirekt jedoch aus der Standortwahl des Wohnungsneubaus zu erklären. Die Abwanderung und überdurchschnittlich hohe Gestorbenenüberschüsse haben zum Freizug von in schlechtem baulichen Zustand befindlichen Wohnungen geführt. Dadurch konnten dort freigewordene Wohnungen mit anderen zusammengelegt werden. Dank Eigeninitiative der Bevölkerung hat sich im Zusammenhang damit auch der sanitärtechnische Zustand vieler Wohnungen verbessert.

Andererseits hat die fortwährende Einsparung von Zement, Baustahl etc. die Qualität des Gebauten beeinträchtigt. Es war bereits Mitte der achtziger Jahre abzusehen, daß die Reparatur der in den achtziger und siebziger Jahren erbauten Wohnungen zu einer zentralen Aufgabe des Bauwesens in den neunziger Jahren wird. Mängel der baulichen Qualität waren das Resultat des Versuches, in kürzester Frist möglichst viele Wohnungen zu schaffen.

Im Zeitraum 1980 bis 1987 wurde der „spezifische" Einsatz von Walzstahl auf 56,2 Prozent gesenkt, von Zement auf 67,6 Prozent. Dabei ist auch zu berücksichtigen, daß beim Transport von Zement Verluste von bis zu zehn Prozent auftraten. Es wurden „technisch-ökonomische Grenzwerte im Materialeinsatz ... erreicht, deren weitere Unterschreitung zu nicht vertretbaren Auswirkungen auf die Funktionssicherheit, Zuverlässigkeit und Dauerbeständigkeit führen würde."[7] Es war vorauszusehen, daß zunehmend Havarien und ein erhöhter Reparaturaufwand infolge solcher 'Sparsamkeit' entstehen würden. Die Einsparung von Ressourcen des Bauwesens führte so im Endeffekt zur Verschwendung und weiteren Verknappung von Ressourcen.

Die völlig unzureichende Beachtung des laufenden Aufwandes hatte zur Folge, daß der Wohnungsneubau in der DDR die massenhafte Verschwendung von Strom, Heizungsenergie und Wasser begünstigte. Im Bauwesen eingesparte Kosten wurden auf diese Weise anderen Wirtschaftsbereichen aufgebürdet. Es wurden Ressourcen verbraucht, die für das Wirtschaftswachstum in der DDR dringend benötigt wurden. Letztendes hat dies auch dem Wohnungsbau geschadet – wenn nicht sofort, dann später. Der Wohnungsbau der DDR war ein Beleg für den Satz „Der arme Mann baut teuer". Die Mahnung von Ulrich Rülein, Bürgermeister von Annaberg und Freiberg um 1600, man solle in schwerer Zeit und großer Not „den Pfennig nicht zu oft küssen"[8], fand kein Gehör.

Um so befremdlicher ist, daß selbst bei Zugrundelegung von kurzen Zeiträumen der Leistungsbemessung Ressourcen in großem Umfange verschwendet wurden. Der Neubau war in den Bilanzen der Baubetriebe effektiver als die Erhaltung und Modernisierung von Bauwerken und Wohnungen. Der Grund dafür war, daß die Bruttoproduktion, nicht der Wertzuwachs Kriterium der Leistungsbewertung war. Spätestens seit Beginn der achtziger Jahre war zwar erkannt, daß neue Akzente der Leistungsbewertung gesetzt werden müßten. Zur Beachtung dieser Erkenntnis in der Baupraxis wäre jedoch eine technologische Umrüstung des Bauwesens nötig gewesen. Dazu war die Wirtschaft der DDR nicht mehr in der Lage. Die Investitionen in Maschinen und Ausrüstungen der Baukombinate wurden nicht erhöht, sondern reduziert (Schaubild 4). Die Versorgung des Bauwesens mit leistungsfähiger Technik war stark zurückgegangen und hat den Bedarf der einfachen Reproduktion längst nicht mehr gedeckt. „Die Bereitstellung von Maschinen und Ausrüstungen für das Bauwesen erreichte 1987 lediglich noch 35 Prozent des Volumens des Jahres 1975."[9]

Schaubild 4:
Investitionsentwicklung im Ministerium für Bauwesen der DDR 1975-1987
(in Millionen Mark Preisbasis 1985)

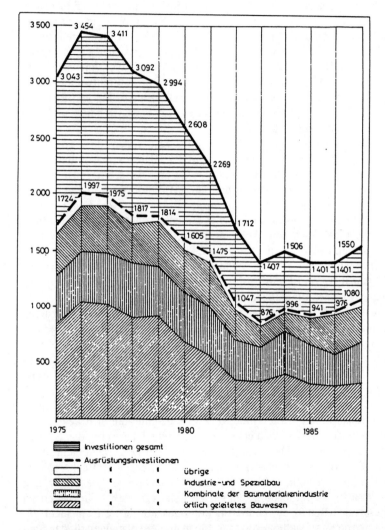

Quelle: Bauakademie der DDR – Wissenschaftliche Direktion, Abteilung Prognose: Hintergrundmaterial zur komplexen Entscheidungsgrundlage für die langfristige Entwicklung des Bauwesens im Zeitraum nach 1990. Berlin, Oktober 1988, Anlage 25.

In bezug auf die Standortwahl des Wohnungsbaus hatte das alles zur Folge, daß Wohnungen vorrangig als Neubauwohnungen auf großen, dafür aber wenigen Standorten errichtet wurden. Aus Gründen, die bereits erörtert wurden, waren solche Standorte vor allem die administrativen Zentren der DDR – Berlin (Ost), die Bezirksstädte, andere Stadtkreise,[10] außerdem expandierende Industriestädte wie z.B. Hoyerswerda, Jena, Bitterfeld. In zahlreichen Fällen waren die Bezirksstädte beides – administrative Zentren und wichtige Standorte der Industrie. Erst zu Beginn der achtziger Jahre wurden in verstärktem Maße Wohnungen auch in zahlreichen Kreisstädten gebaut, weitgehend jedoch auch dort bei Vorrang des Neubaus und bei Vernachlässigung der Reparatur, Erneuerung und Modernisierung vorhandener Substanz.

Die Kehrseite der Konzentration des Wohnungsbaus auf den Neubau von Wohnungen und an relativ wenigen Standorten war, daß erstens die Altbausubstanz verfiel und zweitens vor allem die Klein- und Mittelstädte vom Verschleiß der Bausubstanz betroffen waren. Der Wohnungsbau der DDR wurde auf diese Weise zunehmend zur Sisyphusarbeit, immer mehr zum bloßen Ersatz verfallener Bausubstanz an anderem Standort. „In den Jahren 1971 bis 1981 wurden in der DDR zwar insgesamt 1.084.704 Neubauwohnungen fertiggestellt, der tatsächliche Zuwachs an bewohnten Wohnungen aber (betrug) nur 394.389 Wohnungen. ... Die Tatsache, daß 690.315 nicht direkt bestandswirksam werden konnten, ist aus mehreren ... Faktoren zu erklären; wesentlichen Einfluß hatte insbesondere a) der Abriß von Wohnungen und Wohngebäuden ... die Zusammenlegung von Wohnungen ... c) Wesentlichen Einfluß hatte das Wachstum der Zahl leerstehender Wohnungen auf 242,2 Prozent im Zeitraum zwischen dem 1.1.1971 und 31.12.1981. Gründe des Leerstehens waren ... Umzüge (43,2 Prozent der leerstehenden Wohnungen), 'Sperrung und andere Gründe' (29,6 Prozent) ... und 'Schwer vermietbar' (10,2 Prozent)."[11] Der bauliche Zustand der Wohnungen hatte sich „in den siebziger Jahren nicht verbessert, sondern verschlechtert. Trotz anderslautenden Zielstellungen und Forderungen ist der Verschleiß vorhandener Bausubstanz in den siebziger Jahren weiter vorangeschritten. Die notwendigen Maßnahmen zur Instandsetzung wurden nur zu 50 Prozent realisiert. 11 Bezirke haben den 1971 erreichten Prozent-Anteil von Gebäuden in gutem Zustand nicht halten können".[12]

Die Vernachlässigung des Wohnungsbaus im innerstädtischen Bereich wurde nicht zuletzt auch dadurch begünstigt, daß der Bodenpreis in der DDR keine ernstzunehmende Größe war. Insofern war das Interesse an einer effizienten Nutzung innerstädtischer Grundstücke relativ gering. Im Juli 1990 – als bereits abzusehen war, daß die bisherige Preisbildung nicht zu halten ist – gab es auf die Frage des Autors nach dem Wert städtischer Grundstücke folgende Antworten: Erfurt – „ca. 5,00 DM", Gera – „bis 0,80 DM", Potsdam – „1,50 bis 35,00 DM", Leipzig – „4,00 bis 200,00 DM", Schwerin – „6,00 bis 20,00 DM", Suhl – „5,00 bis 16,00 DM". Mehrere Städte wußten auf die gestellte Frage keine Antwort.[13]

Zum Vergleich: 1994 waren für den Quadratmeter Baugrundstück für Miet- und Eigentumswohnungen (in Klammern = für Einfamilienhäuser) zu zahlen: in Erfurt 100-350 (160-300) DM, in Gera 100-300 (160-280) DM, in Potsdam (250-400 DM), in Leipzig 250-500 (250-400) DM, in Schwerin 70-110 (110-280) DM. Den Spitzenwert in den großen Städten erreichte Westberlin mit 600-2300 (1300-3000) DM bzw. Ostberlin mit 650-1600 (300-500) DM.[14] In gleicher Richtung wirkte die Höhe der Mieten: die Höhe der Mieten war nicht nur in den Innenstädten, sondern nirgendwo ein Stimulus für den Neubau, die Erhaltung und Modernisierung von Wohnungen. Der Anteil der Mieten an den monatlichen Geldausgaben eines Haushalts betrug 1989 im Durchschnitt ganze 2,3 Prozent.[15]

Auf diese Weise wurde die verkündete „Lösung der Wohnungsfrage als soziales Problem" zum Ursprung neuer Probleme, neuen Bedarfs. Das wohlklingende Ziel verkam vielerorts zur Farce. Es entstanden Wohnungen, Wohngebäude und Wohngebiete, die mit einer 'sozialen Qualität' des Wohnungsbaus und der 'immer besseren Befriedigung der materiellen und geistig-kulturellen Bedürfnisse des Volkes' wenig zu tun hatten. Wenn allein die Interessen der Wohnungsbaukombinate eine Rolle gespielt hätten, wären riesige, eintönige Wohnbauten zum Regelfall geworden.

Das Bauwesen war letztlich weniger eine abhängige Größe als vielmehr bestimmend für andere Bereiche des gesellschaftlichen Lebens, darunter auch für die Veränderungen in der sozialräumlichen Struktur der DDR. Das gilt vor allem seit Beginn der siebziger Jahre. Über die Standorte des Wohnungsbaus wurde immer häufiger in den Baukombinaten entschieden; die verkündete 'immer bessere Befriedigung der materiellen und geistig-kulturellen Bedürfnisse der Bevölkerung' hat dabei eine oftmals nur sekundäre Rolle gespielt.

So kommt es, daß am Wohnungsneubau und an diesem wiederum vorrangig in Berlin festgehalten wurde, obwohl bekannt und ohne Mühe sichtbar war, daß der Verfall der Kleinstädte und der Altbausubstanz der Preis dafür war.[16] Die Kleinstädte waren das Stiefkind der Siedlungsplanung und des Städtebaus der DDR; entsprechend war ihr Renommee (Schaubild 5).

Die Partei- und Staatsführung der DDR war trotz manch erfolgver-

Der Einfluß der Standortwahl des Wohnungsbaus 163

Schaubild 5

Bewohnerurteile über die Beschaffenheit ihres Wohnortes im Jahre 1987
It. der 1987 vom Institut für Soziologie an der Akademie für Gesellschaftswissenschaften durchgeführten soziologischen Untersuchung zur „Sozialstruktur und Lebensweise in Städten und Dörfern (SD_87)"
Prozent der Befragten aus der jeweiligen Wohnortkategorie mit Antwort zur Frage.

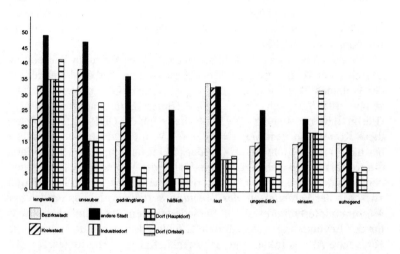

sprechender Andeutungen und Mahnungen von verschiedener Seite nicht in der Lage, andere Akzente zu setzen. Obwohl die wesentlich durch den Wohnungsbau produzierten Wanderungsgewinne je Jahr etwa zehn Milliarden Mark kosteten, änderte sich an den Prämissen der Standortwahl wenig.[17] Die Voraussage, daß die bisherige Akzentsetzung „die politische Stabilität ... der DDR negativ beeinflussen" wird[18] – im Klartext: daß die DDR zum Untergang verurteilt ist, wenn keine anderen Akzente der wirtschaftlichen und sozialen Entwicklung gesetzt werden –, kam zwar zu spät, sie wurde trotzdem nicht gehört.

3. Demographische Folgen

Daß die Korrelation zwischen der Entwicklung des Wohnungsbestandes und der Bevölkerungsentwicklung sehr eng gewesen ist, kann nicht verwundern. In der DDR hat niemand unter Brücken geschlafen, das Problem der Obdachlosigkeit war unbekannt. Das Vorhandensein einer Unterkunft war die Bedingung einer Migration. Das Besondere der DDR jedoch war, daß das Wachstum des Wohnungsbestandes in den Stadt- und Landkreisen vor allem in den siebziger Jahren weniger eine *Folge* als vielmehr die *Ursache* eines migrationsbedingten Wachstums der Wohnbevölkerung gewesen ist. Viele Familien mit Kleinkindern haben den bisherigen Wohnort nicht darum verlassen, weil ihnen der Wohnort nicht gefiel oder die Arbeitswegezeit zur Belastung geworden war, sondern darum, weil sie nur auf diese Weise eine eigene bzw. bessere Wohnung bekommen konnten. Und die 'bessere Wohnung' war infolge der Vernachlässigung von Baureparaturen in der DDR in der Regel die Neubauwohnung (Schaubild 2).

Für die 15 Bezirke der DDR bewegten sich die Werte für Korrelation zwischen der Veränderung des Wohnungsbestandes und der Veränderung der Wohnbevölkerung in der Zeit vom 1. Januar 1971 bis zum 31. Dezember 1981[19] zwischen $r = +0{,}7778$ (Bezirk Erfurt) und $r = +0{,}9972$ (Berlin) bzw. $r = +0{,}99953$ (Bezirk Halle).[20] Für die DDR insgesamt hatte diese Korrelation den Wert $r = +0{,}9607$. Weil die territoriale Differenz der natürlichen Fruchtbarkeit (Kinder je Frau) gering gewesen ist, kann die Korrelation zwischen der Veränderung des Wohnungsbestandes und der Veränderung der Wohnbevölkerung näherungsweise als Korrelation zwischen der *Veränderung des Wohnungsbestandes* und den *Salden der Migration* interpretiert werden. Veränderungen in der räumlichen Struktur der Bevölkerung waren direkte Effekte oder – vermittelt durch die veränderte Altersstruktur und Geburtenhäufigkeit – Spätfolgen der Migration.

Daraus folgt nicht, daß der Bezug einer eigenen Wohnung der Hauptgrund von Wanderungen gewesen sei. Die absolute Zahl (der Umfang) der Wanderungen in der DDR war vielmehr auf familiäre Gründe zurückzuführen, insbesondere auf die Gründung eines gemeinsamen Haushaltes von Ehepaaren bzw. Lebensgemeinschaften. In bezug auf den Umfang der Migration stand das Wohnungsmotiv erst an zweiter Stelle. Eine andere Situation ergibt sich, wenn wir nach den Ursachen von Salden der Migration fragen. Wanderungsgewinne wurden durch den Wohnungsneubau und den Bezug einer eigenen bzw. besseren Wohnung verursacht.[21]

Wie sich die Salden der Migration aus bzw. nach verschiedenen Gemeindegrößenklassen seit den fünfziger Jahren entwickelt haben, ist aus dem Schaubild 6 ersichtlich. Wenn wir diesem Schaubild das Schaubild 1 gegenüberstellen, wird augenfällig, welche Rolle dabei der Wohnungsbau gespielt hat. Mit dem Umfang des Wohnungsbaus wuchsen bis

Der Einfluß der Standortwahl des Wohnungsbaus 165

Schaubild 6

Salden der Binnenwanderung über die Gemeindegrenzen nach
Gemeindegrößen im Zeitraum 1963 bis 1983
(je 1000 der Wohnbevölkerung am 31.12. des vorangegangenen Jahres)

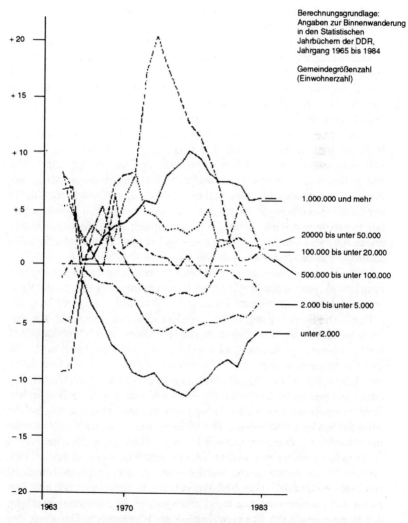

Quelle: Siegfried Grundmann/Ines Schmidt: Wohnortwechsel. Volkswirtschaftliche und soziale Aspekte der Migration, Berlin 1988, S. 76

zum Beginn der achtziger Jahre die Wanderungsgewinne der Groß- und Mittelstädte und die Wanderungsverluste der Kleinstädte und Landgemeinden – weil der Wohnungsbau an großen, aber relativ wenigen Standorten erfolgte. Weil seit Beginn der achtziger Jahre zunehmend Wohnungen auch in kleineren Städten und auf dem Lande errichtet wurden, haben sich seitdem die Wanderungsgewinne bzw. -verluste trotz zunächst noch gleichbleibenden Umfangs des Wohnungsbaus verringert.[22]

Die räumliche Struktur der Bevölkerungsentwicklung in den siebziger und achtziger Jahren ist dadurch gekennzeichnet, daß *erstens* die Wohnbevölkerung der meisten Stadtkreise gewachsen ist, daß sich *zweitens* die Wohnbevölkerung einerseits der agrarisch strukturierten Gebiete im Nordosten der DDR und andererseits der stark umweltbelasteten Gebiete der chemischen Industrie und des Uranbergbaus verringert hat, und daß *drittens* das Umland solcher Stadtkreise, deren Bevölkerung gewachsen ist, überdurchschnittlich hohe Bevölkerungsverluste hatte.

Der letztgenannte Umstand weist darauf hin, daß, primär durch den Wohnungsbau bedingt, *innerhalb* der Kreise eine Umverteilung der Bevölkerung stattgefunden hat. Der Wohnungsbedarf *im Umland* vieler Städte wurde durch den Wohnungsbau auf dem Territorium dieser Städte gedeckt. Eigenheimbau (der Bau von Ein- und Zweifamilienhäusern) hat in der DDR – bei einem jährlichen Umfang von etwa 12.000 Wohnungen – nur in einem vergleichsweise geringen Umfang stattgefunden; die Abwanderung aus ländlich geprägten Gegenden bzw. dem Umland großer Städte wurde dadurch zwar gebremst, aber nicht aufgehalten.

Die These von der innerkreislichen Umverteilung der Wohnbevölkerung läßt sich durch den Vergleich der Bevölkerungsentwicklung der Kreise mit der Bevölkerungsentwicklung der *Gemeinden* auf Kreisbasis erhärten.[23] Die Bevölkerungsverluste der Kreise waren geringer als die Verluste im Mittel der Gemeinden. In einigen Fällen ist die Wohnbevölkerung des Kreises gewachsen, während die Mehrzahl der Gemeinden hohe Bevölkerungsverluste hatten. Die Erklärung dafür ist eben, daß im Kreis eine Umverteilung der Bevölkerung zugunsten von wenigen Gemeinden oder nur einer Gemeinde – meistens der Kreisstadt – stattgefunden hat. Exemplarisch dafür ist der Kreis Stendal – Standort eines damals in Bau befindlichen Kernkraftwerkes. Die Wohnbevölkerung des Kreises wuchs im betrachteten Zeitraum um 4,3 Prozent.[24] Demgegenüber hatten die Gemeinden des Kreises im Mittel 15,3 Prozent Einwohnerverluste.[25] Daß im Kreis Wohnungen gebaut werden mußten, war durch die Standortwahl des Kernkraftwerkes bedingt, daß sie in der Kreisstadt errichtet wurden, ist auf die herrschende Technologie und die Leistungsbewertung des Bauwesens – der Baukombinate – zurückzuführen. Der Preis des

Wachstums vieler Städte waren hohe und vor allem durch das Bauwesen verursachte Bevölkerungsverluste im Umland dieser Städte.

. Wir finden eine abermalige Untersetzung dieser Aussage bei einer noch differenzierteren Betrachtungsweise – bei Beachtung der innerstädtischen Wanderungen. Generell gilt, wie gesagt, daß die Wohnbevölkerung in nur wenigen Gemeinden der Bezirke gewachsen ist, während die Masse der Gemeinden hohe Verluste hatte. Drastisch ist dies vor allem im Kreis Meißen – dem nordwestlichen Teil des Ballungsgebietes „Oberes Elbtal" (mit dem Ballungskern Stadt Dresden) – sichtbar geworden. Noch auf dem Gebiet des Kreises Meißen, zwischen den Städten Meißen und Dresden gelegen, wurde auf dem Territorium der Stadt Coswig Wohnungsbau in großem Umfange realisiert, um auf diese Weise den Wohnraumbedarf von Bürgern der Stadt Meißen zu decken. Für die Modernisierung von Wohnungen bzw. für den Ersatzwohnungsbau in Meißen fehlten sowohl die finanziellen als auch die technologischen Voraussetzungen. Wie wenig volkswirtschaftliche und langfristige Überlegungen dieser Standortentscheidung zugrundelagen, kommt unter anderem darin zum Ausdruck, daß diese Wohnungen auf besten, gärtnerisch genutzten Böden errichtet wurden. Wenige Jahre nach Fertigstellung und Bezug der Wohnungen zeigte sich, daß viele der dort angesiedelten Bürger aufhörten, in Betrieben der Stadt Meißen zu arbeiten und statt dessen in Betriebe der Stadt Dresden gingen. Damit war offensichtlich, daß die vom Bauwesen diktierte Standortwahl des Wohnungsbaus letzlich den Interessen der Meißner Industriebetriebe geschadet hat. Zumal hochqualifizierte, junge und motivierte Leute aus Meißen abgewandert sind, hat der Bevölkerungsverlust Meißens auch der Erhaltung und Modernisierung der dort befindlichen Bausubstanz geschadet.

Ein analoger Prozeß wiederholte sich auf dem Territorium vieler Städte und besonders von Großstädten: Bedingt durch die Standortwahl des Wohnungsneubaus und den fortschreitenden Verschleiß der Altbausubstanz wuchs die Bevölkerung in den Neubaugebieten am Rande der Städte, während die Bevölkerung in den Altbauwohngebieten und damit oft auch im Zentrum der Städte schrumpfte. In den Altbauwohngebieten wuchs darüber hinaus der Anteil der Rentner, aber auch von Leuten mit niedriger Qualifikation und Motivation. Der Verschleiß und Verfall wertvoller Altbausubstanz wurde dadurch begünstigt. Dies ließe sich am Beispiel der Stadt Görlitz zeigen.

Der letztgenannte Umstand verdient hervorgehoben zu werden, auch wenn darauf nicht ausführlich eingegangen werden kann: Der Wohnungsbau in der DDR hat nicht nur eine räumliche Umverteilung der Bevölkerung auf dem Territorium der DDR bewirkt oder begünstigt. Soziologisch nicht weniger bedeutsam war die dadurch bewirkte bzw. begünstigte Veränderung ihrer sozialen und demographischen Struktur und die zunehmende Segregation der Bevölkerung. Wohngebiete, Städte und Gemeinden mit einem umfangreichen Wohnungsneubau waren nicht nur Zielgebiete der Migration und Gebiete eines migrationsbedingten Bevölkerungswachstums. Die bevorzugten Standorte des Wohnungsbaus waren vielmehr auch Gebiete mit einer demographisch sich verjüngenden Bevölkerung und Gebiete mit einer hohen Konzentration von Leuten mit einem hohen Qualifikations-, Bildungs- und Einkommensniveau. Im statistischen Mittel der Kreise verringerte sich z.b. die Zahl der Kinder im Alter unter sechs Jahre in den siebziger Jahren um elf Prozent (bei einem Mittelwert der Bevölkerungsentwicklung von minus vier Prozent), in Neubrandenburg – dem Kreis mit dem größten Bevölkerungswachstum – jedoch wuchs die Zahl der Kinder dieser Altersgruppe noch schneller als die Wohnbevölkerung. Die Zahl der Ledigen wuchs im Mittel der Kreise um 21 Prozent, in Neubrandenburg jedoch um 139 Prozent (bei einem Bevölkerungswachstum von 73 Prozent). Weit über dem Durchschnitt der Kreise lag auch das Wachstum der Zahl (und des Anteils) der Facharbeiter, Fachschul- und Hochschulabsolventen in den Zentren des Wohnungsbaus.

Gebiete ohne bzw. mit nur geringem Wohnungsbau waren demgegenüber nicht nur Quellgebiete der Migration und Gebiete mit migrationsbedingten Bevölkerungsverlusten, sie wurden vielmehr auch zu einer räumlichen Konzentration von Leuten, die kaum eine Chance hatten, anderswo eine (bessere) Wohnung zu bekommen: Un- und Angelernte, Leute mit einem niedrigen Bildungs- und Anspruchsniveau, Rentner. Insofern korrelierten und bedingten sich baulicher und sozialer Verschleiß – bzw. Alterung. (Schaubild 7)

Abgesehen von dieser innerkreislichen bzw. innerbezirklichen Migration hatten sich die Migrationsströme zwischen den Bezirken der DDR in den achtziger Jahren weitgehend auf die Wanderung nach Berlin reduziert. Allen kritischen Stimmen und auch Widerständen aus den Bezirken zum Trotze hat die von Erich Honecker beherrschte Partei- und Staatsführung der DDR vehement am Ausbau der Hauptstadt Berlin (Ost) festgehalten, wobei 'Wertgewinn' mit 'Wachstum' gleichgesetzt wurde. Der Wohnungsneubau in Berlin wurde nicht reduziert oder wenigstens auf konstantem Niveau gehalten, sondern vielmehr beträchtlich forciert (Schaubild 3). Ostberlin hatte 1988 einen Anteil von 7,7 Prozent der DDR-Bevölkerung; der Anteil am Wohnungsneubau lag in den achtziger Jahren aber durchweg über 10 Prozent (23 Prozent im Jahre 1985). Die substantielle Basis dafür war die weiter fortschreitende personelle, institutionelle und territoriale Konzentration der Macht. Eine nicht unwesentliche Rolle hat dabei auch gespielt, daß sich Ostberlin anläßlich der 750-Jahrfeier Berlins im Jahre 1987 als das 'bessere Berlin' darstellen sollte. Die Frage nach den Kosten hatte sich abermals dem 'Primat der Politik' zu beugen.[26] Die Hauptstadt Berlin (Ost) wurde zu einem Moloch, der die DDR gefressen hat.

Die ursprünglich primär politisch determinierte Standortwahl des Wohnungsbaus hat im Verlaufe der Jahre aber auch demographische Tatsachen geschaffen, die eine Fortsetzung der in Gang gesetzten Entwicklung zu einem Bedürfnis vieler Leute werden ließen. Die ursprünglich absurde Logik der Standortwahl des Wohnungsbaus produzierte so ihre eigene Rechtfertigung. Dies war allerdings nicht nur eine Folge der Standortwahl des Wohnungsbaus, sondern auch der *Wohnungspolitik* – der Vergabe von Neubauwohnungen nicht allein bzw. nicht einmal vorrangig an die Antragsteller aus der jeweiligen Stadt, sondern vielmehr an potentielle Arbeitskräfte und damit auch Migranten aus *anderen* Städten und Dörfern. Die Antragsteller aus der jeweiligen Stadt rangierten in vielen Fällen auf den hinteren Plätzen der Warteliste. Demzufolge bestand die Wohnbevölkerung großer Neubauwohngebiete in hohem Maße aus *Zugezogenen*. So bestand z.B. die Wohnbevölkerung von Berlin (Ost) am 29. März 1990 zu 54,7 Prozent aus Leuten, die nicht in Berlin (Ost) geboren wurden, im Bezirk-Mitte (ein Stadtbezirk mit viel Wohnungsneubau und zugleich einem hohen Anteil von Beschäftigten im Partei- und Staatsapparat) dagegen nur zu 49,3 Prozent. Mit 52,2 und 52,7 Prozent lagen aber auch die großen Neubau-Wohnbezirke Berlin-Marzahn und Berlin-Hohenschönhausen deutlich unter dem Wert von ganz Berlin (Ost). In den Bezirken Berlin-Weißensee und Berlin-Prenzlauer Berg, wo der Anteil der Altbauwohnungen sehr hoch geblieben ist, betrug der Anteil 60,7 bzw. 59,4 Prozent. In der Stadt Neubrandenburg – wo es anteilmäßig sehr viel Wohnungsbau gegeben hat – waren nur 35,3 Prozent der Wohnbevölkerung eben dort geboren; in Plauen, wo der Wohnungsneubau nur gering gewesen ist, dagegen 61 Prozent.[27]

Bedingt durch den hohen Anteil von Kindern und Jugendlichen in der Migrantenpopulation entstand nach einigen Jahren am Zielort der Wanderung ein neuer Wohnungsbedarf. Die Migrationsgewinne von Städten wie Hoyerswerda, Neubrandenburg und anderen Städten waren in den achtziger Jahren vergleichsweise gering, einige von diesen Städten wie z.B. Schwedt oder Halle-Neustadt hatten mittlerweile sogar Migrationsverluste. Trotzdem wuchs die Wohnbevölkerung, hatten eben diese Städte anhaltend hohe Geburtenüberschüsse. Folglich war der Wohnraumbedarf dort am größten und die Wohnfläche je Person dort am kleinsten, wo in

Siegfried Grundmann

Schaubild 9 – Segration in der Stadt Bautzen 1981

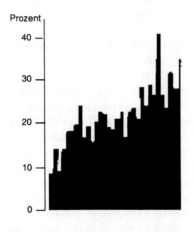

Anteil der Bürger, die über keinen Berufsbildungsabschluß verfügen und sich nicht in einer Berufsausbildung befinden, an der Wohnbevölkerung über 15 Jahren in den Wohnbezirken der Stadt Bautzen am 31.12.1981 (Reihenfolge der Wohnbezirke wie unten)

Bautzen insgesamt

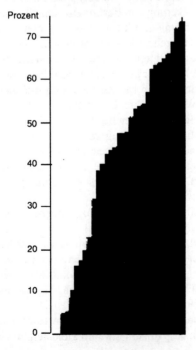

Anteil der Wohnungen ohne Bad/Dusche in den Wohnbezirken der Stadt Bautzen am 31.12.1981 (Reihenfolge der Wohnbezirke = Rangfolge)

Bautzen insgesamt

Quelle:
Siegfried Grundmann (Mitautor und Leiter der Projektgruppe)/ Rainer Ferchland/Dieter Götze/ Jens-Peter Heuer/Ines Schmidt: Sozialstruktur und Lebensweise in den Städten. Eine Studie. Teil I bis Teil IV. Hrsg. von der Akademie für Gesellschaftswissenschaften beim ZK der SED/ Februar 1985, S. 204.

den Jahren vorher die meisten Wohnungen gebaut wurden.

Ein klassisches Beispiel dafür ist abermals die Stadt Neubrandenburg, deren Wohnbevölkerung wesentlich infolge der Ansiedlung von Migranten in den siebziger Jahren mit einem plus von 73 Prozent schneller wuchs als die Wohnbevölkerung aller anderen Stadt- und Landkreise in der DDR. Neubrandenburg war folgerichtig zu Beginn der achtziger Jahre der Kreis mit den höchsten Geburtenüberschüssen in der DDR. Mit einem plus von 139 Prozent war die Zahl der Ledigen noch schneller gewachsen als die Wohnbevölkerung. Neuer Bedarf wurde auch produziert durch die hohe Scheidungsrate in der Stadt – gleichfalls ein Produkt der Ansiedlung relevanter Altersgruppen. In Richtung weiteren Bedarfes drückte auch der überdurchschnittlich hohe Anteil der zugezogenen Facharbeiter, Fach- und Hochschulabsolventen. Es wurden in den siebziger Jahren in Neubrandenburg zwar prozentual mehr Wohnungen als anderswo gebaut; die Zahl der Wohneinheiten hat sich verdoppelt. Trotzdem war die Zahl der Wohnräume je Person am 31. Dezember 1981 geringer als in allen anderen Stadt- und Landkreisen der DDR.

Die Kehrseite dieser Entwicklung waren hohe Bevölkerungsverluste der bisher dominierenden Quellgebiete der Migration – von Dörfern im agrarisch strukturierten Gebiet und Kleinstädten insbesondere im Süden der DDR. Es bedurfte keiner weiteren Migrationsverluste, um die Bevölkerung solcher Gemeinden und Gebiete schrumpfen zu lassen. In vielen Fällen entstand die Frage, wer denn überhaupt in reparierten und modernisierten Altbauwohnungen im innerstädtischen Gebiet anzusiedeln wäre. Demographische Entwicklung und Bevölkerungsbedarf haben insofern den Verfall der Altstädte begünstigt bzw. nicht behindert.

Laut einer Prognose aus dem Jahre 1988 wäre zu erwarten gewesen, daß 1990 statistisch auf 100 Haushalte 105,7 Wohnungen kommen.[28] Selbst wenn diese Prognose in Erfüllung gegangen wäre, hätte es aber weiterhin viele Haushalte ohne eigene Wohnung gegeben – eben darum, weil die *Wohnungen* auf dem Territorium der DDR anders verteilt gewesen sind als die *Bevölkerung*. Migrationsbedingt gab es insbesondere in agrarisch strukturierten Regionen viele leerstehende Wohnungen, für die es dort keine Nutzer gab. Der Verfall der Bausubstanz war dort also nicht so sehr eine Ursache als vielmehr die Folge der Abwanderung und des letztlich dadurch produzierten überdurchschnittlich hohen Sterbefallüberschusses.

4. Zusammenfassung und Ausblick

Die wohlklingenden Ziele des Wohnungsbaus in der DDR haben sich letztlich ins Gegenteil verkehrt. Jahren des Aufschwungs folgte eine Zeit der

Stagnation und des Niedergangs. Aufwand und Ergebnis hielten sich nicht nur die Waage; der Wohnungsbau schuf schließlich mehr Probleme als er zu lösen vermochte. Die Notwendigkeit der Setzung neuer Akzente wurde selbst in Teilen der Partei- und Staatsführung erkannt, zur konsequenten Verwirklichung neuer Einsichten fehlten aber der Wille und die Kraft. Die volkswirtschaftlich und sozial sinkende Effizienz des Wohnungsbaus hat zum Zusammenbruch der DDR beigetragen. Der Zustand der Infrastruktur war ein wichtiger Grund, der den offenen Widerstand der Volksmassen und die massenhafte Ost-West-Migration 1989/ 1990 verursacht hat.

Eine wichtige Rolle hat dabei die Standortwahl des Wohnungsbaus gespielt. Die Standortwahl des Wohnungsbaus entsprach weitgehend der beabsichtigten und dem gesellschaftlichen System innewohnenden personellen, institutionellen und territorialen Konzentration der Macht bei gleichzeitiger personeller Ausweitung des Machtapparates. Die administrativen Zentren waren zugleich die Zentren des Wohnungsbaus der DDR. Integraler Bestandteil der Politik und Ideologie war die Stärkung der Großindustrie und der Großbetriebe – auch darum war Wohnungsbau auf wenige, dafür aber große Standorte orientiert. Opfer dieser Politik waren vor allem die Kleinstädte der DDR sowie die großstädtischen Altbauwohngebiete.

Je mehr sich der industrielle und landesweit genormte, an der Bruttoproduktion und kurzfristigen Erfolgen orientierte Wohnungsbau durchsetzte, um so mehr wurden aber auch die planwirtschaftlich gesetzten innerzweiglichen Leistungskriterien des Bauwesens zu einem Kriterium für die Standortwahl des Wohnungsbaus. Unter diesen Umständen war das Bauwesen konform zu den Interessen der politischen Klasse vor allem an einem Wohnungsbau in Berlin und anderen administrativen Zentren interessiert. Die materielle Basis des Bauwesens, seine Technologien und knappe Ressourcen, aber auch die weitgehende Beseitigung des privaten Bauhandwerks, führten dazu, daß das Bauwesen zur Beachtung neuer Zielsetzungen nicht mehr in der Lage war.

Der Preis der andauernden Konzentration auf den Neubau von Wohnungen an relativ wenigen Standorten waren der Verschleiß und Verfall von Bausubstanz in den Altbauwohngebieten, in den Klein- und Mittelstädten und im strukturschwachen ländlichen Raum. Der Preis dieser Struktur und der Standortwahl des Wohnungsbaus waren gleichzeitig fortwährende Migrations- und Bevölkerungsverluste der meisten Städte und Gemeinden in der DDR, verbunden mit negativen Auswirkungen auf die soziale und demographische Struktur. Der Wohnungsbau verkam schließlich zu einem Mechanismus der räumlichen Umschichtung von Problemen. Es wurden mancherorts Probleme gelöst und anderswo Probleme in größerer Dimension produziert.

Die absurde, von der politischen Klasse der DDR verfolgte Logik der Standortwahl entsprach immer mehr auch den kurzfristigen Interessen eines großen Teils der Bevölkerung – vor allem der Bevölkerung in den bisherigen Zentren des Wohnungsbaus und der dadurch initiierten Zuwanderung. Dadurch entstanden Erfordernisse und Aufwendungen, die sich bei einer anderen Akzentsetzung in den Jahren des Neubeginns – in den fünfziger und sechziger Jahren – hätten vermeiden lassen. Abgesehen von den direkten wirtschaftlichen, sind den Städten und Gemeinden dadurch viele unersetzliche kulturelle Verluste entstanden.

Das Ende der DDR und ihr Beitritt zur Bundesrepublik bot viele Chancen, darunter der Erhaltung und raschen Modernisierung wertvoller Bausubstanz, einer Stärkung von bisher strukturschwachen Räumen, Städten und Gemeinden. Es gab nach dem Ende des antiurbanen Wohnungsbaus der DDR die Chance einer Reurbanisierung und der Rückkehr von Bevölkerung in die oft verfallenen und entleerten Innenstädte. Mittlerweile wurde Beispielhaftes bei der Erhaltung und Modernisierung von Bausubstanz geleistet, in und am Rande von Städten werden in großem Umfang Neubauten errichtet. Trotzdem sind viele Chancen vertan. Regionen und Kommunen, die strukturschwach in das vereinigte Deutschland gekommen sind, droht weitere Schwächung. Vielerorts ist an die Stelle von Verschleiß und Verfall der Bausubstanz eine neue Form der Stadtzerstörung getreten, insbesondere durch den Wohnungsneubau vor allem am Rande der Städte, durch die Stadtrandwanderung des Gewerbes sowie den Ruin des Kleingewerbes im Zentrum vieler Städte. Die ungezügelte Suburbanisierung ist zur größten Gefahr für die historische Stadt geworden, zumal sich die Geburtenbilanz im Osten Deutschlands in dramatischer Weise verschlechtert hat (Zahl der Geburten 1994 = 39,6 Prozent gegenüber 1989) und die Gesamtbevölkerung des Ostens permanent schrumpft (1994 = 94,5 Prozent gegenüber 1989).[29] Ein Wachstum der Wohnbevölkerung am Rande der historischen Städte ist – mehr noch als zur Zeit der DDR – nur auf Kosten anderer Gebiete möglich. Daraus ergeben sich neue Gefahren und Belastungen aber auch für den ländlichen Raum. Die Abwanderung in die Städte bzw. ins Umland großer Städte setzt sich fort; bei Zunahme des Sterbefallüberschusses schrumpft die Bevölkerung auch im ländlichen Raum.

Gescheitert ist die Kommandowirtschaft der DDR. Das freie Spiel der Kräfte des Marktes aber wird zur Lösung anstehender Probleme ebensowenig in der Lage sein. Die Probleme der meisten Regionen und Kommunen im Osten Deutschlands waren weitgehend ein Produkt der Planwirtschaft – soweit die Wirtschaft der DDR eine solche Bezeichnung verdient; sie sind nur zu lösen, wenn die Marktwirtschaft kurz- und mittelfristig durch quasi-planwirtschaftliche Regularien ergänzt und modifiziert wird. Die Praxis der Städtebauförderung ist allen Theorien zum Trotze eine Bestätigung dafür. So 'rächt' sich die frühere Planwirtschaft der DDR an der Marktwirtschaft der neuen Bundesrepublik. Aber es gibt keinen anderen Weg. Überkommunal produzierte Probleme von Kommunen bedürfen überkommunaler Konzepte und Mechanismen. Die Frage ist nicht so sehr, ob Bürokratie, Planung und Steuerung sinnvoll sind; die Frage ist vielmehr, wie sie beschaffen sein und gestaltet werden müssen, damit sie sinnvoll wirken können. Wie in der DDR jedenfalls nicht; das war der falsche Weg.

1 Bauakademie der DDR – Prognoseabteilung: Hintergrundmaterial zur komplexen Entscheidungsgrundlage für die langfristige Entwicklung des Bauwesens im Zeitraum nach 1990, Berlin, Oktober 1988, S. 43, 47.
2 B. Grönwald, Gesellschaftskonzeption und Stadtentwicklung sind nur über praktisches Bauen realisierbar. Einführungsreferat zum wissenschaftlichen Symposium „Gesellschaftskonzeption und Stadtentwicklung" der Bauakademie der DDR am 17. Januar 1990 in Berlin, in: H. G. Helms (Hrsg.), Die Stadt als Gabentisch, Leipzig 1992, S. 316. Prof. Dr. Bernd Grönwald zum Zeitpunkt dieses Symposiums Direktor des Instituts für Städtebau und Architektur an der Bauakademie der DDR.
3 F. Friedemann, Zur Ministerialverwaltung der DDR, unveröff. Ms. 1990.
4 Statistisches Bundesamt. Sonderreihe mit Beiträgen für das Gebiet der ehemaligen DDR. Heft 2. Wohnungsbau und Wohnungsbestand 1970 bis 1990, Wiesbaden 1993, S. 11.
5 Zur Durchsetzung des industriellen Wohnungsbaus in der DDR vgl. K. Liebknecht, Mein bewegtes Lebens. Aufgeschrieben von S. Knop, Berlin 1986, S. 161-190.
6 S. Grundmann, Studie: Zur Lösung der Wohnungsfrage als soziales Problem bis 1990 in der Deutschen Demokratischen Republik. Akademie für Gesellschaftswissenschaften beim ZK der SED. Juni 1985.
7 Hintergrundmaterial (Anm. 1), S. 60, 63.
8 M. Pfannstiel, Die Tulpenkanzel. Bilder aus der Geschichte Freiberg und des Erzbergbaus, Leipzig/Jena/Berlin 1980, S. 61.
9 Hintergrundmaterial (Anm. 1), S. 53.
10 „Stadtkreise" waren Städte mit dem Status eines Kreises. Einen solchen Status hatten alle Bezirksstädte, die 11 Stadtbezirke von Ostberlin und 13 andere Städte der DDR, z.B. Jena, Zwickau, Dessau, Halle-Neustadt, Eisenhüttenstadt, Schwedt.
11 S. Grundmann, Studie (Anm. 6), S. 7, 8.
12 Ebenda, S. 15.
13 Diese Frage wurde gestellt im Rahmen eines von Prof. Friedrichs (Institut für Vergleichende Stadtforschung der Universität Hamburg) und Prof. Siegfried Grundmann (Berliner Institut für Sozialwissenschaftliche Studien) vorgenommenen deutsch-deutschen Städtevergleichs.
14 Preise für Wohn- und Anlage-Immobilien in Berlin und den neuen Bundesländern (Quel-

le: Verband Deutscher Makler), in: Berliner Zeitung vom 26./27. März 1994, S. 43.
15 Statistisches Jahrbuch 1990 der Deutschen Demokratischen Republik, hrsg. Statistisches Amt der DDR, Berlin 1990, S. 319.
16 S. Grundmann, Wohnbedingungen, in: ders./R. Ferchland/D. Götze/J.-P.Heuer/I. Schmidt, Sozialstruktur und Lebensweise in Städten. Eine Studie. Teil I bis Teil IV. Hrsg. von der Akademie für Gesellschaftswissenschaften beim ZK der SED/ Februar 1985, Teil IV.
17 S. Grundmann, Zu den Kosten der Migration im Jahre 1986, in: Aus Theorie und Praxis der gesellschaftswissenschaftlichen Forschung, hrsg. von der Akademie für Gesellschaftswissenschaften beim ZK der SED, Heft 4/1989.
18 Ders./Jörg Müller: Studie „Soziale Probleme der Entwicklung von Städten und Dörfern in der DDR". Akademie für Gesellschaftswissenschaften. Juni 1989, S. 6.
19 Der 1.1.1971 und 31.12.1981 waren die Zeitpunkte der letzten Volks-, Wohnraum- und Gebäudezählungen in der DDR.
20 S. Grundmann/R. Ferchland/D. Götze/J.-P. Heuer/I. Schmidt, Sozialstruktur und Lebensweise in Städten (Anm. 16), Teil II, S. 124.
21 S. Grundmann/I. Schmidt, Wohnortwechsel. Volkswirtschaftliche und soziale Aspekte der Migration, Berlin 1988, Kapitel 3.2. Wanderungsursachen.
22 Daß das Aufrücken von manchen Stadt- und Landgemeinden in die höhere oder deren Abrutschen in die niedrigere Gemeindegrößenklasse statistische Artefakte erzeugt hat, muß erwähnt werden, ändert jedoch nichts an der Gesamtsituation.
23 Eigene Berechnungen aufgrund der Angaben des Statistischen Amtes der DDR.
24 Berechnungsgrundlage: Statistisches Bundesamt. Sonderreihe mit Beiträgen für das Gebiet der ehemaligen DDR. Heft 15. Ausgewählte Zahlen der Volks- und Berufszählungen und Gebäude- und Wohnungszählungen 1950 bis 1981, Wiesbaden 1994, S. 253, 257.
25 Berechnungen von W. Schilling (Staatliche Zentralverwaltung für Statistik der DDR) im Januar 1987.
26 Laut Berechnungen des Autors hat die Migration im Jahre 1986 (was nicht nur, aber vor allem eine Migration nach Ostberlin gewesen ist) Kosten in Höhe von etwa 10 Milliarden Mark verursacht. (S. Grundmann, Zu den Kosten der Migration im Jahre 1986. In: Aus Theorie und Praxis der gesellschaftswissenschaftlichen Forschung. Hrsg. von der Akademie für Gesellschaftswissenschaften beim ZK der SED, Heft 4/1989).
27 Angaben aus dem ZER (Zentraler Einwohnerdatenspeicher) der DDR in Berlin-Biesdorf 1990.
28 Hintergrundmaterial (Anm. 1), Anlage 7.
29 Berechnet nach: Tabellensammlung zur wirtschaftlichen und sozialen Lage in den neuen Bundesländern. Arbeitsunterlage Ausgabe. 5/95, Wiesbaden 1995, S. 2, 5.

Verzeichnis der Autoren

Mats Franzén, Doz. Dr., Universität Uppsala, Soziologisches Institut

Siegfried Grundmann, Prof. Dr., Berlin

Thomas Hoscislawski, Dr., Leipzig

Axel Schildt, Priv.-Doz., Dr., Universität Hamburg, Historisches Seminar

Hannes Siegrist, Priv.-Doz. Dr., Freie Universität Berlin, Leiter der Arbeitsstelle für Vergleichende Gesellschaftsgeschichte

Bo Stråth, Prof. Dr., Universität Göteborg/Universität Lund

Thord Strömberg, Doz. Dr., Universität Örebro, Abteilung Humanwissenschaften

Georg Wagner-Kyora, Dr., Martin-Luther-Universität Halle-Wittenberg, Institut für Geschichte

Rainer Weinert, Priv.-Doz. Dr., Freie Universität Berlin, Zentralinstitut für Sozialwissenschaftliche Forschung